# 电子商务与物流管理

张艳 彭煦 孙萌 主编

中国纺织出版社

**图书在版编目（CIP）数据**

电子商务与物流管理 / 张艳，彭煦，孙萌主编. --
北京 ：中国纺织出版社，2018.1
　　ISBN 978-7-5180-3508-3

　　Ⅰ．①电… Ⅱ．①张… ②彭… ③孙… Ⅲ．①电子商
务－物流管理 Ⅳ．① F713.36 ② F252.1

中国版本图书馆 CIP 数据核字（2017）第 081258 号

**策划编辑：**汤　浩　　　　　　　　　　　　　　　**责任编辑：**汤　浩
**责任设计：**林昕瑶　　　　　　　　　　　　　　　**责任印制：**储志伟

中国纺织出版社出版发行
**地　　址：**北京市朝阳区百子湾东里 A407 号楼　　　**邮政编码：**100124
**销售电话：**010-67004422　　　　　　　　**传真：**010-87155801
http://www.c-textilep.com
E-mail：faxing@c-textilep.com
中国纺织出版社天猫旗舰店
官方微博 http://weibo.com/2119887771
北京虎彩文化传播有限公司　　　　各地新华书店经销
2018 年 1 月第 1 版第 1 次印刷
**开　　本：**787×1092　　1/16　　　　**印张：**24.5
**字　　数：**300 千字　　　**定价：**98.50 元

凡购买本书，如有缺页、倒页、脱页，由本社图书营销中心调换

# 目 录

CONTENTS

# 第一章

## 电子商务物流管理导论

# 第一节 物流概述

## 一、物流

物流的概念最早是在美国形成的。中国的物流术语标准将物流定义为：物流是物品从供应地向接收地的实体流动过程中，根据实际需要，将运输、储存、装卸搬运、包装、流通加工、配送、信息处理等功能有机结合起来实现用户要求的过程。

物流是指为了满足客户的需求，以最低的成本，通过运输、保管、配送等方式，实现原材料、半成品、成品或相关信息进行由商品的产地再到商品的消费地的计划、实施和管理的全过程。物流是一个控制原材料、制成品、产成品和信息的系统，从供应开始经各种中间环节的转让及拥有而到达最终消费者手中的实物运动，以此实现组织的明确目标。

物流中的"物"是物质资料世界中同时具备物质实体特点和可以进行物理性位移的那一部分物质资料，"流"是物理性运动，这种运动有其限定的含义，就是以地球为参照系，相对于地球而发生的物理性运动，称为"位移"，流的范围可以是地理性的大范围，也可以是在同一地域、同一环境中的微观运动，小范围位移，"物"和"流"的组合，是一种建立在自然运动基础上的高级的运动形式，其互相联系是在经济目的和实物之间，在军事目的和实物之间，甚至在某种社会目的和实物之间，寻找运动的规律。因此，物流不仅是上述限定条件下的"物"和"流"的组合，而更重要的是限定于军事、经济、社会条件下的组合，是从军事、经济、社会角度来观察物的运输，进而达到某种军事、经济、社会的要求。

现代物流，不但考虑从生产者到消费者的货物配送问题，而且还考虑从供应商到生产者对原材料的采购以及生产者本身在产品制造过程中的运输、保管和信息等各个方面，全面地、综合性地提高经济效益和效率的问题。因此，现代物流是以满足消费者的需求为目标，把制造、运输、销售等市场情况统一起来考虑的一种战略措施。这与传统物流把它仅看作是"后勤保障系统"和"销售活动中起桥梁作用"的概念相比，在深度和广度上又有了进一步的含义。

总的来说，物流是包括运输、搬运、储存、保管、包装、装卸、流通加工和物流信息处理等基本功能的活动，它是由供应地流向接受地以满足社会需求的活动，是一种经济活动。

现代物流是经济全球化的产物，也是推动经济全球化的重要服务业。世界现代物流业呈稳步增长态势，欧洲、美国、日本成为当前全球范围内的重要物流基地。

中国物流行业起步较晚，随着国民经济的飞速发展，中国物流行业保持较快增长速度，物流体系不断完善，行业运行日益成熟和规范。

二、物流的构成和职能

物流的七大构成部分：物体的运输、库存、包装、搬运、流通加工、配送及相关的信息管理。

具体内容包括以下几个方面：用户服务、需求预测、订单处理、配送、存货控制、运输、仓库管理、工厂和仓库的布局与选址、搬运装卸、采购、包装、情报信息。

1.运输

使用设施和工具，将物品从一个点向另一个点的物流活动。

2.库存

库存控制是指对库存数量和结构进行控制分类和管理的物流作业活动。

3.包装

包装是为在流通过程中保护产品、方便储运、促进销售，按一定技术方面而采用的容器、材料及辅助物等的总体名称。也指为了达到上述目的而采用容器、材料和辅助物的过程中施加一定技术方法等的操作活动。

4.搬运

搬运是在同一场所内，对物品进行水平移动为主的物流作业。搬运是为产品的货物运输和保管的需要而进行的作业。

5.流通加工

流通加工（distribution processing）是物品在从生产地到使用地的过程中，根据需要施加包装、分割、计量、分拣、刷标志、挂标签、组装等简单作业的总称。

6.信息管理

对于物流有关的计划、预测、动态信息及有关生产、市场、成本等方面的信息进行收集和处理，使物流活动能有效、顺利进行。

7.配送

配送是指在经济合理区域范围内，根据客户要求，对物品进行拣选、加工、包装、分割、组配等作业，并按时送达指定地点的物流活动。配送是物流中一种特殊的、综合的活动形式，是商流与物流紧密结合，包含了商流活动和物流活动，也包含了物流中若干功能要素的一种形式。

物流的基本职能包括：运输职能、仓储职能、配送职能、包装职能、装卸搬运职能、流通加工职能、信息处理职能。

三、物流的作用

关于物流的作用，概要地说，包括服务商流、保障生产和方便生活三个方面。

1.服务商流

在商流活动中，商品所有权在购销合同签就的那一刻，便由供方转移到需方，而商品实体并没有因此而移动。除了非实物交割的期货交易，一般的商流都必须伴随相应的物流过程，即按照需方（购方）的需要将商品实体由供方（卖方）以适当方式、途径向需方转移。在这整个流通过程中，物流实际上是以商流的后继者和服务者的姿态出现的。没有物流的作用，一般情况下，商流活动都会退化为一纸空文。电子商务的发展需要物流的支持，就是这个道理。

2.保障生产

从原材料的采购开始，便要求有相应的物流活动，将所采购的原材料转移到位是保障生产的第一步，否则，整个生产过程便成了无米之炊；在生产的各工艺流程之间，也需要原材料、半成品的物流过程，实现生产的流动性。就整个生产过程而言，实际上就是系列化的物流活动。合理化的物流，通过降低运输费用而降低成本，通过优化库存结构而减少资金占压，通过强化管理进而提高效率，这些方面的作用，能够促进整个社会经济水平的提高。

3.方便生活

实际上，生活的每一个环节都有物流的存在。通过国际间的运输，可以让世界名牌出现在不同肤色的人身上；通过先进的储藏技术，可以让新鲜的果蔬在任何季节亮相；搬家公司周到的服务，可以让人们轻松地乔迁新居；多种形式的行李托运业务，可以让人们在旅途中享受舒适。

经济中的流通、物流和运输，物流在社会经济中的位置是无法替代的。

"经济"一词来自"经世济民"，经济的目的是治国安邦，让人们过上富裕的生活。所谓经济，就是用"价值"观念来看人类社会，是指人们为了生活而从事必要的买卖、消费、生产等活动，但经济绝不是只由买卖、消费、生活构成的。

企业要销售产品、获取收入，没有流通是不行的。人们消费是为了生活下去，生活中需要购买必要的物品，物品到消费者手中的过程，即流通。流通在生活中是必不可少的。所以，物流也是经济要素之一，这是毋庸置疑的。

四、物流管理

（一）物流管理的定义

物流管理是指在社会生产过程中，根据物质资料实体流动的规律，应用管理的基本原理和科学方法，对物流活动进行计划、组织、指挥、协调、控制和监督，使各项物流活动实现最佳的协调与配合，以降低物流成本，提高物流效率和经济效益。现代物流管理是建立在系统论、信息论和控制论的基础上的。

（二）物流管理的目的

目前，实施物流管理的目的就是要在尽可能最低的总成本条件下实现既定的客户服务水平，即寻求服务优势和成本优势的一种动态平衡，并由此创造企业在竞争中的战略优势。根据这个目标，物流管理要解决的基本问题，简单地说，就是把合适的产品以合适的数量和合适的价格在合适的时间和合适的地点提供给客户。

物流管理强调运用系统方法解决问题。现代物流通常被认为是由运输、存储、包装、装卸、流通加工、配送和信息诸环节构成。各环节原本都有各自的功能、利益和观念。系统方法就是利用现代管理方法和现代技术，使各个环节共享总体信息，把所有环节作为一个一体化的系统来进行组织和管理，以使系统能够在尽可能低的总成本的条件下，提供有竞争优势的客户服务。系统方法认为，系统的效益并不是它们各个局部环节效益的简单相加。系统方法意味着，对于出现的某一个方面的问题，要对全部的影响因素进行分析和评价。从这一思想出发，物流系统并不简单地追求在各个环节上各自的最低成本，因为物流各环节的效益之间存在相互影响、相互制约的倾向，以及交替易损的关系。比如，过分强调包装材料的节约，就可能因其易于破损造成运输和装卸费用的上升。因此，系统方法强调要进行总成本分析，以及避免次佳效应，通过成本权衡应用的分析，以达到总成本最低，同时满足既定的客户服务水平的目的。

（三）物流管理层次

第一层是基础技术层。包括基础网络架构（office automation，OA）办公自动化、财务管理、信息的采集条形码、射频识别（RFID）、全球定位系统（GPS）技术等。

第二层是运作执行层。包括仓储管理（WMS）、运输管理（TMS）、流程管理（PM）与事件管理（EM）等应用系统。

第三层是计划协同层。包括供应链计划（Supply Chain Management）和网络设计（Network Design）、需求计划（Demand Planning）和高级计划/高级排程（AP/AS）以及B2B业务集成（协同）应用等。

第四层是战略决策层。在这一层并没有太多的软件系统可以帮助领导者决定企业的战略方向，寻找企业的核心竞争力，决定企业采取何种竞争、发展策略。领导者的思路大概是最好的系统。供应链信息化的四个层次和供应链管理的战略、计划、执行是相对应的。

（四）供应链管理

供应链管理（supply chain management，SCM）是一种集成的管理思想和方法，它执行供应链中从供应商到最终用户的物流的计划和控制等职能。从单一的企业角度来看，是指企业通过改善上、下游供应链关系，整合和优化供应链中的信息流、物流、资金流，以获得企业的竞争优势。供应链管理是企业的有效性管理，表现了企业在战略和战术上对企业整个作业流程的优化、整合，并优化了供应商、制造商、零售商的业务效率，使商品以正确的数量、正确的品质，在正确的地点，以正确的时间、最佳的成本进行生产和销售。供应链的含义是从采购开始经过生产、分配、销售最后到达用户，这不是孤立的行为，而是一定流量的环环相扣的"链"，物流活动是受这一供应链决定和制约的，供应链管理实际上就是把物流和企业全部活动作为一个统一的过程来管理。

供应链的四个要点：

第一，供应链是一个单向过程，链中各环节不是彼此分割的，而是通过链的联系成为一个整体。

第二，供应链是全过程的战略管理，从总体来考虑，如果只依赖于部分环节信息，由于信息的局限或失真，可能导致计划失真。

第三，不同链节上的库存观念不同，在物流的供应链管理中，不把库存当作维持生产和销售的措施，而将其看成是供应链的平衡机制。

第四，供应链管理采取新的管理方法，诸如用总体综合方法代替接口的方法，用解除最薄弱链寻求总平衡，用简化供应链方法防止信号的堆积放大，用经济控制论方法实现控制，等等。

物流的供应链管理虽然指明了企业战略要管全部供应链，但并不是说都要由企业去操作，部分环节在纳入管理的前提下，可以利用社会力量操作。

五、现代物流

（一）现代物流的特点

在当今的电子商务时代，全球物流产业有了新的发展趋势。现代物流服务的核心目标是在物流全过程中以最小的综合成本来满足顾客的需求。

现在电商的快速崛起和行业的需求，对于仓储物流配送这一重要环节的需求和要求也在不断提高，而专注于电商仓储物流的第三方公司，在市场行业中也扮演着越来越重要的角色，甚至能够协助商家在终端和渠道端提供广泛的服务。这类企业的服务不仅仅只是简单的发货，更重要的是需要站在商家的角度去做好仓储、库存、物流、配送的环节，使电商整体流程形成良性发展。

现代物流具有以下四个特点：

（1）电子商务与物流的紧密结合；

（2）现代物流是物流、信息流、资金流和人才流的统一；

（3）电子商务物流是信息化、自动化、网络化、智能化、柔性化的结

合;

（4）物流设施、商品包装的标准化，物流的社会化、共同化也都是电子商务下物流模式的新特点。

现代物流信息技术的五大组成：

（1）条码技术；

（2）EDI技术；

（3）射频技术（RFID）；

（4）GIS技术（地理信息系统）；

（5）GPS技术。

电子商务的不断发展使物流行业重新崛起，物流业所提供的服务内容已远远超过了仓储、分拨和运送等服务。物流公司提供的仓储、分拨设施、维修服务、电子跟踪和其他具有附加值的服务日益增加。物流服务商正在变为客户服务中心、加工和维修中心、信息处理中心和金融中心，根据顾客需要而增加新的服务是一个不断发展的观念。

相对于发达国家的物流产业而言，中国的物流产业尚处于起步发展阶段，其发展的主要特点有：①企业物流仍然是全社会物流活动的重点，专业化物流服务需求已经初露端倪，这说明中国物流活动的发展水平还比较低，加强企业内部物流管理仍然是全社会物流活动的重点。②专业化物流企业开始涌现，多样化物流服务有一定程度的发展。走出以企业自我服务为主的物流活动模式，发展第三方物流，已成为中国物流业发展的当务之急。③专业的物流起步较晚，中国物流商城才上线，还处于发展阶段。

（二）现代物流种类

1.冷链物流

冷链物流是指冷藏冷冻类食品在生产、贮藏、运输、销售以及消费前的各个环节中始终处于规定的低温环境下以保证食品质量、减少食品损耗的一项系统工程。它是随着科学技术的进步、制冷技术的发展而建立起来的，是以冷冻工艺学为基础、以制冷技术为手段的低温物流过程。冷链物流需要特别的冷藏装置。还需要注意运送过程的时间掌控和运输形态。冷链物流是物流成本占总成本比例非常高的一种特殊的物流形式。

**2. 敏捷物流**

敏捷物流亦称敏捷供应链。多数的中国物流公司将敏捷物流称为"途途物流"。敏捷物流（途途物流）以核心物流企业为中心，运用科技手段，通过对资金流、物流、信息流的控制，将供应商、制造商、分销商、零售商及最终消费者用户整合到一个统一的、快速响应的、无缝化程度较高的功能物流网络链条之中，以形成一个极具竞争力的战略联盟。

**3. 军事物流**

军事物流是指用于满足军队平时与战时需要的物流活动。其主要目的是保障军事行动的胜利。这一点和地方物流以成本或是服务水平为目标明显不同；军事物流中物品种类具有特殊性：主要包括武器装备、弹药、医疗设备、军队生活用品等。物流活动具有保密性和实效性。多数情况下由部队用自有运输、仓储设备在军用机场、码头、车站完成物流活动。所以，军事物流和民用物流实际上是一个统一的大系统。

**4. 电子商务物流**

电子商务物流又称网上物流，就是基于互联网技术，旨在创造性的推动物流行业发展的新商业模式；通过互联网，物流公司能够被更大范围内的货主客户主动找到，能够在全国乃至世界范围内拓展业务；贸易公司和工厂能够更加快捷地找到性价比最适合的物流公司；网上物流致力于把世界范围内最大数量的有物流需求的货主企业和提供物流服务的物流公司都吸引到一起，提供中立、诚信、自由的网上物流交易市场，帮助物流供需双方高效达成交易。已经有越来越多的客户通过网上物流交易市场找到了客户，找到了合作伙伴，找到了海外代理。网上物流的最大价值，就是提供更多的机会。

电子商务时代的来临，给全球物流带来了新的发展，使物流具备了一系列新特点：信息化、自动化、网络化、智能化、柔性化以及绿色化。

5. 云物流

采用第三方物流，结成战略联盟，促进物流一体化，电商和物流的合作已经形成了轻公司轻资产模式、垂直一体化模式、半外包模式、云物流云仓储模式。

6. 虚拟物流

虚拟物流（virtual logistics）是指运用计算机网络技术进行物流运作与管理，实现企业间物流资源共享和优化配置的途途物流方式。即多个具有互补资源和技术的成员企业，为了实现资源共享、风险共担、优势互补等特点的战略目标，在保持自身独立性的条件下建立的较为稳定的合作伙伴关系。

虚拟物流利用日益完善的通信网络技术及手段，将分布于全球的企业仓库虚拟整合为一个大型途途物流系统，以完成快速、精确、稳定的物资保障任务，满足物流市场的多频度、小批量订货需求。虚拟物流本质上是"即时制"在全球范围内的应用，是小批量、多频度物资配送过程。它能使企业在世界任何地方以最低的成本跨国生产产品以及获得所需物资，以赢得市场竞争速度和优势。虚拟物流管理模式的另一个好处就是，可以在较短的时间内，通过外部资源的有效整合，实现对市场机遇的快速响应。但由于虚拟物流并没有改变各节点企业在市场中的独立法人属性，也没有消除其潜在的利益冲突。因此，虚拟物流也给各联盟企业带来了一些新的风险。

从社会经济的角度看物流，它属于宏观物流；从企业经营的角度看物流，它属于微观物流。

7. 生产物流

生产物流一般是指原材料、燃料、外构件投入生产后，经过下料、发料，运送到各加工点和存储点，以在制品的形态，从一个生产单位（仓库）流入另一个生产单位，按照规定的工艺过程进行加工、储存，借助一定的运输装置，在某个点内流转，又从某个点内流出，始终体现着物料实物形态的流转过程。这样就构成了企业内部物流活动的全过程。所以，生产物流的边界起原材料、外构件的投入，止于成品仓库，贯穿生产全过程。

生产物流研究的核心是如何对生产过程的物料流和信息流进行科学的规划、管理与控制。

8. 企业物流

企业物流是以企业经营为核心的物流活动，是具体的、微观物流活动的典型领域。

企业系统活动的基本结构是：投入—转换—产出。对于生产类型的企业来讲，是原材料、燃料、人力、资本等的投入，经过制造或加工使之转换为产品或服务；对于服务型企业来讲，则是设备、人力、管理和运营，转换为对用户的服务。物流活动便是伴随着企业的投入—转换—产出而发生的。相对于投入的，是企业外供应或企业外输入物流；相对于转换的，是企业内生产物流或企业内转换物流；相对于产出的，是企业外销售物流或企业外服务物流。

由此可见，在企业经营活动中，物流是渗透于各项经营活动之中的活动。

六、物流设备

物流设备是现代化企业的主要物流作业工具之一，是合理组织批量生产和机械化流水作业的基础。对第三方物流企业来说，物流设备又是组织物流活动的物质技术基础，体现着途途物流企业的物流能力大小。物流设备是物流系统中的物质基础，伴随着物流的发展与进步，物流设备不断得到提升与发展。途途物流设备领域中许多新的设备不断涌现，如四向托盘、高架叉车、自动分拣机、自动引导搬运车（AGV）、集装箱等，极大地减轻了人们的劳动强度，提高了物流运作效率和服务质量，降低了途途物流成本，在物流作业中起着重要作用，极大地促进了物流的快速发展。

物流设备门类全，型号规格多，品种复杂。一般以设备所完成的物流作业为标准，把设备分为以下几类：

1.包装设备

物流包装设备是指完成全部或部分包装过程的机器设备。包装设备是使产品包装实现机械化、自动化的根本保证。主要包括填充设备、罐装设备、封口设备、裹包设备、贴标设备、清洗设备、干燥设备、杀菌设备等。

2.仓储设备

物流仓储设备主要包括货架、堆垛机、室内搬运车、出入境输送设备、分拣设备、提升机、搬运机器人以及计算机管理和监控系统。这些设备可以组成自动化、半自动化、机械化的商业仓库，用来堆放、存取、分拣和承运物品。

3.集装单元

物流集装单元主要有集装箱、托盘、周转箱和其他集装单元器具。货物经过集装器具的集装或组合包装后，具有较高的灵活性，随时都处于准备运行的状态，利于实现储存、装卸搬运、运输和包装的一体化，达到物流作业的机械化和标准化。

4.装卸搬运设备

物流装卸搬运设备指用来搬移、升降、装卸和短距离输送物料的设备，是物流机械设备的重要组成部分。从用途和结构特征来看，装卸搬运设备主要包括起重设备、连续运输设备、装卸搬运车辆、专用装卸搬运设备等。

5.流通加工设备

物流流通加工设备主要包括金属加工设备、搅拌混合设备、木材加工设备及其他流通加工设备。

6.运输设备

前面提到了运输的重要性。运输在物流中的独特地位对运输设备提出了更高的要求，要求运输设备具有高速化、智能化、通用化、大型化和安全可靠的特性，以提高途途运输的作业效率，降低运输成本，并使途途运输设备达到最优化利用。根据运输方式不同，运输设备可分为载货汽车、铁道货车、货船、空运设备和管道设备等。对于途途第三方物流公司而言，一般只拥有一定数量的载货汽车，而其他的运输过程就直接利用社会的公用运输设备。

### 七、常用物流术语

#### 1.库存分析（inventory analysis）

库存分析是物流特定分析中的一个项目。它集中于分析库存绩效和生产率。分析时应考虑有关的货物销售量和库存周转量，并在ABC的基础上完成。如使用递减次序列出十项销售和库存的商品种类，物流经理即可迅速地确定对运输和库存水平最有影响的产品种类。

#### 2.物流系统设计（logistics system design）

物流系统设计是指经过系统分析，完成物流系统硬件结构和软件结构体系的构想，形成物流系统组织设计和技术方案的过程。物流系统组织设计是技术设计的前提，它确定了技术设计的纲领和基本要求。

#### 3.共同配送（common delivery）

共同配送是指为提高物流效率对某一地区的用户进行配送时，由许多个配送企业联合在一起进行的配送。它是在配送中心的统一计划、统一调度下展开的。有两种运作形式：①由一个配送企业对多家用户进行配送。即由一个配送企业综合某一地区内多个用户的要求，统筹安排配送时间、次数、路线和货物数量，全面进行配送；②仅在送货环节上将多家用户待运送的货物混载于同一辆车上，然后按照用户的要求分别将货物运送到各个接货点，或者运到多家用户联合设立的配送货物接收点上。这种配送有利于节省运力和提高运输车辆的货物满载率。

#### 4.物流准确位置（logistics accurate location）

物流准确位置是指进入物流中的货物的流动路线、停留时间、场所地点等各种信息，通过电子地图让生产商或货主、运输企业和货物接收人等消费者及时准确地得以掌握和了解。在海运物流领域内，由于卫星定位系统（GPS）的广泛应用，确定掌握货物位置和流动路线的问题已基本解决。需要解决陆路物流过程中货物的流动路线和位置。采用这种能明显提高效率的电子技术是物流业的发展方向，具有巨大的市场前景和潜力。

5.联动战略（coupled strategy）

联动战略是虚拟经营物流产业的战略之一。指物流企业以共同利益为基础，制定行规行约，定期召开协调会议，实行行业自律，促进行业的良性发展。随着物流产业化进程的加快以及行为主体数量和服务能力的增加，物流市场的竞争十分激烈，实施联动战略，是避免在物流市场中恶性竞争的一种有效手段。

6.个案完成率（case fill rate）

个案完成率是物流服务层次中的指标之一。指按需装运的订货个案数或单位数的百分比。如个案完成率是百分之九十五，表示一百个订货个案中，平均有九十五个个案订货可以利用储备完成。剩余的五个订货个案，将有可能延期交货或被取消。

7.配送资源计划（distribution resources planning）

配送资源计划简称"DRPⅡ"是指在流通领域中配置物资资源的技术，它能够实现流通领域内物流资源按照时间、数量的需求计划和需求到位，但不适用于生产领域。如果一个企业既搞生产，又搞流通，就要运用物流资源计划（LRP）。

8.发送中心（despatching centre）

发送中心是指从供应者那里接受种类多、数量大的物品，通过转运、分票、保管、流通加工和信息处理，按照顾客的要求整理货物，并能迅速、准确和廉价地进行发送的设施。多数制造商、批发商、百货商店等都在消费地附近设置发送中心，以它为中心，使发送活动更有效地进行。发送中心具有如下优点：①节省运输费用；②提高运输服务的效率；③商物分离的实施；

④废除了交叉运输。

9.配送中心配送（delivery of distribution centers）

配送中心配送指配送活动的组织者是配送中心。配送中心是专门从事货物配送活动的流通企业，经营规模较大，其设施和工艺结构是根据配送活动的特点和要求专门设计和设置的，故专业化、现代化程度高，设施和设备比较齐全，货物配送能力强，不仅可以远距离配送，还可以进行多品种货物配送，不仅可以配送工业企业的原材料，还可以承担向批发商进行补充性货物配送。这种配送是工业发达国家货物配送的主要形式，是配送未来的发展方向。由于必须配置很多的先进设备和设施，故投资大，在实施配送初期，难以推广这种配送形式。

10.配送多样化（diversification of distribution and delivery）

配送多样化是为了提高货物配送数量，取得很大的经济效益的一种物流合理化措施。近代配送一个明显的发展是在配送的各自领域内，实现优化配送的方式，以扩大配送数量。如日本把三十公斤以下的货物，以"宅急便"（即快件）方式配送，还有小批量快递系统、托盘配送系统和复往配送系统等多样化配送。

11.耗尽时间法（depletion time method）

耗尽时间法是成批生产方式的物流计划方法之一。指生产作业计划中已安排的产品生产时间加上库存中已有产品，足以满足用户对一组产品在时间和数量方面的要求，本法可用来安排使用同种设备的一组不同产品的生产，用耗尽时间法安排生产作业计划的主要目标是能力平衡。

12.配套配送（corollary delivery）

配套配送是按照生产企业或建设单位的要求，将其所需要的多种物资配备齐全后，直接运送到生产厂或建设工地的一种配送形式。它有利于生产企业致力于生产和建设单位加快施工进度。

13.联体战略（conjoined strategy）

联体战略又称前后一体化战略。货代公司对物流产业的虚拟化经营就是一种联体战略，但这种物流共同体在利益共享、风险共担上还缺乏固有的机制，这里的前后一体化实质是货代企业变物流产业的虚拟化经营为实体化经营，逐步实现自己作为独立物流产业所具有的合理的基础设施货源配置，取得更强劲的市场主导地位。

八、物流业务流程

1.接单

（1）公路运输主管从客户处接受（传真）运输发送计划。

（2）公路运输调度从客户处接出库提货单证。3.核对单证。

2.登记

（1）运输调度在登记表上分送货目的地，分收货客户标定提货号码。

（2）司机（指定人员及车辆）到运输调度中心拿提货单，并在运输登统本上确认签收。

2.调用安排

（1）填写运输计划。

（2）填写运输在途，送到情况，追踪反馈表。

（3）电脑输单。

3.车队交换

（1）根据送货方向，重量、体积、统筹安排车辆。

（2）报运输计划给客户处，并确认到厂提货时间。

4.提货发运

（1）检查车辆情况。

（2）按时到达客户提货仓库。

（3）办理提货手续。

（4）提货，盖好车棚，锁好箱门。

（5）办好出厂手续。

（6）电话通知收货客户预达时间。

5.在途追踪

（1）建立收货客户档案。

（2）司机及时反馈途中信息。

（3）与收货客户电话联系送货情况。

（4）填写跟踪记录。

（5）有异常情况及时与客户联系。

6.到达签收

（1）电话或传真确认到达时间。

（2）司机将回单用EMS或FAX传真回物流公司。

（3）签收运输单。

（4）定期将回单送至客户处。

（5）将当地市场的住处及时反馈给客户。

7.回单

（1）按时准确到达指定卸货地点。

（2）货物交接。

（3）百分百签收，保证运输产品的数量和质量与客户出库单一致。

（4）了解送货人对客户产品在当地市场的销售情况。

8.结账

根据双方协议或者合同内容，物流公司将运费交付承运方，结账完成后流程结束。

# 第二节 电子商务与物流

## 一、电子商务

电子商务是以信息网络技术为手段，以商品交换为中心的商务活动；也可理解为在互联网（internet）、企业内部网（intranet）和增值网（value added network，VAN）上以电子交易方式进行交易活动和相关服务的活动，是传统商业活动各环节的电子化、网络化、信息化。

电子商务通常是指在全球各地广泛的商业贸易活动中，在因特网开放的网络环境下，基于浏览器或服务器应用方式，买卖双方不谋面地进行各种商贸活动，实现消费者的网上购物、商户之间的网上交易和在线电子支付以及各种商务活动、交易活动、金融活动和相关的综合服务活动的一种新型的商业运营模式。

电子商务是利用微电脑技术和网络通信技术进行的商务活动。各国政府、学者、企业界人士根据自己所处的地位和对电子商务参与的角度以及程度的不同，给出了许多不同的定义。电子商务分为：ABC、B2B、B2C、C2C、B2M、M2C、B2A（即B2G）、C2A（即C2G）、O2O等。

电子商务即使在各国或不同的领域有不同的定义，但其关键依然是依靠着电子设备和网络技术进行的商业模式。它已不仅仅包括购物的主要内涵，还包括物流配送等附带服务。电子商务包括电子货币交换、供应链管理、电子交易市场、网络营销、在线事务处理、电子数据交换（EDI）、存货管理和自动数据收集系统。在此过程中，利用到的信息技术包括：互联网、外联网、电子邮件、数据库、电子目录和移动电话等。

电子商务有两个方面的内涵：一是离不开互联网这个平台，没有了网络，就称不上电子商务；二是通过互联网完成的一种商务活动。电子商务有广义和狭义之分。

狭义上讲，电子商务是指通过使用互联网等电子工具（这些工具包括电报、电话、广播、电视、传真、计算机、计算机网络、移动通信等）在全球范围内进行的商务贸易活动。是以计算机网络为基础所进行的各种商务活动，包括商品和服务的提供者、广告商、消费者、中介商等有关各方行为的总和。人们一般理解的电子商务是指狭义上的电子商务。

广义上讲，电子商务就是通过电子手段进行的商业事务活动。通过使用互联网等电子工具，使公司内部、供应商、客户和合作伙伴之间，利用电子业务共享信息，实现企业间业务流程的电子化，配合企业内部的电子化生产管理系统，提高企业的生产、库存、流通和资金等各个环节的效率。

联合国国际贸易程序简化工作组对电子商务的定义是：采用电子形式开展商务活动，它包括在供应商、客户、政府及其他参与方之间通过任何电子工具。如EDI、Web技术、电子邮件等共享非结构化商务信息，并管理和完成在线商务活动、管理活动和消费活动中的各种交易。

电子商务是利用计算机技术、网络技术和远程通信技术，实现电子化、数字化和网络化，商务化的整个商务过程，是以商务活动为主体，以计算机网络为基础，以电子化方式为手段，在法律许可范围内所进行的商务活动交易过程。

二、电子商务构成要素

电子商务的四要素包括：商城、消费者、产品、物流。

各大网络平台为消费者提供质优价廉的商品，吸引消费者购买的同时促使更多商家的入驻。与物流公司建立合作关系，为消费者的购买行为提供最终保障，这是电商运营的硬性条件之一。电商三要素之一的物流主要是为消费者提供购买服务，从而实现再一次的交易。

三、电子商务的关联对象

1.交易平台

第三方电子商务平台（以下简称第三方交易平台）是指在电子商务活动中为交易双方或多方提供交易撮合及相关服务的信息网络系统总和。

2.平台经营者

第三方交易平台经营者（以下简称平台经营者）是指在工商行政管理部门登记注册并领取营业执照，从事第三方交易平台运营并为交易双方提供服务的自然人、法人和其他组织。

3.站内经营者

第三方交易平台站内经营者（以下简称站内经营者）是指在电子商务交易平台上从事交易及有关服务活动的自然人、法人和其他组织。

4.支付系统

支付系统（payment system）是由提供支付清算服务的中介机构和实现支付指令传送及资金清算的专业技术手段共同组成，用以实现债权债务清偿及资金转移的一种金融安排，有时也称为清算系统（clear system）。

四、电子商务的基本特征

从电子商务的含义及发展历程可以看出电子商务具有如下五个基本特征：

1.普遍性

电子商务作为一种新型的交易方式，将生产企业、流通企业以及消费者和政府带入了一个网络经济、数字化生存的新天地。

2.方便性

在电子商务环境中，人们不再受地域的限制，客户能以非常简捷的方式完成过去较为繁杂的商业活动。如通过网络银行能够全天候地存取账户资金、查询信息等，同时使企业对客户的服务质量得以大大提高。在电子商务商业活动中，有大量的人脉资源开发和沟通，从业时间灵活，完成公司要求，有钱有闲。

3.整体性

电子商务能够规范事务处理的工作流程，将人工操作和电子信息处理集成为一个不可分割的整体，这样不仅能提高人力和物力的利用率，也可以提高系统运行的严密性。

4.安全性

在电子商务中，安全性是一个至关重要的核心问题，它要求网络能提供一种安全解决方案，如加密机制、签名机制、安全管理、存取控制、防火墙、防病毒保护，等等，这与传统的商务活动有着很大的不同。

5.协调性

商业活动本身是一种协调过程，它需要客户与公司内部、生产商、批发商、零售商间的协调。在电子商务环境中，它更要求银行、配送中心、通信部门、技术服务等多个部门的通力协作，电子商务的全过程往往是一气呵成的。

五、电子商务的功能

电子商务可提供网上交易和管理等全过程的服务。因此，它具有广告宣传、咨询洽谈、网上定购、网上支付、电子账户、服务传递、意见征询、交易管理等各项功能。

1.广告宣传

电子商务可凭借企业的 Web 服务器和客户的浏览，在 Internet 上发布各类商业信息。客户可借助网上的检索工具迅速地找到所需商品信息，而商家可利用网上主页和电子邮件在全球范围内做广告宣传。与以往的各类广告相比，网上的广告成本最为低廉，而给顾客的信息量却最为丰富。

2.咨询洽谈

电子商务可借助非实时的电子邮件，新闻组和实时的讨论组来了解市场和商品信息、洽谈交易事务，如有进一步的需求，还可用网上的白板会议（whiteboard conference）来交流即时的图形信息。网上的咨询和洽谈能超越人们面对面洽谈的限制、提供多种方便的异地交谈形式。

3.网上订购

电子商务可借助 Web 中的邮件交互传送实现网上的订购。网上的订购通常都是在产品介绍的页面上提供十分友好的订购提示信息和订购交互格式框。当客户填完订购单后，通常系统会回复确认信息单来保证订购信息的收悉。订购信息也可采用加密的方式使客户和商家的商业信息不会泄漏。

4.网上支付

电子商务要成为一个完整的过程。网上支付是重要的环节。客户和商家之间可采用信用卡账号实施支付。在网上直接采用电子支付手段将可省略交易中很多人员的开销。网上支付将需要更为可靠的信息传输安全性控制以防止欺骗、窃听、冒用等非法行为。

5.电子账户

网上的支付必须要有电子金融来支持，即银行或信用卡公司及保险公司等金融单位要为金融服务提供网上操作的服务。而电子账户管理是其基本的组成部分。信用卡号或银行账号都是电子账户的一种标志。而其可信度需配以必要技术措施来保证，如数字凭证、数字签名、加密等，这些手段的应用提供了电子账户操作的安全性。

6.服务传递

对于已付了款的客户应将其订购的货物尽快地传递到他们的手中。而有些货物在本地，有些货物在异地，电子邮件将能在网络中进行物流的调配。而最适合在网上直接传递的货物是信息产品。如软件、电子读物、信息服务等。它能直接从电子仓库中将货物发到用户端。

7.意见征询

电子商务能十分方便地采用网页上的"选择""填空"等格式文件来收集用户对销售服务的反馈意见。这样使企业的市场运营能形成一个封闭的回路。客户的反馈意见不仅能提高售后服务的水平，更使企业获得改进产品、发现市场的商业机会。

8.交易管理

整个交易的管理将涉及人、财、物等多个方面，企业和企业、企业和客户及企业内部等各方面的协调和管理。因此，交易管理是涉及商务活动全过程的管理。电子商务的发展，将会提供一个良好的交易管理的网络环境及多种多样的应用服务系统。这样，能保障电子商务获得更广泛的应用。

六、电子商务的盈利模式

电子商务的盈利模式包括：网上目录盈利模式、数字内容盈利模式、广告支持盈利模式、广告—订阅混合盈利模式、交易费用盈利模式、服务费用盈利模式、线上销售盈利模式、佣金制盈利模式。

七、电子商务的建站模式

第一种是在基于平台的网上商城开店，适合于二手或闲置物品。

第二种是进驻大型网上商城，像实体店铺进驻商场一样。

第三种是独立网店，可根据喜好选择自己喜欢的店铺风格、可自行设定商品分类及商品管理规则，可自行添加各种支付方式，可按照自己的要求给予用户最好的网上购物体验。功能支持是三种模式中最全面的，服务支持也是最专业的，但费用是三种模式中最低的。支持这种模式的主流平台有一些是免费的，只收主机托管（空间、带宽及域名支持等）费用就可开起专业的网店。

八、电子商务的物流与仓储

根据电子商务物流行业的特点，电子商务物流系统的基本功能包括以下六个方面的内容：

1.订单管理：包括订单控制流程、订单的生命周期、订单的有效性标准、订单的调整、订单处理流程等。

2.客户管理：包括客户基本信息管理、商品信息管理、关键业务指标分析等。

3.供应商管理：包括基本信息、采购管理、库存管理、退换货管理、结算管理、预付款、账期、供应商绩效管理等。

4.运输管理：包括调度管理、运输管理、运输作业管理、运力管理、终端分拨配送管理、中断配送信息管理等。

5.计费与结算管理：包括计费管理、结算管理等。

6.数据分析管理：包括报表管理、BI报表分析管理等。

电子商务的仓储管理包括基本流程设计、基本资料管理、入库管理、库存管理、盘点管理、补货管理、出库管理、退货管理、RF条码管理系统。

九、电子商务物流模式

电子商务物流模式主要指获取系统总效益最优化的适应现代社会经济发展的模式。现代电子商务的物流主要包括自营模式、物流联盟、第三方物流、第四方物流、物流一体化和众包物流模式。

（一）自营模式

企业自营物流是指企业自身经营物流业务，组建全资或控股的子公司完成企业物流配送业务，是企业在其供应链系统中采用自有物流设施与设备的物流。

自营物流出现在电子商务刚刚萌芽的时期，那时的电子商务企业规模不大。对于已开展普通商务的公司，可以建立基于Internet的电子销售商务系统，同时可以利用原有的物资资源承担电子商务的物流业务。拥有完善流通渠道（包括物流渠道）的制造商或经销商，开展企业自己的电子商务业务，比ISP、ICP或Internet经营者为从事电子商务而开辟销售渠道和物流系统更加方便。因此，从事电子商务的企业多选用自营物流的方式。

企业自营物流模式意味着电子商务企业自行组建物流配送系统，经营管理企业的整个物流运作过程。在这种方式下，企业也会向仓储企业购买仓储服务，向运输企业购买运输服务，但是这些服务都只限于一次或一系列分散的物流功能，而且是临时性的纯市场交易的服务。物流公司并不按照企业独特的业务流程提供独特的服务，即物流服务与企业价值链联系松散。如果企业有很高的顾客服务需求标准，物流成本占总成本的比重又较大，而企业自身的物流管理能力较强时，企业一般不采用外购物流，而选择采用自营方式。

由于我国物流公司大多是由传统的储运公司转变而来的，还不能满足电子商务的物流需求。因此，很多企业借助于他们开展电子商务的经验，也开展物流业务，即电子商务企业自身经营物流。

目前，在我国，采取自营模式的电子商务企业主要有两类：一类是资金实力雄厚且业务规模较大的电子商务公司。电子商务在我国兴起的时候，国内第三方物流的服务水平远不能满足电子商务公司的要求，所以大规模的电子商务公司选择采用自营物流模式。第二类是传统的大型制造企业或批发企业经营的电子商务网站，由于其自身在长期的传统商务中已经建立起初具规模的营销网络和物流配送体系，在开展电子商务时只需将其加以改进、完善，就可以满足电子商务条件下对物流配送的要求。

选用自营物流，可以使企业对物流环节有较强的控制力，易于与其他环节密切配合，全力地专门地服务于本企业的运营管理，使企业的供应链更好地保持协调、简洁与稳定。此外，自营物流能够保证供货的准确和及时，保证顾客服务的质量，有利于维护企业和顾客间的长期关系。但自营物流所需的投入非常大，建成后对规模的要求很高，规模大才能降低成本，否则将会长期处于不盈利的境地。而且投资成本大、时间长，对于企业柔性有不利影响。另外，自建庞大的物流体系，需要占用大量的流动资金。更重要的是，自营物流管理难度大，需要工作人员具有较强的专业化物流管理能力。

国内从事普通销售业务的公司主要包括制造商、批发商、零售商等。制造商进行销售的倾向在20世纪90年代表现得比较明显，从专业分工的角度看，制造商的核心业务是商品开发、设计、制造，但越来越多的制造商不仅拥有庞大的销售网络，而且还有覆盖整个销售区域的物流配送网，国内大型制造商的生产人员可能只有3000～4000人，但营销人员却有一万多人，制造企业的物流设施普遍要比专业物流公司的物流设施先进。这些制造企业完全可以利用原有的物流网络和设施支持电子商务业务，开展电子商务不需要新增物流、配送投资。对这些企业来讲，比投资更为重要的是物流系统的设计和物流资源的合理规划。

（二）物流联盟

物流联盟（logistics alliance）是指两个或两个以上的经济组织为实现特定的物流目标而采取的长期联合与合作，其目的是实现联盟参与方的"共赢"。物流联盟具有相互依赖、核心专业化以及强调合作的特点，是一种介于自营和外包之间的物流模式，可以降低前两种模式的风险。物流联盟是为了达到比单独从事物流活动更好的效果而使企业间形成相互信任、共担风险、共享收益的物流伙伴关系。企业之间不完全采取导致自身利益最大化的行为，也不完全采取导致共同利益最大化的行为，只是在物流方面通过契约形式形成优势互补、要素双向或多向流动的中间组织。联盟是动态的，只要合同结束，双方又变成追求自身利益最大化的单独个体。狭义的物流联盟存在于非物流企业之间，广义的物流联盟包括第三方物流。

物流联盟是基于正式的相互协议而建立的一种物流合作关系。参加联盟的企业汇集、交换或统一物流资源以谋取共同利益；同时，合作企业仍保持各自的独立性。选择物流联盟伙伴时，要注意物流服务提供商的种类及其经营策略。一般可以根据物流企业服务的范围大小和物流功能的整合程度这两个标准确定物流企业的类型。

物流服务的范围主要是指业务服务区域的广度、运送方式的多样性、保管和流通加工等附加服务的广度。

物流功能的整合程度，是指企业自身所拥有的提供物流服务所必要的物流功能的多少。必要的物流功能是指包括基本的运输功能在内的经营管理、集配、配送、流通加工、信息、企划、战术、战略等各种功能。一般来说，组成物流联盟的企业之间具有很强的依赖性，物流联盟的各个组成企业明确自身在整个物流联盟中的优势及担当的角色，内部的对抗和冲突减少，分工明晰，使供应商把注意力集中在提供客户指定的服务上，最终提高企业的竞争能力和竞争效率，满足企业跨地区、全方位物流服务的要求。

现在电商的快速崛起和行业的需求，对于仓储物流配送这一重要环节的需求和要求在不断提高，而专注于电商仓储物流的第三方公司在市场行业中也扮演着越来越重要的角色，甚至能够协助商家在终端和渠道端提供广泛的服务。这类企业的服务不仅仅只是提供简单的发货服务，更重要的是要站在商家的角度去做好仓储库存和物流配送，使电商整体流程形成良性发展。

（三）第三方物流

第三方物流（third-party logistics，简称3PL或TPL）是指独立于买卖之外的专业化物流公司，长期以合同或契约的形式承接供应链上相邻组织委托的部分或全部物流功能，因地制宜地为特定企业提供个性化的全方位物流解决方案，实现特定企业的产品或劳务快捷地向市场移动，在信息共享的基础上，实现优势互补，从而降低物流成本，提高经济效益。它是由相对"第一方"发货人和"第二方"收货人而言的第三方专业企业来承担企业物流活动的一种物流形态。

第三方物流公司通过与第一方或第二方的合作来提供其专业化的物流服务，它不拥有商品，不参与商品买卖，而是为顾客提供以合同约束、以结盟为基础的、系列化、个性化、信息化的物流代理服务。服务内容包括设计物流系统、EDI能力、报表管理、货物集运、选择承运人、货代人、海关代理、信息管理、仓储、咨询、运费支付和谈判等。

第三方物流企业一般都是具有一定规模的物流设施设备（库房、站台、车辆等）及专业经验、技能的批发、储运或其他物流业务经营企业。第三方物流是物流专业化的重要形式，它的发展程序体现了一个国家物流产业发展的整体水平。第三方物流是一个新兴的领域，企业采用第三方物流模式对于提高企业经营效率具有重要作用。首先，企业将自己的非核心业务外包给从事该业务的专业公司去做；其次，第三方物流企业作为专门从事物流工作的企业，有丰富的专门从事物流运作的专家，有利于确保企业的专业化生产，降低费用，提高企业的物流水平。

目前，第三方物流的发展十分迅速，有几个方面是值得我们关注的：第一，物流业务的范围不断扩大。一方面，商业机构和各大公司面对日趋激烈的竞争，不得不将主要精力放在核心业务上，将运输、仓储等相关业务环节交由更专业的物流企业进行操作，以求节约和高效；另一方面，物流企业为提高服务质量，也在不断拓宽业务范围，提供配套服务。第二，很多成功的物流企业根据第一方、第二方的谈判条款，分析比较自理的操作成本和代理费用，灵活运用自理和代理两种方式，提供客户定制的物流服务。第三，物流产业的发展潜力巨大，具有广阔的发展前景。第三方物流已经成为适应电子商务的一种全新的物流模式。这种集成模式的发展，来自电子商务成功的经验，并加快了物流一体化的发展进程。

第三方物流随着物流业的发展而发展，是指为适应电子商务发展而采用的一种全新的物流模式，又称物流代理，是物流专业化的重要形式。物流业发展到一定阶段必然会出现第三方物流，且它的占有率与物流业的水平之间有着非常紧密的相关性。第三方物流的发展程度反映和体现着一个国家物流业发展的整体水平。现代意义上的第三方物流是一个约有10～15年历史的行业。第三方物流是现代物流服务发展的趋势所在，第三方物流作为我国物流业发展过程中一种新型的管理模式，已经过近几年实践的检验，并在实践中不断发展完善。

（四）第四方物流

第四方物流主要是指由咨询公司提供的物流咨询服务，但咨询公司并不就等于第四方物流公司。目前，第四方物流在中国还停留在仅是"概念化"的第四方物流公司，南方的一些物流公司、咨询公司甚至软件公司纷纷宣称自己的公司就是从事"第四方物流"服务的公司。这些公司将没有车队、没有仓库当成一种时髦；号称拥有信息技术，其实却缺乏供应链设计能力；只是将第四方物流当作一种商业炒作模式。第四方物流公司应物流公司的要求为其提供物流系统的分析和诊断，或提供物流系统优化和设计方案等。所以第四方物流公司以其知识、智力、信息和经验为资本，为物流客户提供一整套的物流系统咨询服务。从事物流咨询服务的第四方物流必须具备良好的物流行业背景和相关经验，但并不需要从事具体的物流活动，更不用建设物流基础设施，只是对于整个供应链提供整合方案。第四方物流的关键在于为顾客提供最佳的增值服务，即迅速、高效、低成本和个性化服务等。第四方物流有众多优势。

第一，对整个供应链及物流系统进行整合规划。第三方物流的优势在于运输、储存、包装、装卸、配送、流通加工等实际的物流业务操作能力，在综合技能、集成技术、战略规划、区域及全球拓展能力等方面存在明显的局限性，特别是缺乏对整个供应链及物流系统进行整合规划的能力。而第四方物流的核心竞争力就在于对整个供应链及物流系统进行整合规划的能力，也是降低客户企业物流成本的根本所在。

第二，具有对供应链服务商进行资源整合的优势。第四方物流作为有领导力量的物流服务提供商，可以通过其影响整个供应链的能力，整合最优秀的第三方物流服务商、管理咨询服务商、信息技术服务商和电子商务服务商等，为客户企业提供个性化、多样化的供应链解决方案，为其创造超额价值。

第三，具有信息及服务网络优势。第四方物流公司的运作主要依靠信息与网络，其强大的信息技术支持能力和广泛的服务网络覆盖支持能力是客户企业开拓国内外市场、降低物流成本所极为看重的，也是取得客户的信赖，获得大额长期订单的优势所在。

第四，具有人才优势。第四方物流公司拥有大量高素质国际化的物流和供应链管理专业人才和团队，可以为客户企业提供全面的卓越的供应链管理与运作，提供个性化、多样化的供应链解决方案，在解决物流实际业务的同时实施与公司战略相适应的物流发展战略。

第五，发展第四方物流可以减少物流资本投入、降低资金占用。通过第四方物流，企业可以大大减少在物流设施（如仓库、配送中心、车队、物流服务网点，等等）方面的资本投入，降低资金占用，提高资金周转速度，减少投资风险。降低库存管理及仓储成本。第四方物流公司通过其卓越的供应链管理和运作能力，可以实现供应链"零库存"的目标，为供应链上的所有企业降低仓储成本。同时，第四方物流大大提高了客户企业的库存管理水平，从而降低库存管理成本。

第六，发展第四方物流可以改善物流服务质量，提升企业形象。

（五）物流一体化

物流一体化是以物流系统为核心的由生产企业经由物流企业、销售企业直至消费者供应链的整体化和系统化。它是在第三方物流基础上发展起来的新的物流模式。在这模式下，物流企业通过与生产企业建立广泛的代理或买断关系，与销售企业形成较为稳定的契约关系，从而将生产企业的商品或信息进行统一处理后，按部门订单要求配送到店铺。这种模式还表现为用户之间广泛交流供应信息，从而起到调剂余缺、合理利用、共享资源的作用。在电子商务时代，这是一种比较完整意义上的物流配送模式，国内海尔集团的物流配送模式基本上达到了物流一体化的标准。

（六）物流众包模式

众包物流模式就像Uber模式一样，它合理充分的利用资源降低运营成本。不仅能在一定程度上解决最后一公里的难题，也解决了一批的就业问题。但是也存在一定的局限性如配送人员不够专业影响客户体验。货品的安全无法得到保证等

简单而言：物流众包就是人人都能来承包,就是做个系统,人人都可以注

册成为派送员,有任务时系统发出任务,派送员接任务来做。

优点:

1、成本低,能够有效地整合资源;众包模式的快递员都是根据自身情况自愿兼职的人,人力资源成本大大降低,相对于传统企业的高人力资本有着得天独厚的优势。除此之外,众包模式有利于有效地整合社会上的闲置资源,提高效率,缩短配送时间。

2、速度快,提高送达效率;在众包物流模式下,物流企业分布全国各地,能够提供附近的人员进行上门取货和送货到家的门到门服务,相比传统模式,大大减少了取件派件的时间,提高了效率。

3、社会综合效益好,众包物流可以充分挖掘和利用社会资源,为公众提供工作机会,在条件允许、时间宽裕、路线合适的情况下承担配送任务,赚取相应的报酬。而站在全局的角度来看,在不增加正式岗位总量的基础上,能够尽可能实现社会资源利用的最大化和最优化。

缺点:

第一个问题是安全问题。这包括货物、人和钱的安全。用户货品的安全性无法保证,即便是平台在最开始对快递员的资质进行严格审核,还是无法避免这类问题的发生。即便建立起了一套配送员的审核机制,但对于一个快递员来说,如果该用户的货品比较贵重,就有发生占为己有的可能。

第二个问题则是配送的专业性不够,服务质量参差不齐。快递自然要涉及到上门取件、上门送件,众包模式在对送件人与取件人的服务水平及质量上也会存在不足。

第三个问题是存在较高的技术壁垒。众包物流平台想要在大批用户量的基础上顺畅运行,除了惨痛的价格战之外,用户体验也是很重要的。做众包物流本身技术难度较高,而未来想要更好地实现合并订单和动态定价,也对企业的软件和算法提出了高要求。

最后一个问题是法律与安全机制尚未建立。不得不提的是,通过招揽有空闲的人员以"顺路捎带，随手赚钱"送快递的模式，确实可以降低物流成本，但是安全监管和合理化管理一直是众包物流的痛点。

20 世纪90 年代，西方发达国家如美、法、德等国提出物流一体化现代理论，并应用和指导其物流发展，取得了明显效果。在这种模式下物流企业通过与生产企业建立广泛的代理或买断关系，使产品在有效的供应链内迅速移动，使参与各方的企业都能获益，使整个社会获得明显的经济效益。这种模式还表现为用户之间的广泛交流供应信息，从而起到调剂余缺、合理利用、共享资源的作用。在电子商务时代，这是一种比较完整意义上的物流配送模式，它是物流业发展的高级和成熟的阶段。

物流一体化的发展可进一步分为三个层次：物流自身一体化、微观物流一体化和宏观物流一体化。物流自身一体化是指物流系统的观念逐渐确立，运输、仓储和其他物流要素趋向完备，子系统协调运作，系统化发展。微观物流一体化是指市场主体企业将物流提高到企业战略的地位，并且出现了以物流战略作为纽带的企业联盟。宏观物流一体化是指物流业发展到这样的水平：物流业占到国家国民总收入的一定比例，处于社会经济生活的主导地位，它使跨国公司从内部职能专业化和国际分工程度的提高中获得规模经济效益。物流一体化是物流产业化的发展形式，它必须以第三方物流充分发育和完善为基础。物流一体化的实质是一个物流管理的问题，即专业化物流管理人员和技术人员，充分利用专业化物流设备、设施，发挥专业化物流运作的管理经验，以求取得整体最优的效果。同时，物流一体化的趋势为第三方物流的发展提供了良好的发展环境和巨大的市场需求。

## 第三节 电子商务物流管理的内容、职能与特点

一、电子商务物流管理的内容

电子商务物流管理（E-commerce logistic management）是指在社会再生产过程中，根据物质资料实体流动的规律，应用管理的基本原理和科学方法，对电子商务物流活动进行计划、组织、指挥、协调、控制和决策，使各项物流活动实现最佳协调与配合，以降低物流成本，提高物流效率和经济效益。简言之，电子商务物流管理就是研究并应用电子商务物流活动规律对物流全过程、各环节和各方面的管理。

电子商务物流管理主要包括对物流过程的管理、对物流要素的管理和物流中具体职能的管理。

（一）物流过程管理

1.运输管理

运输方式及服务方式的选择；运输路线的选择；车辆调度与组织。

2.储存管理

原料、半成品和成品的储存策略；储存统计、库存控制、养护。

3.装卸搬运管理

装卸搬运系统的设计、设备规划与配置和作业组织等。

4.包装管理

包装容器和包装材料的选择与设计；包装技术和方法的改进；包装系列化、标准化、自动化等。

5.流通加工管理

加工场所的选定；加工机械的配置；加工技术与方法的研究和改进；加工作业流程的制订与优化。

6.配送管理

配送中心选址及优化布局；配送机械的合理配置与调度；配送作业流程的制订与优化。

7.物流信息管理

对反映物流活动内容的信息、物流要求的信息、物流作用的信息和物流特点的信息所进行的搜集、加工、处理、存储和传输等。

8.客户服务管理

对于物流活动相关服务的组织和监督，如调查和分析顾客对物流活动的反映，决定顾客所需要的服务水平、服务项目等。

（二）物流要素管理

1.人的管理

物流从业人员的选拔和录用，物流专业人才的培训与提高，物流教育和物流人才培养规划与措施的制订。

2.物的管理

"物"指的是物流活动的客体，即物质资料实体，涉及物流活动诸要素，即物的运输、储存、包装、流通加工等。

3.财的管理

主要是指物流管理中有关降低物流成本、提高经济效益等方面的内容，包括物流成本的计算与控制、物流经济效益指标体系的建立、资金的筹措与运用、提高经济效益的方法。

4.设备管理

对物流设备进行管理，包括对各种物流设备的选型与优化配置，对各种设备的合理使用和更新改造，对各种设备的研制、开发与引进等。

5.方法管理

包括各种物流技术的研究、推广普及，物流科学研究工作的组织与开展，新技术的推广普及，现代管理方法的应用。

6.信息管理

掌握充分的、准确的、及时的物流信息，把物流信息传递到适当的部门和人员手中，从而根据物流信息，做出物流决策。

（三）物流具体职能管理

1.物流战略管理

物流战略管理是为了达到某个目标，物流企业或职能部门在特定的时期和特定的市场范围内，根据企业的组织结构，利用某种方式，向某个方向发展的全过程管理。物流战略管理具有全局性、整体性、战略性、系统性的特点。

2.物流业务管理

主要包括物流运输、仓储保管、装卸搬运、包装、协同配送、流通加工以及物流信息传递等基本过程。

3.物流企业管理

主要有合同管理、设备管理、风险管理、人力资源管理和质量管理等。

4.物流经济管理

主要涉及物流成本费用管理、物流投资融资管理、物流财务分析以及物流经济活动分析。

5.物流信息管理

主要有物流MIS、物流MIS与电子商务系统的关系以及物流MIS的开发与推广。

6.物流管理现代化

主要是物流管理思想和管理理论的更新、先进物流技术的发明和采用。

二、电子商务物流管理的职能

电子商务物流管理和任何管理活动一样，其职能包括组织职能、计划职能、协调职能、指挥职能、控制职能、激励职能和决策职能。

1.组织职能

主要工作内容有：确定电子商务物流系统的机构设置、劳动分工和定额定员；配合有关部门进行物流空间组织和时间组织的设计；对电子商务物流中的各项职能进行合理分工，使各个环节的职能进行专业化协调。

2.计划职能

主要是编制和执行年度电子商务物流的供给和需求计划，月度供应作业计划，电子商务物流各环节的具体作业计划（如运输、仓储等），物流营运相关的经济财务计划等。

3.协调职能

这对电子商务物流尤其重要，除电子商务物流业务运作本身的协调功能外，更需要进行物流与商流、资金流、信息流之间的协调，才能保证电子商务用户的服务要求。

4.指挥职能

物流过程是物资从原材料供应者到最终消费者的一体化过程，指挥就是物流供应管理的基本保证，它涉及物流管理部门直接指挥下属机构和直接控制的物流对象，如产成品、在制品、待售和售后产品、待运和在运货物等。

5.控制职能

由于电子商务涉及面广，其物流活动参与人员众多、波动大，所以物流管理的标准化、标准的执行与督查以及偏差的发现与矫正等控制职能应具有广泛性和随机性。

6.激励职能

主要是电子商务物流系统内职员的挑选与培训、绩效的考核与评估、工作报酬与福利、激励与约束机制的设计。

7.决策职能

电子商务物流管理的决策更多与物流技术挂钩，如库存合理定额的决策以及采购量和采购时间决策。

三、电子商务物流管理的特点

电子商务物流管理具有综合性、新颖性和智能性的特点。它通过物流战略管理、物流业务管理、物流企业管理、物流经济管理、物流信息管理和物流管理现代化这六方面实现物流管理目标。

1.综合性

从其覆盖的领域上看，它涉及商务、物流、信息和技术等领域的管理；从管理的范围看，它不仅涉及电子商务物流企业，而且包括物流供应链上的各个环节；从管理的方式方法看，它兼容传统的管理方法和通过网络进行的过程管理和虚拟管理。

2.新颖性

电子商务物流体现了新经济的特征，它是以物流信息为其管理的出发点和立足点。电子商务活动本身就是信息高度发达的产物，对信息活动的管理是一项全新的内容，也是对传统管理的挑战和更新，我国对Internet的相关管理手段、制度和方法均处于探索阶段，对如何进行在线管理，也需要物流企业的共同努力。

3.智能性

电子商务物流的实物位移自动化、半自动化程度高，物流供应链过程处于实时监控之中，而物流系统中的传统管理内容，如人事、财务、计划和物流控制等全部都是智能化。故电子商务物流管理的重点是这些自动化、智能化的设计创造过程。一个智能化的电子商务物流管理系统可以模拟现实，可以发出指令、实施决策，根据物流过程的特点采用对应管理手段，真正实现电子商务物流管理柔性化和智能化。

四、电子商务物流管理的要求

由于电子商务管理具有上述特点，所以，物流管理过程应符合下列要求：

1.信息化

物流信息化是电子商务的必然要求。信息化是一切的基础，没有物流的信息化，任何先进的技术设备都无法在物流领域得以应用，物流信息化表现为物流信息的商品化、物流信息传递的标准化和实时化、物流信息存储的数字化等。因此，条码（bar code）技术、数据库（database）技术等信息技术在我国物流中的普遍应用，彻底改变了物流管理的面貌。

2.自动化

自动化的基础是信息化，自动化的核心是机电一体化，自动化的外在表现是无人化，自动化的效果是省力化，另外，还可以扩大物流作业能力、提高劳动生产率、减少物流作业的差错等。物流自动化的设施非常多，如自动分拣系统、自动存取系统等。这些设施在发达国家已普遍应用于物流作业流程中。

3.网络化

网络化的基础也是信息化，网络化有两方面的含义：一是物流配送系统的计算机通信网络，包括物流配送中心与供应商、配送中心与顾客联系的计算机网络；二是企业内部网（Intranet）。物流的网络化是物流信息化的必然，是电子商务时代物流活动的主要特征之一，信息技术和通信技术的发展为物流网络化提供了良好的外部环境。

4.柔性化

物流的柔性化是为了实现"以顾客为中心"理念而在生产领域提出的，柔性化的物流是适应生产、流通与消费的需求而发展起来的一种新型物流模型，其实质是将生产、流通进行集成，根据需求端的需求组织生产、安排物流活动。这就要求物流配送中心要根据消费需求"多品种、小批量、多批次、短周期"的特色，灵活组织和实施物流作业。

# 本章小结

　　本章第一节从物流的概念，物流的构成和职能，物流的作用等方面介绍了物流的基本内容，对物流管理的定义、目的、层次，以及供应链管理的相关内容进行了阐述，重点分析了现代物流的特点、种类，并详细介绍了常用的物流设备、物流术语以及物流业务的流程。

　　物流是物品从供应地向接收地的实体流动过程中，根据实际需要，将运输、储存、装卸搬运、包装、流通加工、配送、信息处理等功能有机结合起来实现用户要求的过程。物流的过程包括物体的运输、仓储、包装、搬运装卸、流通加工、配送以及相关的物流信息等环节。具体内容包括用户服务、需求预测、订单处理、配送、存货控制、运输、仓库管理、工厂和仓库的布局与选址、搬运装卸、采购、包装、情报信息等。物流的基本职能有运输职能、仓储职能、配送职能、包装职能、装卸搬运职能、流通加工职能、信息处理职能。物流的作用有服务商流、保障生产和方便生活三个方面。

　　物流管理是指在社会生产过程中，根据物质资料实体流动的规律，应用管理的基本原理和科学方法，对物流活动进行有计划、组织、指挥、协调、控制和监督，使各项物流活动实现最佳的协调与配合，以降低物流成本，提高物流效率和经济效益。物流管理的目的是把合适的产品以合适的数量和合适的价格在合适的时间和合适的地点提供给客户。物流管理分为四个层次，即基础技术层、运作执行层、计划协同层、战略决策层。

　　供应链管理是一种集成的管理思想和方法，它执行供应链中从供应商到最终用户的物流的计划和控制等职能。

现代物流具有四个特点，即：①电子商务与物流的紧密结合。②现代物流是物流、信息流、资金流和人才流的统一。③电子商务物流是信息化、自动化、网络化、智能化、柔性化的结合。④物流设施、商品包装的标准化，物流的社会化、共同化也都是电子商务下物流模式的新特点。现代物流信息技术包括条码技术、EDI技术、射频技术（RFID）、GIS技术（地理信息系统）和GPS技术等五种技术。现代物流的种类很多，主要有冷链物流、敏捷物流、军事物流、电子商务物流、云物流、虚拟物流、生产物流、企业物流等。

物流设备是现代化企业的主要物流作业工具之一，是合理组织批量生产和机械化流水作业的基础。物流设备以设备所完成的物流作业为标准可分为包装设备、仓储设备、集装单元、装卸搬运设备、流通加工设备和运输设备。现代化物流设备的应用，极大地减轻了人们的劳动强度，提高了物流运作效率和服务质量，降低了物流成本，在物流作业中起着重要作用。

常用物流术语有库存分析、物流系统设计、共同配送、物流准确位置、联动战略、个案完成率、配送资源计划、发送中心、配送中心配送、配送多样化、耗尽时间法、配套配送、联体战略等，对物流术语的正确理解有助于在物流工作的顺利展开。

物流业务流程包括接单、登记、调用安排、车队交换、提货发运、在途追踪、到达签收、回单和结账等。

第二节重点介绍了电子商务的定义、构成要素、关联对象，阐述了电子商务的基本特征、功能、盈利模式、建站模式以及电子商务的物流与仓储系统流程。本节还重点阐述了电子商务物流的经营模式。

第三节阐述了电子商务物流管理的内容，包括物流过程的管理，物流要素的管理以及物流具体职能的管理。电子商务物流管理的职能包括组织职能、计划职能、协调职能、指挥职能、控制职能、激励职能和决策职能。电子商务物流管理的特点有：综合性、新颖性和智能性。管理的手段要求信息化、自动化、网络化、柔性化。

# 第二章

## 现代物流信息管理

# 第一节 物流信息概论

## 一、物流信息定义

物流信息（logistics information）是反映物流各种活动内容的知识、资料、图像、数据、文件的总称。物流标准化是指以物流为一个大系统，制定系统内部设施、机械装备、专用工具等的技术标准，包装、仓储、装卸、运输等各类作业标准以及作为现代物流突出特征的物流信息标准，并形成全国以及和国际接轨的标准化体系。

物流标准根据其定义分为物流软件标准和物流硬件标准。软件标准包括物流用语统一，单位标准化，钱票收据标准化，应用条码标准化，包装尺寸标准化。硬件标准含有托盘标准化，集装箱、叉车标准化，拖车载重量标准化，保管设施标准化，其他物流设备标准化。

物流是一个大系统，系统的统一性、一致性和系统内部各环节的有机联系是系统能否生存的首要条件。物流标准为物流系统服务，物流标准化是保证物流系统统一和协调的必要条件，我国物流标准化滞后已成为制约现代物流发展的瓶颈之一。只有加快实现物流标准化，才能有效地实施物流系统的科学管理，加快物流系统建设，促进物流系统与其他系统和国际系统的衔接，有效地降低物流费用，提高物流系统的经济效益和社会效益。随着全球经济一体化进程的加快和中国加入WTO，中国物流标准化落后问题将严重制约国际贸易的发展。因此，必须加快物流标准化进程。

## 二、物流信息分类

物流的分类有很多种，信息的分类更是有很多种，因此物流信息的分类方法也就很多。

（1）按功能分类。按信息产生和作用所涉及的不同功能领域分类，物流信息包括仓储信息、运输信息、加工信息、包装信息、装卸信息等。对于某个功能领域还可以进行进一步细化，例如，仓储信息分成入库信息、出库信息、库存信息、搬运信息等。

（2）按环节分类。根据信息产生和作用的环节，物流信息可分为输入物流活动的信息和物流活动产生的信息。

（3）按作用层次分类。根据信息作用的层次，物流信息可分为基础信息、作业信息、协调控制信息和决策支持信息。基础信息是物流活动的基础，是最初的信息源，如物品基本信息、货位基本信息等。作业信息是物流作业过程中发生的信息，信息的波动性大，具有动态性，如库存信息、到货信息等。协调控制信息主要是指物流活动的调度信息和计划信息。决策支持信息是指能对物流计划、决策、战略具有影响或有关的统计信息或有关的宏观信息，如科技、产品、法律等方面的信息。

（4）按加工程度的不同分类。按加工程度的不同，物流信息可以分为原始信息和加工信息。原始信息是指未加工的信息，是信息工作的基础，也是最有权威性的凭证性信息。加工信息是对原始信息进行各种方式和各个层次处理后的信息，这种信息是原始信息的提炼、简化和综合，利用各种分析工作在海量数据中发现潜在的、有用的信息和知识。

三、物流信息管理

物流信息管理是对物流信息进行采集、处理、分析、应用、存储和传播的过程，也是将物流信息从分散到集中、从无序到有序的过程。具有以下六个方面的要求：

（1）可得性。保证大量分散、动态的物流信息在需要的时候能够容易获得，并且以数字化的适当形式加以表现。

（2）及时性。随着社会化大生产的发展和面向客户的市场策略变化，社会对物流服务的及时性要求也更加强烈。物流服务的快速、及时也要求物流信息必须及时提供、快速反馈。及时的信息可以减少不确定性，增加决策的客观性和准确性。

（3）准确性。物流信息中不准确的信息带来的决策风险有时比没有信息支撑的拍脑袋决策更大。

（4）集成性。物流信息的基本特点就是信息量大，每个环节都需要信息输入，并产生新的信息进入下一环节。所涉及的信息需要集成，并使其产生互动，实现资源共享、减少重复操作、减少差错，从而使得信息更加准确和全面。

（5）适应性。适应性包含两个方面的内容：一是指适应不同的使用环境、对象和方法；二是指能够描述突发或非正常情况的事件，例如，运输途中的事故、货损、出库货物的异常变更、退货、临时订单补充等。

（6）易用性。信息的表示要明确、容易理解和方便应用，针对不同的需求和应用要有不同的表示方式。

# 第二节 物流信息技术

## 一、物流信息技术构成

从构成要素上看，物流信息技术作为现代信息技术的重要组成部分，本质上都属于信息技术范畴，只是因为信息技术应用于物流领域而使其在表现形式和具体内容上存在一些特性，但其基本要素仍然同现代信息技术一样，可以分为四个层次：

1.基础技术

即有关元件、器件的制造技术，它是整个信息技术的基础。例如，微电子技术、光子技术、光电子技术、分子电子技术等。

2.系统技术

即有关物流信息的获取、传输、处理、控制的设备和系统的技术，它是建立在信息基础技术之上的，是整个信息技术的核心。其内容主要包括物流信息获取技术、物流信息传输技术、物流信息处理技术以及物流信息控制技术。

3.应用技术

即基于管理信息系统（MIS）技术、优化技术和计算机集成制造系统（CIMS）技术而设计出的各种物流自动化设备和物流信息管理系统，例如，自动化分拣与传输设备、自动导引车（AGV）、集装箱自动装卸设备、仓储管理系统（WMS）、运输管理系统（TMS）、配送优化系统、全球定位系统（GPS）、地理信息系统（GIS），等等。

4.安全技术

即确保物流信息安全的技术，主要包括密码技术、防火墙技术、病毒防治技术、身份鉴别技术、访问控制技术、备份与恢复技术和数据库安全技术等。

二、我国信息技术现状

在国内，各种物流信息应用技术已经广泛应用于物流活动的各个环节，对企业的物流活动产生了深远的影响。主要表现在以下三个方面。

1.自动化设备技术应用

物流自动化设备技术的集成和应用的热门环节是配送中心，其特点是每天需要拣选的物品品种多，批次多、数量大。因此，在国内超市、医药、邮包等行业的配送中心部分地引进了物流自动化拣选设备。一种是拣选设备的自动化应用，例如，北京市医药总公司配送中心，其拣选货架（盘）上配有可视的分拣提示设备，这种分拣货架与物流管理信息系统相连，动态地提示被拣选的物品和数量，指导着工作人员的拣选操作，提高了货物拣选的准确性和速度。另一种是一种物品拣选后的自动分拣设备。用条码或电子标签附在被识别的物体上（一般为组包后的运输单元），由传送带送入分拣口，然后由装有识读设备的分拣机分拣物品，使物品进入各自的组货通道，完成物品的自动分拣。分拣设备在国内大型配送中心有使用。但这类设备及相应的配套软件基本上是由国外进口，也有进口国外机械设备，国内配置软件。立体仓库和与之配合的巷道堆垛机在国内发展迅速，在机械制造、汽车、纺织、铁路、卷烟等行业都有应用。例如，昆船集团生产的巷道堆垛机在红河卷烟厂等多家企业应用了多年。国产堆垛机在其行走速度、噪声、定位精度等技术指标上有了很大的改进，运行也比较稳定。但是与国外著名厂家相比，在堆垛机的一些精细指标如最低货位极限高度、高速（80米/秒以上）运行时的噪声，电机减速性能等方面还存在很大的差距。

2.设备跟踪和控制技术应用

物流设备跟踪主要是指对物流的运输载体以及物流活动中涉及的物品所在地进行跟踪。物流设备跟踪的手段有多种，可以用传统的通信手段如电话等进行被动跟踪，可以用RFID手段进行阶段性的跟踪，但目前国内用得最多的还是利用GPS技术跟踪。GPS技术跟踪利用GPS物流监控管理系统，它主要跟踪货运车辆与货物的运输情况，使货主及车主随时了解车辆与货物的位置与状态，保障整个物流过程的有效监控与快速运转。物流GPS监控管理系统的构成主要包括运输工具上的GPS定位设备、跟踪服务平台（含地理信息系统和相应的软件）、信息通信机制和其他设备（如货物上的电子标签或条码、报警装置等）。在国内，部分物流企业为了提高企业的管理水平和提升对客户的服务能力也应用这项技术，例如，沈阳等地方政府要求下属交通部门对营运客车安装GPS设备工作进行了部署，从而加强了对营运客车的监管。

3.动态信息采集技术应用

企业竞争的全球化发展、产品生命周期的缩短和用户交货期的缩短等都对物流服务的可得性与可控性提出了更高的要求，实时物流理念也由此诞生。如何保证对物流过程的完全掌控，物流动态信息采集应用技术是必需的要素。动态的货物或移动载体本身具有很多有用的信息，例如，货物的名称、数量、重量、质量、出产地，或者移动载体（如车辆、轮船等）的名称、牌号、位置、状态等一系列信息。这些信息可能在物流中反复使用，因此，正确、快速读取动态货物或载体的信息并加以利用，可以明显地提高物流的效率。在物流动态信息采集技术应用中，一、二维条码技术应用范围最广，其次还有磁条（卡）、语音识别、便携式数据终端、射频识别（RFID）等技术。

（1）一维条码技术。一维条码是由一组规则排列的条和空、相应的数字组成，这种用条、空组成的数据编码可以供机器识读，而且很容易译成二进制数和十进制数。因此，一维条码技术广泛地应用于物品信息标注中。因为符合条码规范且无污损的条码的识读率很高，所以一维条码结合相应的扫描器可以明显地提高物品信息的采集速度。加之条码系统的成本较低，操作简便，又是国内应用最早的识读技术，所以在国内有很大的市场，国内大部分超市都在使用一维条码技术。但一维条码表示的数据有限，条码扫描器读取条码信息的距离也要求很近，而且条码损污后可读性极差，所以限制了它的进一步推广应用，同时一些其他信息存储容量更大、识读可靠性更好的识读技术开始出现。

（2）二维条码技术。由于一维条码的信息容量很小，如商品上的条码仅能容纳几位或者十几位阿拉伯数字或字母，商品的详细描述只能依赖数据库提供，离开了预先建立的数据库，一维条码的使用就受到了局限。基于这个原因，人们发明了一种新的码制，除具备一维条码的优点外，同时还具有信息容量大（根据不同的编码技术，容量是一维的几倍到几十倍，从而可以存放个人的自然情况及指纹、照片等信息），可靠性高（损污50%仍可读取完整信息），保密防伪性强等优点。这就是在水平和垂直方向的二维空间存储信息的二维条码技术。二维条码继承了一维条码的特点，条码系统价格便宜，识读率强且使用方便，所以在国内银行、车辆等管理信息系统上开始应用。

（3）磁条技术。磁条（卡）技术以涂料形式把一层薄薄的由定向排列的铁性氧化粒子用树脂黏合在一起并粘在诸如纸或塑料这样的非磁性基片上。磁条从本质意义上讲和计算机用的磁带或磁盘是一样的，它可以用来记载字母、字符及数字信息。优点是数据可多次读写，数据存储量能满足大多数需求，由于黏附力强的特点，使之在很多领域得到广泛应用，如信用卡、银行ATM卡、机票、公共汽车票、自动售货卡、会员卡等。但磁条卡的防盗性能、存储量等性能比起一些新技术如芯片类卡技术还是有差距的。

（4）声音识别技术。声音识别技术是一种通过识别声音达到转换成文字信息的技术，其最大特点就是不用手动录入信息，这对那些采集数据同时还要完成手脚并用的工作场合，或键盘上打字能力低的人尤为适用。但声音识别的最大问题是识别率，要想连续地高效应用有难度。更适合语音句子量集中且反复应用的场合。

（5）视觉识别技术。视觉识别系统是一种通过对一些有特征的图像分析和识别系统，能够对限定的标志、字符、数字等图像内容进行信息的采集。视觉识别技术的应用障碍也是对于一些不规则或不够清晰图像的识别率问题而且数据格式有限，通常要用接触式扫描器扫描，随着自动化的发展，视觉技术会朝着更细致，更专业的方向发展，并且还会与其他自动识别技术结合起来应用。

（6）接触式智能卡技术。智能卡是一种将具有处理能力、加密存储功能的集成电路芯版嵌装在一个与信用卡一样大小的基片中的信息存储技术，通过识读器接触芯片可以读取芯片中的信息。接触式智能卡的特点是具有独立的运算和存储功能，在无源情况下，数据也不会丢失，数据安全性和保密性都非常好，成本适中。智能卡与计算机系统相结合，可以方便地满足对各种各样信息的采集传送、加密和管理的需要，它在国内外的许多领域如银行、公路收费、水表煤气收费等方面得到了广泛应用。

（7）便携式数据终端。便携式数据终端（PDT）一般包括一个扫描器、一个体积小但功能很强并有存储器的计算机、一个显示器和供人工输入的键盘。所以是一种多功能的数据采集设备，PDT是可编程的，允许编入一些应用软件。PDT存储器中的数据可随时通过射频通信技术传送到主计算机。

（8）射频识别（RFID）。射频识别技术是一种利用射频通信实现的非接触式自动识别技术。RFID标签具有体积小、容量大、寿命长、可重复使用等特点，可支持快速读写、非可视识别、移动识别、多目标识别、定位及长期跟踪管理。RFID技术与互联网、通信等技术相结合，可实现全球范围内物品跟踪与信息共享。从物流信息应用技术的应用情况及全球物流信息化发展趋势来看，物流动态信息采集技术应用已成为全球范围内重点研究的领域。我国作为物流发展中国家，已在物流动态信息采集技术应用方面积累了一定的经验，例如条码技术、接触式磁条（卡）技术的应用已经十分普遍，但在一些新型的前沿技术如RFID技术等领域的研究和应用方面还比较落后。

三、物流信息技术发展趋势

趋势之一：RFID将成为未来物流领域的关键技术

专家分析认为，RFID技术应用于物流行业，可大幅提高物流管理与运作效率，降低物流成本。另外，从全球发展趋势来看，随着RFID相关技术的不断完善和成熟，RFID产业将成为一个新兴的高技术产业群，成为国民经济新的增长点。因此，RFID技术有望成为推动现代物流加速发展的新品润滑剂。

趋势之二：物流动态信息采集技术将成为物流发展的突破点

在全球供应链管理趋势下，及时掌握货物的动态信息和品质信息已成为企业盈利的关键因素。但是，由于受到自然、天气、通信、技术、法规等方面的影响，物流动态信息采集技术的发展一直受到很大制约，远远不能满足现代物流发展的需求。借助新的科技手段，完善物流动态信息采集技术，成为物流领域下一个技术突破点。

趋势之三：物流信息安全技术将日益被重视

借助网络技术发展起来的物流信息技术，在享受网络飞速发展带来巨大好处的同时，也时刻饱受着可能遭受的安全危机，例如，网络黑客无孔不入的恶意攻击、病毒的肆虐、信息的泄密，等等。应用安全防范技术，保障企业的物流信息系统或平台安全、稳定地运行，是企业长期将面临的一项重大挑战。

运用信息化手段提高运输质量和运输效率，提高客户服务能力，从而提高核心竞争力，也是很多第三方物流企业应对市场竞争的必然选择。

根据企业对信息化系统的应用程度，第三方物流行业的信息化建设划分为以下三个阶段：

（1）单点应用阶段。物流信息化的第一阶段是针对个别的信息处理活动，引入各种软件工具，建设各种单点应用系统，例如，全球定位系统（GPS）、地理信息系统（GIS）、电子标签（RFID）、自动识别软件、物流仿真软件以及各种通用的软件工具，如办公套件、企业邮箱等。

（2）流程优化阶段。物流信息化的第二阶段是针对物流企业的个别业务流程或管理职能，实施部门级的信息系统建设，通过信息处理活动的改进来优化和改善各业务流程或管理职能的运行。该阶段的信息化建设内容包括：运输管理系统（TMS）、配送管理系统（DMS）、电子报关系统、网上跟踪查询系统、货主企业与第三方物流企业之间的数据对接平台等以及各种通用的信息系统，例如，OA系统、财务管理系统、人力资源管理系统等。

（3）综合管理阶段。物流信息化的第三阶段是针对整个物流企业的综合管理，实施企业级的信息系统建设。该阶段的信息化建设内容包括：各种物流企业专用的生产管理系统、管理信息系统、客户关系管理系统等。在第三阶段，物流企业需要跨越部门的界限，实现各个部门的数据和信息的互联互通，并在此基础上，实现信息的集中查询和集中发放。

四、物流信息技术应用中的问题

1.缺乏现代物流管理理念

我国的物流管理行业发展相对较晚，在我国的市场经济发展之后，很多西方的先进市场经济经验和模式进入我国，虽然有一部分企业认真学习贯通领会了这些先进的管理模式，但是还是有相当一部分企业单位仍然是按照改革开放前的老思想、老套路在管理着企业的经营模式，这种落后的物流管理模式严重阻碍了市场经济的发展，更重要的是缺乏现代物流管理理念很有可能使我国的物流管理行业不能进步和发展。

2.物流信息技术相对落后

由于我国物流行业发展较晚，我们的物流信息化管理方面还是依靠传统路径在进行，物流信息化技术的落后严重阻碍了我国物流行业的发展，各个物流企业的信息不能够共享，物流信息的综合处理不能做到及时实效。

3.物流管理信息化人才缺乏

由于人们传统观念的认识，物流行业被认为是一个简单的货物运输的行业，思想上的不重视造成我国在物流管理方面上的人才极其缺乏，尤其是物流信息化管理人才，人才的不足也是限制这个行业发展的一个重要问题。

4.政策及制度环境有待改善

由于我国没有统一的物流运行标准，运营起来的管理模式在各地也是各不相同。正是由于标准的不统一，造成我国物流行业不能成为一个整体，运用大环境的力量来向前进步。因此政府等相关部门的相关政策和制度应该及时完善，使大环境下的物流行业能有明显提高。

五、现代信息技术在物流管理中的应用策略

1.构建现代物流管理理念

物流管理的关键就在于管理理念要先进，我国的物流企业应该以先进的管理理念来指导企业的管理。物流公司作为一个流通性强、信息更新速度快以及过程复杂的一个单位，应该利用先进的信息化技术来进行各企业间的信息共享，在实现共享的同时，努力把客服做到最好，尽量降低运行成本，在为客户提供优质服务的同时也能够获得最大的收益。

2.提高物流信息化技术

物流企业要重视信息化技术在行业内所起的作用，管理人员应该提高物流信息化技术的能力，提升员工的信息化理念，不断完善公司的电子商务平台，提高管理效率，使得公司的收益达到最大。

3.建立现代物流管理人才体系

人才是企业单位的核心竞争力，企业要想发展，建立现代化的物流管理人才体系是很重要的。企业要定期进行人才的招聘、培训和管理，用先进的管理理念吸引人才的加入，建立一支专业素质高，业务能力强的团队，使物流管理更加具有专业性。

4.政府要加强政策支持

企业的发展离不开政府部门的扶持，政府应该从长远考虑，制定可供企业长远发展的规划，兼顾社会利益和企业利益，促进和实现物流行业管理信息化，全面调动物流行业的积极性。

# 第三节 现代物流管理信息系统

一、物流管理信息系统

物流管理信息系统也称物流信息系统（logistics information system，LIS）。由人员、计算机硬件、软件、网络通信设备及其他办公设备组成的人机交互系统，其主要功能是进行物流信息的收集、存储、传输、加工整理、维护和输出，为物流管理者及其他组织管理人员提供战略、战术及运作决策的支持，以达到组织的战略竞优，提高物流运作的效率与效益。

据亿博物流咨询研究调查，在我国物流服务企业中，仅有39%的企业拥有物流信息系统，绝大多数物流服务企业尚不具备运用现代信息技术处理物流信息的能力。一方面是缺乏信息化管理的意识，没有超前的观念和技术创新的原动力，另一方面没有全面地了解管理信息化给企业的发展带来的推动作用。

物流管理信息系统实现从物流决策、业务流程、客户服务的全程信息化，对物流进行科学管理。亿博专家谢勤指出，重视物流信息系统和物流管理的互动，既要根据自己的物流管理流程来选择适合的物流信息系统，又要通过物流信息系统来优化和再造自己的物流管理流程。选择合适的物流管理信息系统能给企业带来的好处有以下五方面：

（1）提高企业物流综合竞争力。

（2）内部运作效率提高，能够从容处理各种复杂物流业务。

（3）通过与客户的实时信息共享，提高了客户服务质量。

（4）在对大量的客户业务数据进行统计分析的基础上，使得向客户提供增值服务成为可能，并挖掘出巨大的销售潜力。

（5）加强总部对分支机构的管理以及与股东单位、合作伙伴、支持资源的信息沟通、业务合作，向管理层、决策层提供实时的统计分析数据，提高了市场反应速度和决策效率。

物流信息化是现代物流的重要特征，物流信息技术是支撑物流活动、提高效率和快速反应能力的基础。物流管理信息系统则是现代物流的基础和灵魂，物流信息系统的主要功能是进行物流信息的收集、存储、传输、加工整理、维护和输出，为物流管理者及其他组织管理人员提供战略、蓝本及运作决策的支持，以达到组织的战略竞优，提高物流运作的效率与效益。目前，国内物流业整体水平不高，大部分操作流程不规范，信息化程度低。因此，要发展物流事业，提高物流信息化的应用水平，必须积极采用先进的物流信息管理技术，加强信息化平台的建设。

二、物流管理信息系统操作流程

一般来说，物流管理信息系统的操作流程包含以下六个部分：

（1）订单管理：使用通信技术如邮件、传真和EDI 或 EOS 登录和维护订单信息。

（2）仓储管理：包括物品入库、物料在库移动、签收等环节。

（3）运输管理：包括运输单证的形成、装车计划、制定路线等。

（4）包装管理：包括换装、分装、再包装等活动。

（5）情报功能：包括与上述各项活动有关的计划、预测及有关费用情况。

（6）财务管理：设计成本核算、运费计算等。

物流管理信息系统除了传统的储存、运输、配送服务具有相应的功能外，应当还提供集成化的网络服务，如通过 Internet 与供应链上的客户进行数据交换，及时了解不同配送站点的库存数量、所有设备和人员的使用状况、供应链中供应商和协作商的信息，并能根据历史数据进行市场预测和决策等，这些功能流程都是现代化物流配送系统的核心和出发点。

三、物流管理信息系统的功能

1.内部办公功能

包含工作计划，通告管理，公文管理等功能。借助互联网的优势，为各地公司的沟通建立一条顺畅的平台，能够有效地提高公司的沟通（办事）效率，节省通信成本。

2.运输管理功能

包含托单管理、专线管理、到货管理、下线管理、跟踪管理、回单管理、异常管理、变更管理等功能。有效地理顺企业运作流程，规范管理，提高工作效率，提升服务质量。

（1）自动分拣功能：提高分拣效率，减少分拣的错误，提高货物的分发时效。有效地避免了错货，窜货的发生，节省了错货，窜货的损失成本（电话查询、人员劳动、再次运输成本等），同时避免了因错货，窜货引发的客户流失的隐形损失（客户不满意是企业最大的损失）。

（2）计划配载功能：减少了因人为的原因造成的货物积压，保证了客户的满意度。同时提高车辆满载率，提高单车利润。在运输（油费猛涨，车辆运价高）成本高居不下的情况下，有效提高满载率，可明显为企业创造效益。

（3）能够支持网点的独立核算（或是物流联盟）的管理模式，有效地解决了各分公司的利益分割及独立核算的问题，同时还可以及时核算本公司的成本及利润情况。相比于成本中心模式，在成本及收益的显现方面更有优势）。

（4）有效地督促回单的及时回收，保证运费的及时回笼，为企业资金链提供了保障。

（5）可以实时监管到各分公司的异常情况，大大地提高对异常情况的监管力度。异常管理到位能最大限度地降低经营风险。

### 3.大客户管理功能

包括大客户的档案管理、产品管理、合同运价管理、运输管理、大客户的结算管理，并且能够为这些大客户提供网上查询功能。有效地提高了企业大客户的管理力度，保证了企业大客户的满意度，为留住大客户提供了保障，保证企业长期的发展。

### 4.财务结算管理功能

包括现金管理、客户（包括普通客户及VIP客户）的应收款结算、下线承运商的运费结算、货款管理、公司内部往来的结算等功能。可以随时掌控各地资金的流动情况，减少资金管理漏洞。

（1）现金管理功能不但可以对业务部门交接的现金进行复核，同时还可以监控到各营业分点是否是否还有现金未上交，以便于及时督促这些经营分点，保证资金的及时回拢，避免现金积压在各营业分点所造成的风险。

（2）结算功能支持"跨月、分期"结算模式。灵活的结算模式，不但有效地提高企业的结算管理。同时保证结算人员能够一目了然地了解到每个客户所欠应收差额情况，便于财务人员及时督促欠款回收，保证资金的及时回拢。

（3）两地往来结算变更差异的自动统计，有效地提高两地分公司往来账款的对账及结算时效，减少了内部往来对账的难度。

（4）货款管理功能还避免了因两地公司沟通失误造成的货款还没有及时收回就已经放款的风险，减少了资金管理漏洞。

### 5.运营统计分析功能：包括运输统计、利润统计、客户统计、车辆统计等统计报表。

（1）在手工进行统计时，要得到各分公司的统计数据至少是在两个月后，甚至更长时间。系统自动生成的报表，能够实时地把各地分公司的经营状态反馈出来，让企业可以提前预见问题，规避风险，分析企业的发展方向，帮助企业健康成长。

（2）可以帮助企业高层随时掌握企业的各种信息，提高管理透明度，及时发现各地工作中的不足，提出整改意见，督促执行。避免问题发生后被迫处理的被动局面。

6. 查询功能

包括内部的公共查询及客户的网上查询（普通客户网上查询、VIP客户网上查询）功能。

（1）内部的公共查询可以实时地把各环节的运输状态实时地反馈给公司的每一位员工，能够让他们及时地回复客户的电话查询。不但减轻了员工的工作压力，提高了客户满意度。同时还大大地降低了查询时发生的通信成本。

（2）网上查询功能可以让客户自主地在网上查询到他们所发货物的情况。提高了企业的对外形象，提升了客户的满意度。

四、现代物流管理信息系统设计

现代物流趋势是要改善不同体系间相互独立，各自为政的局面，实行有效的配合。客户作业，物流中心管理，库区作业，填发物流作业指令，指令查询，库存状态报告，货物编码的维护，代理商或产品客户管理和系统用户管理等，是我们需要考虑的系统设计环节。

1. 库存的管理

库存的管理就是要让企业及时了解产品的生产过程、发货过程、存货的盘点等过程中的各类数据与信息，并且能够以这些数据与信息为基础，展开未来订单的预测分析工作，让企业的计划更具科学性和合理性。

2. 运输流程的管理

运输流程的管理所涉及面非常广，其中包含了收发货管理、对接管理、出入境管理等。实际运用中，运输流程的管理能够更好地规范公司物流运输作业程序，节省运费成本，提升管理水平，加强运输外包过程控制，针对公司外包运输作业，特制定本流程。要是企业车辆调度上出现问题时，可以借助于运输管理系统，便可以有效地将这一问题化解。

3.集中控制的功能

控制功能是指对物流的过程进行及时有效地监视。做好物流的监视工作必须做到下述几点：首先，统一业务的事项与流程，建立统一的收费管理制度；其次，做好成本的规划并且要加强对运输的管理；最后，做好货物储备工作，并及时进行数据收集、记录工作，为企业未来的计划与决策提供依据。

4.统计报表的管理功能

统计报表管理功能的应用能够及时有效地将收集的数据与信息进行汇总、分析，有助于信息使用者更全面地看清该企业当前业务的具体情况。它不但可以为使用者呈现出动态的统计表，而且实现了各种不同统计报表的绘制，满足了各类信息使用者的需求。比如商品出货量报表、公司销售财务报表、仓库库存报表、资金流动报表等。

5.查询功能

查询功能作为现代管理系统中必不可少的一块，在物流管理系统中具备了完善的查询功能，就能让客户更好地查找到自身所需要的信息。物流信息系统的灵活应用可以真正地实现对货物实时的动态监测，客户按照自己的需求在任何时间任何地点都可以查询，这样就可以确保销售计划可以顺应实际行情来进行适当的整顿，第三方运输企业也可以根据客户的反馈意见，对运输方案作出相应的整改，从而增加物流运输的流畅性和安全性。

6.共享物流企业与客户之间的信息

在一般状况下，客户对商品货物库存数量以及货物的实时位置，货物的质量以及完整度等的关注度都比较高。若是企业将这些信息都置于公开的平台，开发客户对这些信息的查询，让他们可以及时获取自己所要的信息，长此以往，他们也会加大对物流企业的信任度，企业的形象也由此得到相应的提高。物流管理信息系统现在还处于发展中阶段，还要在实践的过程中不断地更新与完善，让它更好地发挥出自身的作用，推动物流企业的快速发展。

五、现代物流管理信息网络化分析

（一）现代物流管理信息网络化特征及功能

现代物流管理信息网络化的发展中，有着鲜明的特征呈现，其中比较突出的就是信息来源比较广泛。与一般专业信息网络相比较，物流信息网传递信息来源相对比较广泛，商品采购以及生产流通等方面的信息都有。现代物流管理信息网络化的特征中，地域广袤性的特征也比较突出，在信息网的跨地区以及跨部门的特征上也比较突出，有着比较大的覆盖面。

对于现代物流管理信息网络化的目标实现方面，在功能上就比较突出。物流信息系统从本质上来说，主要是将物流活动和某一个体化过程进行连接的重要通道，这就需要建立在几个重要功能上，交易以及管理控制和决策分析等系统都比较重要。其中，交易系统的功能发挥上，主要是进行启动以及记录个别物流活动的基本层次。在交易活动当中，有记录订货内容以及对存货任务进行安排等诸多功能。管理系统功能将主要精力放在了功能衡量以及报告上。其中的功能衡量是提供服务的水平以及资源利用等管理反馈的。加强管理控制，就能为实际的方案选择提供有力依据。决策功能是对可估价问题的特征的有效分析。制订战略计划的功能，主要是减少物资以及信息的循环次数。

（二）现代物流管理信息网络化实施策略

现代物流中的信息网络化构建要遵循相应的原则，只有这样才能有助于现代物流的良好发展。提供服务是最为基础的管理本质，这就需要能够在定位以及供需的关系上进行合理化，要能通过发展的眼光来看待物流信息网络化，并要能着眼于细节。在这些原则的遵循下，对现代物流中的信息网络化建设发展才能起到积极作用。

现代物流中信息网络化实施要注重方法的科学性，充分利用国际互联网。国外的物流企业对国际互联网资源的利用比较看重，并且积极开发了国际互联网等各种在线查询系统，在互联网技术的应用下方便顾客的查询。我国在物流信息网络化的发展过程中，要充分注重借鉴国外的发展经验，对自身的互联网利用要能充分化呈现。在这一方面要注重对通用数据利用的强化以及对信息发布的主动性的不断强化，加强信息时效性的管理。

注重技术水平的提高，这就需要构建高速的数据网络基础设施，结合物流信息自身的特征来构建先进性、实用性和稳定性信息采集以及发布的网络平台。网络系统的良好扩展性得以有效保障，才能为物流信息的循环流动创造良好的物质条件。注重大型动态库的完善建立，从而为企业生产经营决策提供实时动态信息。充分注重对先进通用物流网络应用系统技术的应用，结合实际来进行构建和物流适应的技术体系。这就需要在推广电子数据交换系统以及物流可视化跟踪系统方面进行完善建立。

现代物流的管理发展，就是对WBM网络管理模式的完善建立。在物流信息网络化的建设过程中，网络管理人员就要在www的手段监视控制网络下，对任何的Web浏览器加以应用，要能对网络中任何节点进行迅速配置以及控制等，这样就能对网络系统的应用得到有效优化。在对WBM网络技术应用下，比较突出的优点就是能够将数据信息存储在服务器上，这有助于客户的访问查询，而设备费用就能有效减少。对物流管理中的信息网络化建设也要能充分重视专业人才的培养，经济的发展和人才是离不开的，所以在物流管理中的信息网络化建设，就充分重视专业人才的培养，在物流信息技术的复合型人才培养方面要能加强，在专业学习方面进行加强，只有满足了实际的人才需求要求，才能真正有利于现代物流信息网络化的发展目标实现。

除此之外，对现代物流管理中信息网络化的发展，还要充分重视从政策层面进行加强。从具体的措施实施上，充分重视对全民的物流信息网络化意识进行提高，对政府的引导以及组织和管理的作用职能充分发挥，只有在这些层面得到了加强，才能真正有利于现代物流的信息网络化水平的提高，对现代物流的整体发展才能起到积极的作用。

# 本章小结

本章第一节介绍了物流信息及其分类、管理的相关情况。

物流信息是反映物流各种活动内容的知识、资料、图像、数据、文件的总称。物流信息按照不同的标准可以分为不同的种类。按功能分，物流信息可分为仓储信息、运输信息、加工信息、包装信息、装卸信息等。根据信息产生和作用的环节，物流信息可分为输入物流活动的信息和物流活动产生的信息。根据信息作用的层次，物流信息可分为基础信息、作业信息、协调控制信息和决策支持信息。按加工程度的不同，物流信息可分为原始信息和加工信息。

物流信息管理是对物流信息进行采集、处理、分析、应用、存储和传播的过程，也是将物流信息从分散到集中、从无序到有序的过程。对物流信息的管理有可得性、及时性、准确性、集成性、适应性和易用性六方面的要求。

第二节重点介绍了物流信息技术的构成及应用现状，简要介绍了物流信息技术的发展趋势。物流信息技术可以分为四个层次，即基础技术、系统技术、应用技术和安全技术。在我国，各种物流信息应用技术已经广泛应用于物流活动的各个环节。物流信息技术包括自动化设备技术、设备跟踪和控制技术、动态信息采集技术。

自动化设备技术的主要应用环节是配送中心。设备跟踪和控制技术中应用最多的是GPS技术跟踪，GPS技术跟踪利用GPS物流监控管理系统，它主要跟踪货运车辆与货物的运输情况，使货主及车主随时了解车辆与货物的位置与状态，保障整个物流过程的有效监控与快速运转。动态信息采集技术的应用有利于保证对物流过程的完全掌控。在流行的物流动态信息采集技术应用中，一、二维条码技术应用范围最广，其次还有磁条（卡）、语音识别、便携式数据终端、射频识别（RFID）等技术。

物流信息技术的发展具有三个趋势，即：RFID将成为未来物流领域的关键技术，物流动态信息采集技术将成为物流发展的突破点，物流信息安全技术将日益被重视。根据企业对信息化系统的应用程度，第三方物流行业的信息化建设划分为单点应用阶段、流程优化阶段和综合管理阶段三个阶段。运用信息化手段提高运输质量和运输效率，提高客户服务能力，从而提高核心竞争力，是第三方物流企业应对市场竞争的必然选择。

我国在物流信息技术应用的过程中存在一定的问题，包括缺乏现代物流管理理念，信息技术相对落后，缺乏物流管理信息化人才以及政策及制度环境有待改善等问题。针对这些问题，我国在物流管理中应用现代信息技术时需要一些新的策略，例如，构建现代物流管理理念，提高物流信息化技术，同时建立现代化物流管理人才体系以及加强政策支持。

第三节介绍了物流管理信息系统及其操作流程，详细阐述了物流管理信息系统的功能及现代物流管理信息系统设计。

物流管理信息系统实现从物流决策、业务流程、客户服务的全程信息化，对物流进行科学管理。选择合适的物流管理信息系统，能提高企业物流综合竞争力；内部运作效率提高，能够从容处理各种复杂物流业务；通过与客户的实时信息共享，提高了客户服务质量，在对大量的客户业务数据进行统计分析的基础上，使得向客户提供增值服务成为可能，并挖掘出巨大的销售潜力；加强总部对分支机构的管理以及与股东单位、合作伙伴、支持资源的信息沟通、业务合作，向管理层、决策层提供实时的统计分析数据，提高了市场反应速度和决策效率。

物流管理信息系统的操作流程包含订单管理、仓储管理、运输管理、包装管理、情报管理和财务管理。物流管理信息系统的功能包括内部办公功能、运输管理功能、大客户管理功能、财务结算管理功能、运营统计分析功能和查询功能。其中，内部办公功能包含工作计划，通告管理，公文管理等功能。运输管理功能包含托单管理、专线管理、到货管理、下线管理、跟踪管理、回单管理、异常管理、变更管理等功能。大客户管理功能包括大客户的档案管理、产品管理、合同运价管理、运输管理、大客户的结算管理，并且能够为这些大客户提供网上查询功能。财务结算管理功能包括现金管理、客户（包括普通客户及VIP客户）的应收款结算、下线承运商的运费结算、货款管理、公司内部往来的结算等功能。运营统计分析功能：包括运输统计、利润统计、客户统计、车辆统计等统计报表。查询功能包括内部的公共查询及客户的网上查询（普通客户网上查询、VIP客户网上查询）功能。

现代物流管理信息系统在应用之前要考虑设计环节。设计过程中要特别重视库存的管理、运输流程的管理、集中控制的功能、统计报表的管理功能、查询功能以及共享物流企业与客户之间的信息，让企业的计划更具科学性和合理性。

最后，本章对现代物流管理信息网络化的特征及功能进行了分析，并对现代物流管理信息网络化实施策略进行了探究。

# 第三章

## 装卸与运输管理

# 第一节 装卸基础知识

## 一、装卸

所谓装卸，是指随物品运输和保管而附带发生的作业。它是物流作业中的一项职能。

装卸活动的基本动作包括装车（船）、卸车（船）、堆垛、入库、出库以及连接上述各项动作的短程输送，是随运输和保管等活动而产生的必要活动。

在物流过程中，装卸活动是不断出现和反复进行的，它出现的频率高于其他各项物流活动，每次装卸活动都要花费很长时间，所以往往成为决定物流速度的关键。装卸活动所消耗的人力也很多，所以装卸费用在物流成本中所占的比重也较高。以我国为例，铁路运输的始发和到达的装卸作业费大致占运费的20%左右，船运占40%左右。因此，要想降低物流费用，装卸是一个重要环节。

此外，进行装卸操作时往往需要接触货物，因此，这是在物流过程中造成货物破损、散失、损耗、混合等损失的主要环节。例如，袋装水泥纸袋破损和水泥散失主要发生在装卸过程中，玻璃、机械、器皿、煤炭等产品在装卸时最容易造成损失。

## 二、装卸分类

物流过程中的装卸作业包括卸货、搬运、分拣、堆垛以及拆垛配货活动中的装卸作业，发货活动中的搬运、装货等装卸作业。具体来说，装卸作业按作业内容分有以下四种类型：①装货卸货作业；②搬运移动作业；③堆垛拆垛作业（放置取出作业）；④分拣配货作业。

装卸作业按装卸场所分类包括：①车站装卸；②机场装卸；③仓库装卸；④港湾、码头装卸。

装卸作业按物品形态分类包括：①单个物品装卸（一般指大物件装卸）；②集装货物装卸（如托盘、集装箱等装卸）；③散装货物装卸（如粉粒状物体的装卸）。

装卸作业按机械来分类包括：①传送带装卸；②吊车装卸；③叉车装卸；④托盘装卸；⑤各种其他装卸机械的装卸。

三、装卸注意事项

（1）严格遵守易燃、易爆及化学危险物品装卸运输的有关规定。装卸粉散材料及有毒气散发的物品，应佩戴必要的防护用品。

（2）工作前应认真检查所用工具是否完好，不准超负荷使用。

（3）装卸时应做到轻装轻放，重不压轻，大不压小，堆放平稳，捆扎牢固。

（4）人工搬运、装卸物件应视物件轻重配备人员。杠棒、跳板、绳索等工具必须完好。多人搬运同一物件时，要有专人指挥，并保持一定间隔，一律顺肩，步调一致。

（5）堆放物件不可歪斜，高度要适当，对易滑动物件要用木块垫塞。不准将物件堆放在安全道内。

（6）用机动车辆装运货物时不得超载、超高、超长、超宽。如遇必须超高、宽、长装运时，应按交通安全管理规定，要有安全措施和明显标志。

（7）装车时，随车人员要注意站立位置。车辆行驶时，不准站在物件和前栏板之间。车未停妥不准上下。

（8）装卸货物应挂规定吊点，起吊装箱时应先检查箱体底脚是否牢固完好，按吊线标志吊挂，并经试吊确认稳妥后方能起吊。

（9）使用卷扬机、钢管滚动滑移货物时，要有专人指挥，路面要坚实平整，绳索套结要找准重心，保持直线行进，有棱角快口部位应设垫衬，卸车或下坡时应加保险绳，货物前后和牵引钢丝绳边不准站人。

（10）装运易燃易爆化学危险物品时严禁与其他货物装混。要轻搬轻放，搬运场地不准吸烟。车厢内不准坐人。

（11）装卸时，应根据吊位变化，注意站立位置。严禁站在吊物下面。

（12）铁路车辆装运物件，不得超过车厢允许高度和宽度。铁路两侧1.5米以内，不得堆放装卸物件，不准在车厢底下或顶上休息。

（13）在高栏板车厢装卸货物起重，驾驶员无法看清车厢内的指挥信号时，应设中间指挥，正确传递信号。

（14）小心脚下打滑，防止高空坠落，注意个人安全。

（15）小心车体突出物。在车辆旁边行走或者维护车辆时，应该注意车体上的挂钩、横梁、侧护栏以及装载货物之后的突出物，避免造成磕伤。

（16）小心货物砸伤。装载的物品不得遗洒、飘散。杆状或者管状货物，如方木、圆木、PVC管等，在装卸货物紧、松绳时，小心货物垮塌，作业时最好站在货物的两侧。另外，在这样的货物顶部行走时，应该小心卡脚。平板车辆箱装、袋装等货物在卸货时，松绳之后最好先观察再进行卸货。倒垛、货物的坠落很可能造成砸伤。仓栏、厢式货车在开启车门时，也应该注意。

（17）盖篷布小心头顶电线。盖篷布时，小心下面货物不平造成的绊倒、陷落、踏空等事故。捆扎货物甩绳以及在货物顶部行走时，需要注意避开电线，以免造成电击伤害。

（18）小心工具松脱磕到自己。使用工具辅助，松紧货物或者车辆上的螺丝时，应该先保护好自己。小心工具与部件之间滑脱，或者螺丝断裂造成的磕碰伤。

（19）停车作业，小心不要被烫伤。发动机运行一段时间后，冷却水箱、排气管以及电瓶桩头温度都会很高。停车之后在这几个机件附近作业时，小心烫伤。

（20）使用紧固工具时要小心反弹打伤自己。在使用紧绳器、紧带器等紧固辅助工具固定货物的过程当中，应该小心绳子、绑带、挂钩突然断裂反弹造成的头、面部伤害。

（21）配合其他机械作业，先保护好自己。与其他机械配合作业时，未经委托最好不要指挥，也不要走入其他机械的作业半径之内。例如，在吊装的过程中，不要进入吊车作业范围之内，防止起吊物的坠落。

（22）巷道倒车观察后方情况，小心脑袋擦伤。

（23）货物质量不超过车辆核定的装载质量，也就是不能超过行驶证上标注的允许装载的质量。货物的长度和宽度不可以超出车厢。

（24）货物高度规定分两种情况：一是重型、中型货车和半挂车载物，从地面起不超过4米，载运集装箱的车辆不超过4.2米；二是除第一种情况以外的其他货车载物，从地面起不超过2.5米。

（25）载货汽车车厢不得载客。在城市道路上，货运机动车在留有安全位置的情况下，车厢内可以附载临时作业人员1~5人；载物高度超过车厢栏板时，货物上不得载人。

# 第二节 运输基础知识

## 一、运输

运输是实现人和物空间位置变化的活动，与人类的生产生活息息相关。因此，可以说运输的历史和人类的历史同样悠久。

物流的运输则专指"物"的载运及输送。它是在不同地域范围间（如两个城市、两个工厂之间，或一大企业内相距较远的两车之间），以改变"物"的空间位置为目的的活动，是对"物"进行的空间位移。

运输一般分为运输和配送。关于运输和配送的区分，有许多不同的观点，一般来说，所有物品的移动都是运输，而配送则专指短距离、小批量的运输。因此，可以说运输是指整体，配送则是指其中的一部分，而且配送的侧重点在于一个"配"字，它的主要意义也体现在"配"字上；而"送"是为最终实现资源配置的"配"而服务的。

运输功能要素包括供应及销售物流中的车、船、飞机等方式的运输，生产物流中的管道、传送带等方式的运输。

从宏观上讲，运输是指把人、财、物由一个地方转移到另一个地方的过程。运输又被认为是国民经济的根本。运输的主要工具包括自行车、板车、三轮车、摩托车、汽车、火车、飞机、轮船、宇宙飞船、火箭等。运输按服务对象不同可以分为客运和货运。

公共运输，泛指所有收费提供交通服务的运输方式。轿车托运（轿车运输）是指将汽车作为商品出厂后，通过大型汽车运输工具，到达指定地方的运输方式。

二、运输的特点

（一）运输具有生产的本质属性

运输的生产过程是以一定的生产关系联系起来的、具有劳动技能的人们使用劳动工具（如车、船、飞机及其他设施）和劳动对象（货物和旅客）进行生产，并创造产品的生产过程。运输的产品，对旅客运输来说，是人的空间位移；对货物运输来说，是货物的空间位移。显然，运输是以改变"人和物"的空间位置为目的的生产活动，这一点和通常意义下以改变劳动对象物理、化学、生物属性为主的工农业生产不同。

（二）运输生产是在流通过程中完成的

运输是把产品从生产地运往消费地的活动，因此从整个社会生产过程来说，运输是在流通领域内继续的生产过程，并在其中完成。

（三）运输产品是无形的

运输生产不像工农业生产那样改变劳动对象的物理、化学性质和形态，而只改变劳动对象的空间位置，并不创造新的实物形态产品。因此，在满足社会运输需求的情况下，多余的运输产品或运输支出，都是一种浪费。

（四）运输产品属于边生产边消费

工农业产品的生产和消费在时间和空间上可以完全分离，而运输产品的生产和消费不论在时间还是空间上都是不可分离的，属于边生产边消费。

（五）运输产品的非储存性

由于运输产品是无形的，不具有物质实体，又由于它的边生产边消费属性，所以运输产品既不能调拨，也不能存储。

（六）运输产品的同一性

对不同的运输方式来说，虽然它们使用不同的运输工具，具有不同的技术经济特征，在不同的线路上进行运输生产活动，但它们对社会具有相同的效用，即都实现了物品的空间位移。运输产品的同一性使得各种运输方式之间可以相互补充、协调、替代，形成一个有效的综合运输系统。

三、运输的作用

（一）保值

货物运输有保值作用。也就是说，任何产品从生产出来到最终消费，都必须经过一段时间、一段距离，在这段时间和距离过程中，都要经过运输、保管、包装、装卸搬运等多环节、多次数的货物运输活动。在这个过程中，产品可能会淋雨、受潮、水浸、生锈、破损、丢失等。货物运输的使命就是防止上述现象发生，保证产品从生产者到消费者移动过程中的质量和数量，起到产品的保值作用，即保护产品的存在价值，使该产品在到达消费者时使用价值不变。

（二）节约

搞好运输，能够节约自然资源、人力资源和能源，同时也能够节约费用。比如，集装箱化运输，可以简化商品包装，节省大量包装用纸和木材；实现机械化装卸作业，仓库保管自动化，能节省大量作业人员，大幅度降低人员开支。重视货物运输可节约费用的事例比比皆是。被称为"中国货物运输管理觉醒第一人"的海尔企业集团，加强运输管理，建设起现代化的国际自动化货物运输中心，一年时间将库存占压资金和采购资金，从15亿元降低到7亿元，节省了8亿元开支。

（三）缩短距离

货物运输可以克服时间间隔、距离间隔和人的间隔，这自然也是货物运输的实质。现代化的货物运输在缩短距离方面的例证不胜枚举。在北京可以买到世界各国的新鲜水果，全国各地的水果也常年不断；邮政部门改善了货物运输，使信件大大缩短了时间距离，全国快递两天内就到了美国联邦快递，能做到隔天送达亚洲15个城市；日本的配送中心可以做到上午10点前订货、当天送到。这种运输速度，把人与人之间的地理距离和时间距离一下子拉得很近。随着货物运输现代化的不断推进，国际运输能力大大加强，极大地促进了国际贸易，使人们逐渐感到这个地球变小了，各大洲的距离更近了。

（四）增强企业竞争力

在物资短缺的年代，企业可以靠扩大产量、降低制造成本去攫取第一利润。在物资丰富的年代，企业又可以通过扩大销售攫取第二利润。可是在新世纪和新经济社会，第一利润源和第二利润源已基本到了一定极限，目前剩下的唯一"未开垦的处女地"就是运输。降价是近几年家电行业企业之间主要的竞争手段，降价竞争的后盾是企业总成本的降低，即功能、质量、款式和售后服务以外的成本降低，也就是降低运输成本。

国外的制造企业很早就认识到了货运是企业竞争力的法宝，搞好运输可以实现零库存、零距离和零流动资金占用，是提高为用户服务，构筑企业供应链，增加企业核心竞争力的重要途径。在经济全球化、信息全球化和资本全球化的21世纪，企业只有建立现代货物运输结构，才能在激烈的竞争中，求得生存和发展。

（五）加快商品流通

配送中心的设立为连锁商业提供了广阔的发展空间。利用计算机网络，将超市、配送中心和供货商、生产企业连接，能够以配送中心为枢纽形成一个商业、运输业和生产企业的有效组合。有了计算机迅速及时的信息传递和分析，通过配送中心的高效率作业、及时配送，并将信息反馈给供货商和生产企业，可以形成一个高效率、高能量的商品流通网络，为企业管理决策提供重要依据，同时，还可以大大加快商品流通的速度，降低商品的零售价格，提高消费者的购买欲望，从而促进国民经济的发展。

（六）保护环境

比如，在城市外围多设几个货物运输中心、流通中心，大型货车不管白天还是晚上就都不用进城了，只利用两吨小货车配送，夜晚的噪声就会减轻；政府重视货物运输，大力建设城市道路、车站、码头，城市的交通阻塞状况就会缓解，空气质量自然也会改善。

（七）创造社会效益

实现装卸搬运作业机械化、自动化，不仅能提高劳动生产率，而且能解放生产力。把工人从繁重的体力劳动中解脱出来，这本身就是对人的尊重，是创造社会效益。

四、运输的重要性

（1）运输是物流的主要功能要素之一。按物流的概念，物流是"物"的物理性运动，这种运动不但改变了物的时间状态，也改变了物的空间状态。而运输承担了改变空间状态的主要任务，运输是改变空间状态的主要手段，运输再配以搬运、配送等活动，就能圆满完成改变空间状态的全部任务。

（2）运输是社会物质生产的必要条件之一。

（3）运输可以创造"场所效用"。场所效用的含义是：同种"物"由于空间场所不同，其使用价值的实现程度则不同，其效益的实现也不同。由于改变场所而发挥最大使用价值，最大限度提高了投入产出比，这就称之为"场所效用"。通过运输，将"物"运到场所效用最高的地方，就能发挥"物"的潜力，实现资源的优化配置。从这个意义来讲，也相当于通过运输提高了"物"的使用价值。

（4）运输是"第三利润"的主要源泉。

# 第三节 物流运输规划与决策

## 一、常见的物流运输方式

运输就是将产品从初始地根据对方的要求运送至客户所需的地点，它与生产、消费都息息相关，即运输促进消费。伴随经济的快速发展，我国交通网络也得到不断完善，承运模式也呈现多样化趋势，在制定货运方案时，应充分考虑每种方式各自的经济特征、适用范畴、优缺点等信息，从而使得所选的货运方案更符合具体的需求，五种运输方式的描述如下。

### 1.公路运输

主要是通过汽车、卡车等工具实现货物的转移。适合近距离运载，由于其独特的灵活性，公路运输可以独立完成运输。由于其协作性较高，也可配合其他运输方式完成运输任务。

### 2.铁路运输

主要是依靠火车实现货物在时间和空间上的转移。货物运送距离比较长、数量庞大的时候，铁路运输的优势就体现出来了，虽然水运也可以实现大批量货物的运输任务，但碍于航线等因素的限制，优越性不如铁路明显。尽管铁路运输在运输时间上不占绝对优势，但其运输批量大、单位运输成本较低等优点受到很多大宗货物运输的青睐。

3.水路运输

主要是指以船舶作为主要运输工具的一种运输方式。水运最适合承担运量大、距离长的货物，就其运输的形式来讲，主要有远洋、内河、沿海等。水路运输最大的特点在于其运输批量大、单位运输成本低，对大批量、长距离货物运输较为合适。但是水运的不足之处也是相当明显的，最重要的一点是它的速度，在追求时效性的今天，这一缺点被无限放大。同时，它受港口大小、气候好坏等外部条件的影响较大。

4.航空运输

航空运输地主要特点可概括为：单位费用较高、速度快、耗时短、受地理环境影响小。它主要承担两类货物的运输任务：一是产品自身价值高的货物；二是比较急需或时令性较强的物资。

5.管道运输

管道运输是针对特定形态货物的一种运输形式。管道运输较前几种运输方式而言，前期建设投资小，且一旦投入使用，便可省去中间的周转环节，从而节省运输时间、降低运输成本、提高运输效率。

二、物流运输方式的选择

各种运输方式和运输工具都有各自的特点，不同类物品对运输的要求也不尽相同，合理选择运输方式，是合理组织运输、保证运输质量、提高运输效益的一项重要内容。

运输方式的选择就是从铁路、公路、航空、水路、管道运输等方式或联合运输中做出选择，通过对不同方式的运价和服务水平进行评价而做出决定。

由于运输成本在总物流成本中占有重要的比例，而且不同运输方式的运价相差很大，因此，运价是选择运输方式的一个非常重要的因素。但是运输成本最低的运输方式通常会导致物流系统中其他部分成本的上升，因此难以保证整个物流系统的成本最低。所以，尽管运价是影响决策的一个因素，但它绝不是唯一的因素，企业必须考虑运输服务的质量以及这种服务对整个物流系统运作成本的影响。运输服务质量通常包括运输时间、运输可靠性、运输安全性、服务容易性等。

不同运输方式下的运输时间将对物流系统各结点所有要求的存货水平会造成不同的影响，即较长的运输时间需要较高的存货水平。运输方式的可靠性和安全交货的程度也会影响各节点的存货水平、物料搬运设备和劳动力的使用、货损赔偿以及通信的时间与成本。

由此可见，运输方式的选择要根据物流系统的总体要求，结合不同方式的成本与服务特点，选择适合的运输方式。运输方式的选择是综合考虑运输价格、运输时间、运输服务可靠性、安全性和容易性等因素基础上作出的决定。

各运输方式的优缺点及适用范畴不尽相同，并且随着时间的推移，运输网络日益复杂化、承载对象日益多样化，顾客对于运输服务质量的要求也越来越高，因此，我们不能简单地根据各种运输方式的特点就判断某种运输方式或是某几种运输方式就适合某某企业的运输需求，运输方式或运输模式，运输路线的选择，都要基于运输企业的实际情况以及运输的具体要求才能够作出相对较为合理的决策。

基于运输现状及具体的运输需求选择合理的运输方式，不仅可在有效时限内将货物送达指定地点，提高运输效率、降低费用支出，还可提高客户满意度，提升企业信誉和市场竞争力。其具体意义如下：

1.降低库存

由于不同的运输方式在经济性能及适用范围方面存在差异性，合理安排货物的区域运输方式将在一定程度上加快货物的流转，使得货物的在库时间减少，周转率提高，库存数量降低，从而降低库存成本。相反，如果不能合理安排货物的运输组合方式，则会使得货物在库积压时间增加，出库率降低，库存数量增大，不仅影响货物运输的效率，也在无形中增加了库存成本。

2.降低成本

运输合理化可以加快货物的流动，从而使得库存减少，与之相对应的库存成本也将降低，而物流费用支出也随之降低。除此之外，货物的快速流转使得资金周转时间缩短，扩大了企业的发展空间。

3.提高客户满意度

制定合理的运输方案，要求运输企业基于客户的要求进行运输规划，这包括运输方式的选择、运输方式间的衔接换装、货物的完好性、交付的准时性等内容。客户满意是企业生存的隐形资本。

4.增加市场占有率

运输方式的选择关乎运输质量，同时先期的合理运输规划可以让企业很好的解决一些特殊地域的货物运输，基于此，企业可以及时对市场需求做出回应，增大销售数额，强化企业的知名度。

5.提高供应链的整体效益

众所周知，运输使得物流得以实现，而物流则衔接了整个链条上的各组成部分，制定合理的运输方案在一定程度上有助于提高运输效率，降低费用支出，并且对供应链上的其他环节也会产生重大影响。

6.产品价格降低

市场上产品价格的确定和很多因素有关，比如原材料的价格、生产成本等，其中运输费用占有很重要的位置，产品价格中的一部分与运输费用挂钩，当运输方式安排得当、运输费用减少时，产品的价格也会相应地降低，这不仅会使消费者受益，对链条上的其他企业也有利。

三、物流运输方式选择的方法

国内外有许多如何选择合适的运输方式的方法，这里选出了几个典型的运输方式的研究方法，分别是直观判断法、成本最小法、层次分析法、线性规划法、模型评价法等，基于具体问题及研究内容的差异性，可以选择较为合理的分析方法对具体问题进行分析求解。

（一）常见运输方式的选择方法

1.直观判断法

它是根据自己的直观感觉对两种不一样的货物运载方式进行评判的一种方法，带有明显的人的主观色彩，是一种定性的判断方法。

2.最小成本法

运用该方法处理运输问题时主要是在建立的运输模型中，将运输成本最低设定为目标函数，据此对具体数据进行分析求解，这种方法较为直观简便，但是由于缺乏对其他影响因素的考量，比如，运输的安全性、运输的服务水平、可达性这些定性指标，因此求解结果的可靠性及参考价值不高。

3.层次分析法

该方法将定性分析与定向分析相结合，所以该方法能够比较准确地判断哪种方式更具优势。该方法在社会、经济决策、政策制订、特性评估等很多方面都运用得比较广泛。它的步骤是：首先建立影响因素的层次结构，然后通过建立判断矩阵、权值计算、一致性检验等步骤，作出最优运输方案的评价与决策。

4.线性规划法

线性规划法理论上是最完善的，并在是实际应用中运用得相当广的一种运输模式选择方法。它主要用于研究如何合理分配资源，怎样利用才是最佳的，最终使经济效益最大化。

5.模型评价法

基于不同的运输问题选择评价指标，根据一些指标选择一种算法构建数学模型，通过计算机软件对模型及相关数据进行分析求解，从而得出解决方案。

（二）几种方法比较分析

上述五种方式各有特点。

相较而言，直观判断法操作最为简便，主要是依据来源于操作者的主观认识，由于缺乏一定基础的客观数据加以佐证，采用这种方法很容易导致主观臆断，决策结果客观性不强，准确度不高等现象。

最小成本法的关注点就是总成本，其最终的目标就是希望总成本达到最小，重点评析的就是与总成本相关联的要素。通过该方法很容易建立与实际问题相符的数学模型且计算简便，但不足之处在于只强调运输费用的重要性，而忽略了对其他影响因素的考虑。

模糊分析法是基于模糊数学演化而来的一种评价方法，通过模糊数学的相关理论对多因素问题进行分析，即实现对定性指标因素的定量化处理，对于一些概念模糊、界定困难的问题较为适用。

线性规划法是将相关问题转化成线性公式并通过构造算数模型进行分析求解。在此过程中会依据实际需求设定一个目标函数以及相对应的限制条件，然后通过一系列的数学计算，符合条件的即为问题的最优解，该方法不仅理论较为成熟，建立模型也较为简便，但是该方法对定性指标因素的分析不够。

在评价模型中，AHP法因其操作简便、实用等特点而应用于诸多领域。但是在选取评价指标的操作过程主观性较强，当求解问题的数据量较大、问题较为复杂时，操作过程很容易出现偏差，造成结果的可信度降低。

四、决策因素分析

（一）运输成本因素

一个企业若想在当今激烈的社会竞争中脱颖而出，必须想到如何尽可能地降低运输的成本，从而加速资金的周转，使企业得到快速发展。不同方式的费用差异较大，公路运输的成本相对较低，如果货物运输距离较长，公路运输就显得不那么划算了。铁路的短途运输成本较高，但对于长距离、大批量货物的运输，它的单位成本就会降低。水路运输可运送量大的货物，运输成本也较低。航空运输需要先期投入大量的资金购买设备，它的运输成本相对比较高，所以航空运输一般会用作运送应急物资或者是价值比较高的物品，对于大批量货物的运输并不适合。在选择运输方式时一个重要参考指标就是费用的高低。

（二）运输时间因素

时间也是影响运输方式选择的一个重要条件，对于时限要求较高的货物，选择航空或公路可能更为适合，而运价相对较低的铁路、水路则难以满足该运输需求。目前，货物运输多通过联运的形式加以实现，虽然在一定程度上降低了费用支出，但是换装及其他操作时间也不容忽视。相关研究数据资料显示，公路的时间变化率较大，而铁路和航空的时间变化率则显得较为稳定，在一般情况下，对于1000千米以上的运输，航空耗费的时间最短，接下来是公路、铁路，水路耗费时间最长。换言之，距离在1000以上的货物运输，公路与航空可以二选一，运输时间尽可能缩短，不仅可以提高运输效率，同时也有利于加快资金周转，保证企业的正常运转。

（三）运输批量批次因素

在影响决策的诸多因素中运输批量、批次因素也显得尤为重要。运输批量是指实现位移的货物数量，而批次则表示一定时间范围内同一类型货物运输的次数，伴随经济的发展，需求也在发生着变化，少量多次的模式受到越来越多企业的青睐，但也对原有的运输服务提出了新的要求，与此相反的模式更适合对单位运输费用较为敏感的货物运输，如煤炭、木材等，相较而言，这种运输模式对运输时间要求就比较低，一般来说。若是货物在15～20吨以下，选择公路较为合适，若是货物在15～20吨及以上，铁路运输将是最佳的货运方式，若是货物在数百吨以上，船舶运输则是最佳的货运方式。

（四）运输安全性因素

客户对货物运输的安全性也越来越高，这就致使快递企业思考怎样的运输才能让货物不受到损坏，让客户的需求得到满足。每种货运方式对货物运输的安全性的影响程度是不一样的，通常是用货物的损坏率来判断这种运输方式是不是安全，相较而言，航空运输的货损率较低，运输安全性较高，具有同样优势的还有公路，同时，公路运输还具有航空所不具备的直达性、短距离的价格优势。

（五）运输准时性因素

运输准时性指货物在既定时间内安全送达指定地点，在实际操作中，如果客户等着急用，但送达货物的时间不准，就有可能给客户带来无法弥补的损失，运输准时性对企业和客户而言也显得尤为重要，按时将货物送达客户手中，有利于提升客户信赖和满意度。判断准时性好坏的依据就是何种运输方式的运送速度更快，中间停靠点时间最短。

（六）运输可靠性因素

同样的距离，由于许多不确定因素的影响，比如，天气的好坏、交通的便利程度、中间停的次数、联合运输所浪费的时间，等等，使得同一货物运输方式的每一次运输时间可能会不一样，这就是运输的可靠性大小，就可靠性来说，我们比较各种运输方式，可以得到如下结论：公路运输＞铁路运输＞水路运输＞航空运输。

（七）运输能力因素

运输能力指可承受货物数量的最大值，一般而言，货物的运输能力会受到以下几类因素的影响，诸如，公共基础设施建设程度、沿线路况等，公路的运载工具使得它适用于小且少的货物运输，航空运输的运输能力也较为有限，一般用于价格高、重量轻、体积小的货物运输；相较而言，铁路、水路的运输能力就比较大，适合满足大批量货物的运输需求，但铁路和水路在运输时间上的局限性也使得其在可承载货物类型上受到限制，但伴随着高速铁路逐步应用于货运，铁路的优势日益明显。

（八）运输便利性因素

运输便利性反映的是运输交通工具调度的便利性和各种运输方式的组织协调性，主要是指承运人从托运人的立场出发、简化程序、缩减转运寄存时间、提高服务质量。

（九）运输距离因素

很显然，运输的距离对快递企业的运输方式也有影响，公路运输只适合短途货物的运输，而火车适合于长距离货运。

五、先进的运输组织方式

随着科技的不断进步及市场需求的不断变化，运输模式已经在原有的四种单一运输方式的基础上发生了变化，开始出现一些较为先进的运输组织形式，运输模式的多样化在很大程度上提高了运输效率，降低了运输成本。

1.多式联运

多式联运就是物流企业多种运输方式的联合运输，一定程度上节约了资源。多式联运的特点：运输全程必须使用两种或两种以上不同的运输方式实现货物在时间和空间上的位移；多式联运多采用集装箱运输；多式联运对承运人的职责要求和多种运输方式联合；按地域范围划分可分为国内和国际联运；按运输网络组成形式可以分为干线运输和直线运输。多式联运出现后，由于具有代理性、协同性、通用性、全程性和便捷性的特点，因而得到了广泛应用。

2.集装箱运输

集装箱运输就是用一种大型集装器具，对货物进行特殊的单元组合。应满足下列要求：具有足够的强度，便于货物的装满和卸空，具有 1 立方米以上的容积。在集装箱运输过程中，采用集装箱装卸货物，可单独使用一种运输方式，也可以几种运输方式共同作业，最终的目的就是将货物快速、准确、安全地送达。集装箱可适用于水路运输、铁路运输，可能公路运输也会贯穿其中。在我国，海洋运输中已广泛使用集装箱。

3.邮政运输

邮政运输是指通过邮局将货物送达指定收货人的一种运输方式，邮局运输操作方便，只要双方当事人在合同条款中拟定运输、交货细则，在邮局办理好货物托运手续，缴清邮费，收货人即可在指定期限内收到货物。随着快递业的迅速发展，邮政运输已经慢慢淡出人们的视线，邮政速递应运而生。

4.分区产销合理运输

分区产销合理运输，就是通过电话组织物流活动中，对某种货物，使其一定的生产区固定于一定的消费区。根据产销的分布情况和交通运输条件，在产销平衡的基础上，按着近产近销的原则，使货物走最少的里程，组织货物运输。它的适用范围，主要是对品种单一、规格简单、生产集中、消费分散，或生产分散、消费集中，调运量大的货物，如煤炭、木材、水泥、粮食、生猪、矿建材料或生产技术不很复杂，原材料不很短缺的低值产品，实行这一办法，对于加强产、供、运、销的计划性，消除过远、迂回、对流等不合理运输，充分利用地方资源，促进生产合理布局，降低物流费用，节约国家运输力，都有十分重要的意义。

在实行分区产销平衡运输时，应根据市场变化情况，灵活掌握。特别在当前我国进行经济体制改革时期，为了实行开放，搞活经济，在地区之间、部门之间，加强横向经济联系，互相协作的物资和自由采购的商品不断增加，有些可能是不合理运输。这在某些物资不足、商品短缺的情况下，互通有无，调剂余缺，为了发展生产、繁荣市场，是不可避免的。

5.直达运输

直达运输，就是在组织货物运输过程中，越过商业、物资仓库环节或铁路、交通中转环节，把货物从产地或起运地直接运到销地或用户，以减少中间环节。对生产资料来说，由于某些物资体积大或笨重，一般采取由生产厂矿直接供应消费单位（生产消费），实行直达运输，如煤炭、钢材、建材等。在商业部门，则根据不同的商品，采取不同的运输方法。有些商品规格简单，可以由生产工厂直接供应到三级批发站、大型商店或用户，越过二级批发站环节，如纸张、肥皂等；也有些商品规格、花色比较复杂，可由生产工厂供应到批发站，再由批发站配送到零售商店或用户。至于外贸部门，多采取直达运输，对出口商品实行由产地直达口岸的办法。在流通领域提出"多渠道、少环节"以来，各基层、商店直接进货、自由采购的范围越来越大，直达运输的比重也逐步增加，它为减少物流中间环节，创造了条件。

6. "四就"直拨运输

"四就"直拨运输，是指各商业、物资批发企业，在组织货物调运过程中，对当地生产或由外地到达的货物，不运进批发站仓库，采取直拨的办法，把货物直接分拨给市内基层批发、零售商店或用户，减少一道中间环节。其具体做法有就厂直拨、就车站（码头）直拨、就库直拨、就车（船）过载等。

"四就"直拨运输和直达运输是两种不同的合理运输形式，它们既有区别又有联系。直达运输一般是指运输里程较远、批量较大、往省（区）外发运的货物；"四就"直拨运输一般是指运输里程较近、批量较小，在大中型城市批发站所在地办理的直拨运输业务。

二者是相辅相成，往往又交错在一起的。如在实行直达运输的同时，再组织"就厂""就站"直拨，可以收到双重的经济效益。

7.合装整车运输

合装整车运输，也称"零担拼整车中转分运"。它主要适用于商业、供销等部门的杂货运输，即物流企业在组织铁路货运当中，由同一发货人将不同品种发往同一到站、同一收货人的零担托运货物，由物流企业自己组配在一个车辆内，以整车运输的方式，托运到目的地；或把同一方向不同到站的零担货物，集中组配在一个车辆内，运到一个适当的车站，然后再中转分运。这是因为，在铁路货运当中，有两种托运方式，一是整车，一是零担，二者之间的运价相差很大。采取合装整车的办法，可以减少一部分运输费用，并节约社会劳动力。

提高技术装载量，是组织合理运输提高运输效率的重要内容。它一方面是最大限度地利用车船载重吨位；另一方面，是充分使用车船装载容积。

六、物流运输成本规划

（一）物流运输成本分析

在物流成本的构成要素中，运输成本所占比例高达40%。这就说明加强对运输成本的控制是降低物流成本的一个重要方法。而运输方式的选择又是物流运输中的一个重要决策。所以，研究运输方式对运输成本的影响对我国物流产业的发展有深远意义。

不同运输方式的运输成本构成如下表所示：

表1 不同运输方式的运输成本构成表

| 运输方式 | 固定成本 | 变动成本 |
| --- | --- | --- |
| 铁路运输 | 高 | 低 |
| 公路运输 | 低 | 高 |
| 水路运输 | 高 | 低 |
| 航空运输 | 高 | 低 |
| 管道运输 | 高 | 低 |

由于铁路运输业从事的是货物运输和旅客运输，所以不需要支出原材料。但需要修建铁路和站台等大型建筑物，需要使用大量机车车辆和其他固定资产，因此，在铁路运输的过程中所发生的各种固定资产的修理费、折旧费和工资等占运输成本很大的比例。和运量无关的成本费用大约占铁路运输成本的50%，其中包括：作业人员的薪酬、维修费用、通信设备和大型建筑物等费用。始发到终点作业费用大约占铁路运输成本的18%，所以，运输成本与运输距离呈递远递减的关系，运距较短的时候成本较高，运距长的时候运输成本才会大幅下降。

公路运输始发到达费用和中转费用低。公路运输能实现直达运输"门对门"运输，无须中转费用。始发终到的作业量小，终到的费用相较于铁路运输和水路运输就要低得多。公路运输的固定资产占用少，可变成本高。公路运输的公路基本是由国家投资建的，运输企业只需要缴纳养路费，所以固定费用占用的比例较小。但是燃料消耗，车辆设备的折旧费用占有较大比重。

水路运输的运输成本结构是高可变成本和低固定成本。水路运输的固定资产折旧费占较大的比重，由于水路运输主要是在水上进行运输，所以不能实现"门对门"运输，往往要通过港口中转和其他运输方式进行衔接。所以，不论是海洋运输还是内河运输，港口总是先建设的并且还需要其他配套设施。船舶的吨位增加，水路运输成本会随之降低，吨位越大的船舶每吨每公里平均运输成本就越低，但首要条件是运输量和港口的吞吐能力够大。

航空运输的成本结构是高固定成本和低可变成本，存在飞机容量经济。飞机容量经济是指大型飞机的运输成本要比小型飞机运输成本低。主要是由于空乘人员的工资会随着载客量的增加而使单位运输量的分摊减少，并且大型飞机的燃料费也相对较少。

管道运输的成本结构是固定成本较高，可变成本较低。由于管道的基础建设的投资较大，所以固定成本在运输总成本中占很大比例。在运送天然气和石油等距离不变的情况下，管道的直径越大平均成本就越低。有研究数据表明，管道运输能力增加一倍，单位吨公里的运输成本就会相应的下降30%。

不同的运输方式对运输成本的影响是不同的。一般而言，航空运输成本最高，水路运输成本最低。这与运载量、每种运输方式的固定成本和变动成本有关。航空运输购置飞机和其他有关设备的费用就占运输成本的比例很大，这样，每年运输工具设备的固定资产折旧费用就很大，而且机场作业人员的薪酬也很高，所以，航空运输的固定成本很高。但是每架飞机的载重量很小，所以单位运输量的固定成本就也很大。水路运输虽然购置船舶和其他有关设备的费用也很大，每年的运输工具设备的固定资产折旧费用也大，有关作业人员的薪酬也很高，固定成本也很高。但是水路运输的船舶运载量很大，这样的话单位运输量的固定成本就减少了。

不一样的运输方式运输成本的计算也是不一样的，铁路运输需要考虑铁道的维修和养护费用，但是公路和内河航运就不用考虑这些，并且公路和内河航运还不需要考虑装卸作业的费用，这些费用基本上都是由国家或者地方预算出资的。计算航空和管道的运输成本时，线路方面的费用和装卸作业的费用也都要计算在成本内。

运输成本大体来说主要是分运输途中成本和站场成本。站场成本主要包括：仓库租赁费、货物装卸费和停靠码头的费用等。站场成本主要跟运输量有关。一般而言，如果运输量越大的话，站场成本就越高。在运输量不变的条件下，站场成本由大到小排列为：公路、水路、铁路。运输途中成本主要有劳动费和运输工具的维修费等。运输途中成本主要与运输量和运输距离有关，运输距离越大的话，运输成本就越高。但是在运输量不变的条件下，运输成本费用最高的是公路运输，最低的是水路运输。一般来说，短距离运输时，公路运输站场成本较低，而途中运输成本却较高。若进行大宗长距离货物运输，水路运输的站场成本较高，运输途中成本较低。

所以，在选择运输方式时，要充分考虑到运输量和运输距离的因素，对每种运输方式成本构成进行比较，尽可能选择最适合且最便宜的运输方式。

（二）降低运输成本的措施

1.选择合适的运输方式

物流企业要根据货物的种类特征，运输距离的远近以及客户的需求等来综合考虑选择合理的运输方式。比如，运输大宗低值货物并进行中、长距离运输时，选择铁路运输使运输成本最低。而在运输鲜时令水果和易腐易烂的生鲜产品且不是长途运输时，选择"门对门"公路运输使成本最低。水路运输就适用于运量大、运距长、对送达时间要求不高的大宗货物运输。若需要运送价值高、体积小、送达时间要求特别高的特殊货物时，选择航空运输则运输成本最低，如电子产品，生鲜产品、邮件等。物流企业必须综合考虑各种运输方式的经济特征及运输成本结构来选择合理的运输方式。

2.避免不合理运输现象

物流运输是一个很重要的环节，围绕着运输活动，要开展装卸、包装等多项环节，每多一道环节，就要浪费很多资源和成本。所以物流企业要对运输活动中的其他环节进行合理规划，对可以进行直达运输的货物，尽量采用直达运输，并且，更要尽可能避免重复运输和迂回运输等一些不合理运输现象的发生。

3.运用现代化技术

运用集装箱运输、多式联运和托盘化运输等运输模式，可以提高运输效率，降低运输成本。集装箱运输的优点是简化包装，节约大量包装费用等。多式联运在于可以把铁路运输、水路运输、公路运输、航空运输和管道运输五种运输方式联合在一起，例如，水路运输只可以在水路上进行运输活动，而公路运输可以实现"门对门"运输，这时就可以把水路运输和公路运输衔接起来，实现运输线路最优化。托盘化运输在于可以缩短运输中转时间，加快中转速度。

4.实现物流企业信息化

企业的信息化就是实现企业管理的信息化、企业运营的网络化。凭此来加强与企业处在不同地方的分支结构的信息交流，加强信息资源的共享和再利用，以此建立健全企业内部的、统一的信息管理体系，可以降低人力和设备的反复性投入，降低物流成本。如今是个信息化的时代，由于信息化在一定程度上提高了我们信息的收集、处理和传播的效率。一个物流企业想要长远地发展下去，必须将信息化融入物流这个行业。

# 本章小结

本章第一节介绍了装卸的基本知识，包括装卸的定义、分类以及装卸工作中的注意事项。

装卸是物流作业中的一项职能，是指随物品运输和保管而附带发生的作业。装卸作业种类很多，作业形式各不相同。在装卸作业中要严格按照规范进行作业，保证工作质量，同时保障自身安全。

第二节介绍了运输的基础知识，阐述了运输的特点和作用，指出了运输在物流中的重要性。

物流的运输专指"物"的载运及输送。它是在不同地域范围间，以改变"物"的空间位置为目的的活动，是对"物"进行的空间位移。运输具有生产的本质属性，运输生产是在流通过程中完成的，运输产品是无形的，属于边生产边消费，运输产品具有非储存性和同一性。运输具有保值、节约、缩短距离、增强企业竞争力、加快商品流通、保护环境和创造社会效益的作用。

运输是物流的主要功能要素之一，是社会物质生产的必要条件之一，可以创造"场所效用"，是"第三利润"的主要源泉。

第三节首先介绍了常见的物流运输方式，阐述了物流运输方式选择的必要性和重要意义，并给出了物流运输方式选择的一些具体方法；然后针对物流运输决策的相关因素进行了分析，并介绍了几种先进的运输组织方式；最后对物流运输规划过程进行了进一步解析。

物流运输中常见的运输方式包括公路运输、铁路运输、水路运输、航空运输、管道运输。各种运输方式和运输工具都有各自的特点，不同类物品对运输的要求也不尽相同，合理选择运输方式，是合理组织运输、保证运输质量、提高运输效益的一项重要内容。选择合理的运输方式不仅可在有效时限内将货物送达指定地点，提高运输效率、降低费用支出，还可提高客户满意度，提升企业信誉和市场竞争力，具有降低库存、降低成本、提高客户满意度、增大市场占有率、提高供应链的整体效益、降低产品价格的重要意义。

物流运输方式的选择有很多方法，常见的选择方法有直观判断法、总成本最小法、层次分析法、线性规划法、模型评价法等。这五种方法各有特点：直观判断法操作最为简便，但决策结果客观性不强，准确度不高；最小成本法关注点就是总成本，其最终的目标就是希望总成本达到最小，该方法很容易建立与实际问题相符的数学模型且计算简便，但只强调运输费用的重要性而忽略了对其他影响因素的考虑；模糊分析法实现了对定性指标因素的定量化处理，对于一些概念模糊，界定困难的问题较为适用；线性规划法不仅理论较为成熟，建立模型也较为简便，但是该方法对定性指标因素的分析不够；模型评价法应用于诸多领域，但评价指标选取时主观性较强，容易出现偏差。

物流运输方式选择决策的影响因素很多，包括运输的成本因素、时间因素、批量批次因素、安全性因素、准时性因素、可靠性因素、能力因素、便利性因素和距离因素等。随着科技的不断进步及市场需求的不断变化，目前，已经出现了一些较为先进的运输组织形式，多样化的运输模式提高了运输效率。这些先进的运输组织方式包括多式联运、集装箱运输、邮政运输、分区产销合理运输、直达运输、"四就"直拨运输和合装整车运输等。

物流运输的规划需要重点考虑运输成本，不同的运输方式有着不同的成本构成，会产生不同的成本，在选择运输方式时，要充分考虑到运输量和运输距离的因素，对每种运输方式的成本构成进行比较，尽可能选择最适合且最便宜的运输方式。降低运输成本的具体措施包括：选择合适的运输方式；避免不合理的运输现象；运用现代化技术；实现物流企业信息化。

# 第四章

## 仓储管理与库存控制

# 第一节 仓库保管

一、仓库物资保管的意义

物资保管是在保证物资品质和数量的前提下，依据一定的管理规则，在一定的期间内把物资存放在一定的场所的活动。

物资管理是仓库管理员的主要工作内容之一。物资保管应坚持以确保物资始终处于有效使用期为宗旨，严格的定期库存检查将确保储存物资的质量。

物资保管是仓库管理的中心环节，其主要内容是：建立仓库管理责任制，实行专人管理，专人负责，严格出入库手续；对入库物资，按照安全、方便的原则，进行合理分类，便于存、取、查核、实行货位编号；对不同类型的物资，进行合理保管，区别一般与贵重物资，大体积与微小零星物资，固体和液体物资，有毒与无毒物资，大宗与小宗物资，采取相应措施，分别妥善存放。在此过程中，必须坚持："预防为主，防治结合"的原则，保持仓库整洁，使仓库符合安全、防冻、防腐、防潮、防火的原则。

物品保管是仓储工作的核心，也是物流过程中的重要环节。物品的保管和保养有利于物品配送和出库作业，是保持储存物品质量和数量的重要措施，也为企业赢得更多客户的保证。

二、仓库物资保管的任务

仓库物资保管应遵守"四保"要求，即保质、保量、保安全和保急。

保质是指库存物资无论储存时间长短，都应通过保管保养活动使其保持原来的品质标准。保量是指物资库存期间其实物数量与账物数量一定要相符。保安全是指通过一系列保管活动，做到防火、防盗、防变质，确保库存物资安全无事故。保急是指仓库应在最短时间内，按用户需求将调拨单所列物资按质按量、及时准确地发放出库。

### 三、仓库保管的基本原则

为提高物资保管在作业中的效率，一般应遵循以下原则：

**1.靠近出口原则**

将刚刚到达的或经常要用的物资摆放到离出入口最近的空储位上。

**2.以周转率为基础原则**

即按照物资在仓库的周转率（销售量除以存货量）来排定储位。

**3.相关性原则**

物资相关性大者在订购时经常被同时订购，所以应尽可能存放在相邻位置。因为物资相关性储存可以缩短提取路程，减少工作人员工作量，简化清点工作。

**4.同一性原则**

同一性原则是指在同一物资储放于同一保管位置的原则。对同一物资在存取花费最少搬运时间是提高物流中心作业生产力的基本原则之一。因而同一性法则是任何仓储中心皆应确实遵守的重点原则。

**5.类似性原则**

类似性原则是指将一系列相类似品比邻保管的原则。此原则根据与同一性法则同样的观点而来。

**6.互补性原则**

互补性高的物资也应存放于邻近位置，以便缺货时可迅速以另一品项替代。

**7.兼容性原则**

兼容性低的产品绝不可放置在一起，以免损害产品品质，如烟、香皂、茶便不可放在一起。

8.先进先出原则

所谓先进先出原则，是指先保管的物资先出库。

9.叠高原则

所谓叠高原则，即是像堆积木般将物资叠高。

10.面对通道原则

所谓面对通道原则，是指在保管作业时把物资可识别的标号、名称面对通路来保管，让作业员更加容易、更为简便地辨识。

11.尺寸原则

在布置仓库时，应同时考虑物资单位大小及由于相同的一群物资所造成的整批形状，以便能提供适当的空间来满足某一特定的需要。

12.重量特性原则

所谓重量特性原则，是按照物资重量的不同来决定储放物资在保管场所的高低位置。

13.特性原则

物资特性不仅涉及物资本身的危险及易腐性质，同时也可能影响其他物资，因此在保管时必须加以考虑。

14.储位表示原则

所谓储位表示原则，指把保管物资的位置给予明确表示。此原则主要目的在于将存取单元化，并能减少其间的错误。尤其在临时人员、高龄作业员较多的仓库，此原则更为必要。

15.明了性原则

所谓明了性原则，是指利用视觉，使管理场所及保管能够容易识别的原则。此原则对储位表示原则、同一性原则及叠高原则等都能顾及，例如，颜色看板、布条、标示符号等方式，让作业员一目了然，且能产生联想而帮助记忆。

四、仓库管理注意事项

仓库（Warehouse）是保管、储存物品的建筑物和场所的总称。

物流中的仓库功能已经从单纯的物资存储保管，发展到具有担负物资的接收、分类、计量、包装、分拣、配送、存盘等多种功能。仓库管理是指商品储存空间的管理。仓库管理作业应注意的问题有：

1.库存商品要进行定位管理，其含义与商品配置图表的设计相似，即将不同的商品按分类、分区管理的原则来存放，并用货架放置。仓库内至少要分为三个区域：第一，大量存储区，即以整箱或栈板方式储存；第二，小量存储区，即将拆零商品放置在陈列架上；第三，退货区，即将准备退换的商品放置在专门的货架上。

2.区位确定后应制作一张配置图，贴在仓库入口处，以便存取。小量存储区应尽量固定位置，整箱储存区则可弹性运用。若储存空间太小或属冷冻（藏）库，也可以不固定位置而弹性运用。

3.储存商品不可直接与地面接触，一是为了避免潮湿，二是由于生鲜仪器规定，三是为了堆放整齐。

4.要注意仓储区的温湿度，保持通风良好，干燥、不潮湿。

5.仓库内要设有防水、防火、防盗等设施，以保证商品安全。

6.商品储存货架应设置存货卡，商品进出要注意先进先出的原则。也可采取色彩管理法，如每周或每月用不同颜色的标签，以明显识别进货的日期。

7.仓库管理人员要与订货人员及时沟通，以便到货的存放。此外，还要适时提出存货不足的预警通知，以防缺货。

8.仓储存取货原则上应随到随存、随需随取，但考虑到效率与安全，有必要制订作业时间规定。

9.商品进出库要做好登记工作，以便明确保管责任。但有些商品（如冷冻、冷藏商品）为讲究时效，也采取卖场存货与库房存货合一的做法。

10.仓库要注意门禁管理，不得随便入内。

# 第二节 仓储管理

## 一、仓储管理概述

仓储管理（Warehouse Management，WM），指的是对仓储货物的收发、结存等活动的有效控制，其目的是为企业保证仓储货物的完好无损，确保生产经营活动的正常进行，并在此基础上对各类货物的活动状况进行分类记录，以明确的图表方式表达仓储货物在数量、品质方面的状况以及目前所在的地理位置、部门、订单归属和仓储分散程度等情况的综合管理形式。

仓储首先是一项物流活动，或者说物流活动是仓储的本质属性。仓储不是生产、交易，而是为生产与交易服务的物流活动中的一项。应该与其他物流活动相联系、相配合。这一点与过去的"仓库管理"是有重大区别的。

仓储的基本功能包括物品的进出、库存、配送，这些也是传统仓储的基本功能，物品的出入库及在库管理相结合、共同构成现代仓储的基本功能。

仓储的目的是满足供应链上下游的需求。这与过去仅仅满足"客户"的需求在深度与广度方面都有重大区别。谁委托、谁提出需求，谁就是客户；客户可能是上游的生产者，可能是下游的零售业者，也可能是企业内部，但仓储不能仅仅满足直接"客户"的需求，也应满足"间接"客户即客户的客户的需求；仓储应该融入供应链上下游之中，根据供应链的整体需求确立仓储的角色定位与服务功能。

仓储的条件是特定的有形或无形的场所与现代技术。说"特定"，是因为各个企业的供应链是特定的，仓储的场所当然也是特定的；有形的场所就是指仓库、货场或储罐等。现代经济背景下，仓储也可以在虚拟的空间进行，需要许多现代技术的支撑，离开了现代仓储设施设备及信息化技术，也就没有现代仓储。

仓储的方法与水平体现在有效的计划、执行和控制方面。计划、执行和控制是现代管理的基本内涵，科学、合理、精细的仓储当然离不开有效的计划、执行和控制。

现代企业的仓库已成为企业的物流中心。过去，仓库被看成一个无附加价值的成本中心，而现在仓库不仅被看成是形成附加价值过程中的一部分，而且被看成是企业成功经营的一个关键因素。仓库被企业看作是连接供应方和需求方的桥梁。从供应方的角度来看，作为流通中心的仓库从事有效率的流通加工，库存管理，运输和配送等活动。从需求方的角度来看，作为流通中心的仓库必须以最大的灵活性和及时性满足各类顾客的需要。因此，对于企业来说，仓储管理的意义重大。在新经济新竞争形势下，企业在注重效益，不断挖掘与开发自己的竞争能力的同时，已经越来越注意到仓储合理管理的重要性。精准的仓储管理能够有效控制和降低流通和库存成本，是企业保持优势的关键助力与保证。

由于现代仓储的作用不仅仅是保管，更多是物资流转中心，对仓储管理的重点也不再仅仅着眼于物资保管的安全性，更多关注的是如何运用现代技术，如信息技术、自动化技术来提高仓储运作的速度和效益，这也是自动化立体仓库在行其道的原因。

自动化立体仓库由于大量采用大型的储货设备，如高位货架；搬运械具，如托盘、叉车、升降机；自动传输轨道和信息管理系统，从而实现仓储企业的自动化。

仓储业务核心内容可分为入库作业、仓储管理、出库作业、财务结算和查询报表五个主要部分。

对于第三方物流企业的需求，并不简单地停留在上述基本功能上，他们还将向客户提供各类统计信息。如"保质期报告""安全库存报告""货位图""货品流动频率"等各类信息。其实这些信息已经在仓储管理的过程中被记录下来，只需要根据每个客户的特殊要求相应生产便可以了。

二、仓储管理方法

首先，制定仓储管理制度。任何企业的管理都离不开制度的约束，尤其是在仓储管理这方面，程序多，项目繁杂，小到货物的摆放，大到全部货物的采购，都应该有一个可以遵循的制度，这样做事才能井井有条。井井有条就是仓储管理制度的核心内容，以条例管理，以制度执行，仓储管理才有效果。

其次，强化仓储管理执行力。有了制度，有了仓储管理软件，剩下最重要的就是执行力了。强化执行力，对于仓库管理工作至关重要，毕竟制度实施和平台操作都是靠人来完成的，人不操作或者随意操作，一切都是白搭。执行者根据仓储管理软件上的仓库信息，严格按制度执行，这样再乱的仓库也会管理好。

三、仓储管理的基本原则

1.先进先出原则（FIFO）

先入库存放的物料，配发物料时优先出库，减少仓储物料质量风险，提高物料使用价值。

2.锁定库位原则

某物料固定摆在某库位，实物所放库位必须有与ERP系统中的一致。库位编码就像一个人的家庭地址一样重要，没有固定库位，就无法快速地找到相关物料。

3.专料专用原则

不得随意挪用对应订单物料。

4.库存的ABC管理原则

A类物料的数量可能只占库存的10%~15%，但货值可占库存价值的

60%～70%；

B类物料的数量可能只占库存的20%～35%，但货值可占库存价值的15%～20%；

C类物料的数量可能占库存的50%～70%，但货值可能占库存价值的5%～10%。

因此，要严格控制关键的少数和次要的多数，也就是要严格控制好A、B两类。

5.“六不入”原则：

（1）有送货单而没有实物的，不能办入库手续；

（2）有实物而没有送货单或发票原件的，不能办入库手续；

（3）来料与送货单数量、规格、型号不同的，不能办入库手续；

（4）IQC检验不通过，且没有领导签字同意使用的，不能办入库手续；

（5）没办入库而先领用的，不能办入库手续；

（6）送货单或发票不是原件的，不能办入库手续。

6.“五不发”原则：

（1）没有提料单的，或提料单是无效的，不能发放物料；

（2）手续不符合要求的，不能发放物料；

（3）质量不合格的物料，除非有领导批示同意使用，否则不能发放；

（4）规格不对、配件不齐的物料，不能发放；

（5）未办理入库手续的物料，不能发放。

7.一次出库原则

物料出库必须准确、及时及一次性完成，生产线领用物料必须要拉回自己生产线的所属位置，不能再堆放在仓库的范围，以免造成混乱和差错。

8.门禁原则

（1）除物料管理人员和搬运人员因工作需要，其他人员未经批准，一律不得进入仓库；

（2）严禁任何人在进出仓库时私自携带物料；

（3）有来宾视察时，在主管级以上人员陪同下方可进入仓库。

9."日事日毕、日清日高"原则

（1）每个仓管员在每日工作结束时，进行当天的相关账物的自我确认和核查，确保账目的平衡，找出不足，及时改进，第二天才可进步提高。

（2）每日对所管的物料库位至少巡查1~2次，保证在库物料的品质、安全和6S状态达标，确保物料有正确标识，该退的要退给供应商或放入退货区，以免产生呆滞。

（3）仓管员当日的单据当日必须传给录单员，而录单员必须把当日的单据在当日录入系统。

10.以旧换新原则

对有规定的物料，严格执行退旧才能换新、领新必先退旧的原则。

四、仓储管理活动及内容

1.企业仓储活动的类型

企业可以选择自建仓库、租赁公共仓库或采用合同制仓储为库存的物料、商品准备仓储空间。

（1）自有仓库仓储，相对于公共仓储而言，企业利用自有仓库进行仓储活动可以更大程度地控制仓储，管理也更具灵活性。

（2）租赁公共仓库仓储，企业通常租赁提供营业性服务的公共仓储进行储存。

（3）合同制仓储，合同仓储公司能够提供专业、高效、经济和准确的分销服务。

一个企业是自建仓库还是租赁公共仓库，或采用合同制仓储，需要考虑以下因素：周转总量、需要的稳定性、市场密度。

2.仓储的一般业务程序

（1）签订仓储合同。

（2）验收货物。

（3）办理入库手续。

（4）货物保管。

（5）货物出库。

3.仓储管理的内容

（1）订货、交货。

（2）进货、交货时的检验。

（3）仓库内的保管、装卸作业。

（4）场所管理。

（5）备货作业。

产品在仓储中的组合、妥善配载和流通包装、成组等活动就是为了提高装卸效率，充分利用运输工具，从而降低运输成本的支出。合理和准确的仓储活动会减少商品的换装、流动，减少作业次数，采取机械化和自动化的仓储作业，都有利于降低仓储作业成本。优良的仓储管理，能对商品实施有效的保管和养护，并进行准确的数量控制，从而大大减少仓储的风险。

五、仓储管理细节

1.接收组（收料组）

这一组的人员主要负责来料的箱数清点和检查外包装是否有损坏的（如发现损坏的外包装，立即通知IQA部门 检验外包装内部的产品是否有损坏，如有损坏立即把此箱货退还发货公司，如无损坏可以经IQA部门在外箱盖章通过）。上述都核对完确认无误后收货，收到仓库后接收组人员还要对每箱货物内部的小包装进行清点（箱数比较少的情况下），箱数多的话，要按30%的对比量来清点。以上步骤全部做完后，便要书面形式（送检）通知来料检验部门IQA。

2.来料检验部门IQA

此部门主要是按照公司在要求供应商以什么样的规格做这个材料时的

一张规格表（《员工作业指导书》，一般称为SIC）来检验是否符合公司的要求。如果不符合了和供应商联系，要求换货。来料全部合格便传到下一组——发料组（IQA并不属于仓库，它属于质量管理部门，只是程序的需要，所以安置在仓库的这个环节里）。

3.发料组（存、发）

一般电子产品加工厂都分为：①电子元件仓库：需要有严格的温湿度环境监控，主要储存一些电容、电阻、BGA、IC等一系列比较贵重对温湿度的高低有要求的电子材料。②组装和包装类的材料仓库：主要放一些比较笨重的材料，比如电子产品的金属外壳、螺丝、粗大的电源线和出货到客户那的外包装所需的纸箱。如有客户下订单，那么就会通过公司的生管算好每一个产品需要那些材料（根据BOM），每一种材料需要几个发料单发到发料组人员的手里，然后按照上面的数量发放到产线组织生产，产品由质量管理部门IQA组检验合格后入到仓库成品仓库，成品组的人员按单据接收。

4.成品组

主要负责接收生产线成品入库数量的清点和出货到客户那边产品数量的清点任务。

总之，要想做好仓储的管理，应该做到账、物、卡一致。账表示公司内部的一个管理日常进出货物的一个系统软件（如SAP企业账目管理软件）；物就是仓储内所有材料和成品；卡是代表每一种材料和成品每天进出多少的一种以表格来填写的卡片。所以说这三种都要保持一致，否则就表示出错了。常用的保证账卡物准确率的手法：循环盘点。即在入、发物料前都通过物料卡结存数先核对卡数与是否一致，如果一致再进行下一步发料操作，发料完成后再增减收发卡，对卡数与实物再次核对。防止出于人为习惯性思维出错。还有一定要按照材料和成品先进先出、见单作业的发货原则。即必须要把先收进来的材料发到产线生产，可以按照材料外包装上所贴的月份标签来识别那些材料是最早的材料。成品也是如此，生产线最早入库的成品在有出货单的情况下最先出货。

六、仓储管理注意事项

1.合理分配人力资源

是否能够分配好人力资源进行有效运作是高效仓储管理的重要评判标准之一。人工管理技术可以帮助那些被员工困扰的仓储企业，辅助管理者决策所需仓储员工的数目，并且可以采用工程劳动标准和支持系统评估仓储工人的绩效。另外，公司应该采取激励措施给由员工组成的团队而不是个人，发挥团队的最大潜力。有不少仓储管理系统缺少在人工管理及绩效考核方面的考虑，或者是缺少对人工管理这一功能的衔接。

2.仓库布局设计要合理

仓库布局设计和设备的改进作为物流流程整个系统的枢纽，仓库的设计布局是否合理影响着整个库内作业效率。例如，可以把仓库按产品类别分为不同的拣选区。这样，整箱、拆箱、整盘分开作业，可以避免现场零乱，减低货物掉落破损。近期，亿博物流咨询研究指出，对仓库的设备改进还可以体现在对货物物资的包装上。先进的包装不但可以为货物提供有效的保护，吸引货主（特别是那些较难保存的货物），而且还能为仓储机械化作业提供方便。另外，现代仓储信息化的自动化收发不仅要求物资包装的尺寸、规格统一化，而且还要求将物资信息通过条形码等技术体现在包装上，而这恰恰是物资包装标准化所要实现的目标。因此，改善物资包装，有利于仓储管理自动化。

3.开展额外的增值服务

仓储的功能在现今已不仅限于单纯的存储功能了，所以，提供额外的增值服务，如流通加工、组合包装、贴标签等可以实现仓库的额外增值功能，提高收益、提升客户满意度。

4.建立健全仓库内的中枢指挥中心

中枢指挥中心可以是一个项目管理机构，指导库存新账的完成、报告执行结果以及每一步的进展情况，同时维系外部客户联系。指挥中心应该包括人和系统两部分。

仓库管理系统除了能够实现包括进出货管理、库存管理、订单管理、拣选、复核、商品与货位基本信息管理、补货策略、库内移动组合等"墙内"的系统功能之外，还要考虑仓库管理系统和运输管理系统、客户管理、员工管理系统之间的衔接。

人在指挥中心的作用不能被技术所代替。物流项目负责人需要在大量数据的基础上对有限的资源进行最佳分配。仓储不是自动化业务，仓储有太多的不确定因素，需要对仓储内外熟悉的负责人担任总控的角色。

七、仓储管理模式

仓储管理模式可以简单概括为八个步骤：

1.追

仓储管理应具备资讯追溯能力，前伸至物流运输与供应商生产出货状况，与供应商生产排配与实际出货状况相衔接。同时，仓储管理必须与物流商进行ETD/ETA连线追溯，分别是：ETD（Estimated to Departure）——离开供应商工厂出货的码头多少量？离开供应商外包仓库的码头多少量？第三方物流与第四方物流载具离开出发地多少量?ETA（Estimated to Arrival）—— 第三方物流与第四方物流载具抵达目的地多少量？抵达公司工厂的码头多少量？抵达公司生产线边仓多少量？与VMI Min/Max库存系统连线告知补货状况。

2.收

仓库在收货时应采用条码或更先进的RFID扫描来确认进料状况，关键点包括：在于供应商送货时，送货资料没有采购VPO号，仓库应及时找相关部门查明原因，确认此货物是否今日此时该收进在清点物料时如有物料没有达到最小包装量的散数箱时，应开箱仔细清点，确认无误，方可收进；收货扫描确认时，如系统不接授，应及时找相关部门查明原因，确认此货物是否收进。

3.查

仓库应具备货物的查验能力，对于甲级物料（只有几家供应商可供选择的有限竞争市场和垄断货源的独家供应市场的A类物料）特别管制，严控数量，独立仓储，24小时保安监控；建立包材耗材免检制度，要求供应商对于线边不良包材耗材无条件及时补货退换；对于物料储存时限进行分析并设定不良物料处理时限。

4.储

物料进仓做到不落地或至少做到（储放在栈板上，可随时移动），每一种物料只能有一个散数箱或散数箱集中在一个栈板上，暂存时限自动警示，尽量做到储位（Bin-Location）管制，做到No Pick List（工令备捡单），不能移动。

5.拣

拣料依据工令消耗顺序来做，能做到依灯号指示拣料则属上乘（又称Pick to Light），拣料时最好做到自动扫描到扣账动作，及时变更库存信息告知中央调度补货。

6.发

仓库发料依据工令备拣单发料、工令、备料单与拣料单应三合一为佳，做到现场工令耗用一目了然，使用自动扫描系统配合信息传递运作。

7.盘

整理打盘始终遵循散板散箱散数原则。例如，1种物料总数103个，是10箱（每箱10个）加3个零数，在盘点单上盘点数数方法应写成10箱×10个+3个=103个。对于物料要进行分级分类，从而确定各类物料盘点时间，定期盘点可分为日盘/周盘/月盘；日盘点搭配Move List（库存移动单）盘点；每月1号中午12点结账完成的目标要设定。

8.退

以整包装退换为处理原则，处理时限与处理数量应做到达到整包装即退或每周五下午3点整批退光，做到 Force Parts （线边仓自动补换货）制度取代 RMA （退料确认：Return Material Authorization）做法，与 VMI Hub 退货暂存区共享原则，要求供应商做免费包装箱供应。

八、做好仓储管理工作

仓储管理属于企业管理的一个重要组成部分，是保证企业生产过程顺利进行的必要条件，是提高企业经济效益的重要途径。依据仓储管理在企业管理中所处的地位及所起的作用，应从以下三方面做好仓储管理工作。

1.建立健全仓库质量保证体系

仓库质量管理就是"全面质量管理"的理论和方法在仓库技术经济作业活动中的具体运用，是提高企业经济效果的必要途径。全面质量管理倡导将管理的触角深入到各个作业环节，并不厚此薄彼，企业管理者能通过其所提供的方法，发现影响仓库着落的薄弱环节，以便采取改进措施，这对降低供应成本，提高企业经济效益具有重要意义。企业管理者在质量保证体系运行过程中，人人都要牢固树立"质量第一"的思想，工作积极主动，以达到供应好、消费低、效益高的要求。

2.加强仓储管理各个基本环节

仓储活动虽服务于生产，但又与生产活动不同，有它独特的劳动对象和方式。物资验收、入库、出库等一些基本环节，是仓储活动的主要内容，这些基本环节工作质量的好坏直接关系到整个仓储工作能否顺利进行，直接影响整个仓储工作质量的好坏。因此，企业管理者应加强各个基本环节的管理，这是搞好仓储工作的前提。

3.物资保管、保养是仓储管理的中心内容

物资在入库验收时进行了一次严格的检查后，就进入了储存阶段，因此物资入库后必须实行"四号定位"、"五五摆放"、标识清楚、合理堆放，企业管理者要做好"三化""五防""5S"等工作，以上工作都是使物资在储存中不受损失的必要措施，但是因物资本身性质，自然条件的影响或人为的原因，易造成物资数量的损失。在这种管理模式上物资损耗有可以避免的，也有难以完全避免的，一般将难以完全避免的称为自然损耗。因此要求从事储存工作人员能掌握和运用所储存货物的性质及受到各种自然因素影响而发生的质量变化规律，企业管理者从根本上采取"预防为主，防治结合"的方针，做到早防早治，最大限度地避免和减少货物损失。

# 第三节 库存概述

## 一、库存

### （一）库存定义

库存，是仓库中实际储存的货物。可以分两类：一类是生产库存，即直接消耗物资的基层企业、事业的库存物资，它是为了保证企业、事业单位所消耗的物资能够不间断地供应而储存的；另一类是流通库存，即生产企业的原材料或成品库存，生产主管部门的库存和各级物资主管部门的库存。此外，还有特殊形式的国家储备物资，它们主要是为了保证及时、齐备地将物资供应或销售给基层企业、事业单位的供销库存。

物流管理中这样定义"库存"：指一切当前闲置的，用于未来的，有经济价值的资源。其作用在于：防止生产中断，稳定作用，节省订货费用，改善服务质量，防止短缺。库存也带有一定弊端：占用大量资金，产生一定的库存成本，掩盖了企业生产经营中存在的问题。

对于国家物资主管部门下属的物资经营者来说，库存主要包括大宗按计划进货供应的物资、年度计划尚未安排具体用户和用途的待分配物资、发挥"蓄水池"作用必须购进的物资和正常供应所需周转库存等。上述库存都占用企业的流动资金，如果库存量过大，流动资金占用量过多，就会影响企、事业单位的经济效益；库存量过小，又难以保证生产持续正常进行。因此，库存量的多少必须掌握适度定额和合理库存周转量。

库存包括现有库存和在途库存或者还有合同库存，也就是账面上的和实际的。

（二）库存产生的原因

作为一个制造企业来说，库存仿佛是个天经地义的事。库存产生的原因主要有以下五点：

（1）为缩短交期；

（2）投机性的购买；

（3）规避风险；

（4）缓和季节变动与生产高峰的差距；

（5）其他诸如营销管理缺失，生产管理和制程不合适，供应来源不稳定等原因。

但是从总体运作来看，高库存投资意味着高额的现金流、高财务风险和低效率的运作系统。

二、库存管理

不同的企业对于库存管理历来有不同的认识。概括起来主要有以下三种：

一是持有库存。一般而言，在库存上有更大的投入可以带来更高水平的客户服务。长期以来，库存作为企业生产和销售的物资保障服务环节，在企业的经营中占有重要地位。企业持有一定的库存，有助于保证生产正常、连续、稳定进行，有助于保质、保量地满足客户需求，也有助于维护企业声誉，巩固市场的占有率。

二是库存控制，保持合理库存。库存管理的目的是保持合适的库存量，既不能过度积压也不能短缺。让企业管理者困惑的是：库存控制的标准是什么?库存控制到什么量才能达到要求?如何配置库存是合理的?这些都是库存管理的风险计划问题。

三是以日本丰田为代表的企业提出的所谓"零库存"观点。主要代表是的准时生产方式（JIT）。他们认为，库存即是浪费，零库存就是其中的一项高效库存管理的改进措施，并得到了企业的广泛应用。

三、库存分类

（一）主要类别

库存是一项代价很高的投资，无论是对生产企业还是物流企业，正确认识和建立一个有效的库存管理计划都是很有必要的。由于生成的原因不同，可以将库存分为以下六种类型：周期库存、在途库存、安全库存（或缓冲库存）、投资库存、季节性的库存、闲置库存。

1.周期库存

补货过程中产生的库存，周期库存用来满足确定条件下的需求，其生成的前提是企业能够正确地预测需求和补货时间。

2.在途库存

处于运输以及停放在相邻两个工作或相邻两个组织之间的库存，在途库存的大小取决于运输时间以及该期间内平均需求。

从一个地方到另一个地方处于运输路线中的物品。在没有到达目的地之前，可以将在途库存看作是周期库存的一部分。需要注意的是，在进行库存持有成本的计算时，应将在途库存看作是运输出发地的库存。因为在途的物品还不能使用、销售或随时发货。

3.安全库存（或缓冲库存）

由于生产需求存在着不确定性，企业需要持有周期库存以外的安全库存。持有这个观点的人普遍认为企业的平均库存水平应等于订货批量的一半加上安全库存。

为了防止不确定因素的发生（如供货时间延迟、库存水消耗速度豁然加快等）而设置的库存，安全库存的大小与库存安全系数或者说与库存服务水平有关。从经济性的角度看，安全系数应确定在一个合适的水平上。例如，国内为了预防灾荒、战争等不确定因素的发生而进行的粮食储备、钢材储备、麻袋储备等，就是一种安全库存。

安全库存从作用上还可以分为周转库存和调节库存两类。

周转库存：为满足日常生产经营需要而保有的库存。周转库存的大小与采购量直接有关。企业为了降低物流成本或生产成本，需要批量采购、批量运输和批量生产，这样便形成了周期性的周转库存，这种库存随着每天的消耗而减少，当降低到一定水平时需要补充库存。

调节库存：用于调节需求与供应的不均衡、生产速度与供应的不均衡以及各个生产阶段产出的不均衡而设置的库存。

4.投资库存

持有投资库存不是为了满足其需求，而是出于其他原因，如由于价格上涨、物料短缺或是为了预防罢工等囤积的库存。

5.季节性库存

季节性库存是投资库存的一种形式，指的是生产季节开始之前累积的库存，目的在于保证稳定的劳动力和生产运转。

6.闲置库存

指在某些具体的时间内不存在需求的库存。

（二）其他分类

（1）单周期库存与多周期库存

根据对物品需求的重复次数可将物品分为单周期库存和多周期库存需求。所谓单周期需求即偶尔发生的对某种物品的需求，仅仅发生在比较短的一段时间内或库存时间不可能太长的需求以及经常发生的对某种生命周期短的物品的不定量需求。多周期需求则指在足够长的时间内对某种物品的重复的、连续的需求，其库存需求不断地补充。

（2）独立需求库存与相关需求库存

独立需求库存是指用户对某种库存物品的需求与其他种类的库存无关，表现出对这种库存需求的独立性。相关需求是指与其他需求有内在关联的需求，根据这种相关性，企业可以精确地计算出它的需求量和需求时间，它是一种确定型的需求。

（3）确定型库存与随机型库存

所谓确定型，是指物品的需求量是已知和确定的，补充供应链的前置时间是固定的，与订货量无关，这两个条件得不到满足时，确定型就不再适用。所谓随机型，是指物品的需求量和补充供应链的前置时间至少有一个是随机变量。

另外，按照库存的用途，企业持有的库存还可以分为：原材料库存、在制品库存、维护/维修/作业用品库存、包装物和低值易耗品库存及成品库存。

# 第四节 库存控制方式

一、库存控制内涵

库存控制（Inventory Control），是对制造业或服务业生产、经营全过程的各种物品，产成品以及其他资源进行管理和控制，使其储备保持在经济合理的水平上。库存控制是使用控制库存的方法，得到更高的盈利的商业手段。库存控制是仓储管理的一个重要组成部分。它是在满足顾客服务要求的前提下通过对企业的库存水平进行控制，力求尽可能降低库存水平、提高物流系统的效率，以提高企业的市场竞争力。

库存控制是在保证企业生产、经营需求的前提下，使库存量经常保持在合理的水平上；掌握库存量动态，适时、适量提出订货，避免超储或缺货；减少库存空间占用，降低库存总费用；控制库存资金占用，加速资金周转。

库存量过大所产生的问题：增加仓库面积和库存保管费用，从而提高了产品成本；占用大量的流动资金，造成资金呆滞，既加重了货款利息等负担，又会影响资金的时间价值和机会收益；造成产成品和原材料的有形损耗和无形损耗；造成企业资源的大量闲置，影响其合理配置和优化；掩盖了企业生产、经营全过程的各种矛盾和问题，不利于企业提高管理水平。

库存量过小所产生的问题：造成服务水平的下降，影响销售利润和企业信誉；造成生产系统原材料或其他物料供应不足，影响生产过程的正常进行；使订货间隔期缩短，订货次数增加，使订货（生产）成本提高；影响生产过程的均衡性和装配时的成套性。

如果控制库存不力，有可能导致库存的不足或过剩。库存不足将错过送货、失去销售额、使顾客不满、产生生产力瓶颈等；而库存过剩则要占用过多的资源，这些资源如果用在别处会产生更大的效益。尽管库存过剩看起来是这两种不良中危害较小的一个，如果过剩库存的情况较为严重，那么其成本是非常惊人的，当库存成本较高时局面较容易控制。

随着互联网、ERP、电子商务等信息技术在企业中的应用，企业的竞争模式发生了根本性的变化，21世纪市场竞争已由单个企业之间的竞争演变为供应链之间的竞争。供应链上各个环节的企业通过信息技术可以实现信息和资源的共享和相互渗透，达到优势互补的目的，从而能更有效地向市场提供产品和服务，以增强市场竞争实力。对于一个制造型的企业而言，如何设置和维持一个合理的库存水平，以平衡存货不足带来的短缺风险和损失以及库存过多所增加仓储成本和资金成本则成为一个企业必须解决的问题。

库存控制要考虑销量、到货周期、采购周期、特殊季节特殊需求等几个方面。

库存控制需要利用信息化手段将每次进货都记录下来，要有盘库功能，库存的价值与市场同步涨跌，要有生产计划，根据生产计划和采购周期安排采购。进行单件成本核算，节约奖励，对供货商进行管理，均衡采购，保持大家的竞争才能得到优质的服务和低廉的价格。

实物库存控制只是库存控制的一种表现形式，主要是针对仓库的物料进行盘点、数据管理、保管、发放等。

那么，如何从广义的角度去理解库存控制呢？库存控制应该是为了达到公司的财务运营目标，特别是现金流运作，通过优化整个需求与供应链管理流程（Supply Chain Management Processes，SCMP），合理设置ERP控制策略，并辅之以相应的信息处理手段、工具，从而实现在保证及时交货的前提下，尽可能地降低库存水平，减少库存积压与报废、贬值的风险。从这个意义上讲，实物库存控制仅仅是实现公司财务目标的一种手段，或者仅仅是整个库存控制的一个必要的环节；从组织功能的角度讲，实物库存控制主要是仓储管理部门的责任，而广义的库存控制应该是整个需求与供应链管理部门，乃至整个公司的责任。

二、库存控制的作用

1.降低成本，增加流动资金

库存占用现金，且使开支急剧增加。在制订损益表时，不要把库存占用的现金列为储蓄——最高管理部门将立即把该笔现金收回公司，应该直截了当当地如实记作"冻结的现金"。

2.提高产品质量

每次生产较少的产品更有利于集中解决好质量问题。当在制品库存随着产品流的改善而减少下来时，质量问题必定受到更多的关注，质量信息的反馈必然更及时，解决质量问题必定更有力，因此产品质量必然得到改进。

3.缩短生产周期

生产周期是指一个生产过程的开始到结束所经历的时间。这个过程可以由生产者来定义，比如说，它可以由几个装配操作组成，也可以是从头至尾的一条产品流水线。随着生产周期的缩短，产品在队列中等候的时间少了，大批量的生产也减少了，生产流程更通畅了，于是，在制品库存也会随之减少。

三、库存控制与费用

1.随库存量增加而上升的费用

（1）资金成本。库存资源本身有价值，占用了资金。这些资金本可以用于其他活动来创造新的价值，库存使这部分资金闲置起来，造成机会损失。

（2）仓储空间费用。要维持库存必须建造仓库、配备设备，还有供暖、照明、修理、保管等开支。这是维持仓储空间的费用。

（3）物品变质和陈旧。在闲置过程中，物品会发生变质和陈旧，如金属生锈，药品过期，油漆褪色，鲜货变质。

（4）税收和保险。

2.随库存量增加而下降的费用

（1）订货费。订货费与发出订单活动和收货活动有关，包括评判要价、谈判、准备订单、通讯、收货检查等费用，它一般与订货次数有关，而与一次订多少无关。

（2）调整准备费（Setup cost）。加工零件一般需要准备图纸、工艺和工具，需要调整机床、安装工艺装备。这些活动需要的费用，如果花费一次调整准备费，多加工一些零件，则分摊在每个零件上的调整准备费就少。但扩大加工批量会增加库存。

（3）购买费和加工费。采购或加工的批量大，可能会有价格折扣。

（4）生产管理费。加工批量大，为每批工件作出安排的工作量就会少。

（5）缺货损失费。批量大则发生缺货的情况就少，缺货损失就小。

3.库存总费用

计算库存总费用一般以年为单位，年库存费用包括以下四项：

（1）年维持库存费（Holding cost），以CH表示。顾名思义，它是维持库存所必需的费用。包括资金成本、仓库及设备折旧费、税收、保险、陈旧化损失等。这部分费用与物品价值和平均库存量有关。

（2）年补充订货费（Reorder cost），以CR表示。它与全年发生的订货次数有关，一般与一次订多少无关。

（3）年购买费（加工费）（Purchasing cost），以CP表示。它与价格和订货数量有关。

（4）年缺货损失费（Shortage cost），以CS表示。它反映失去销售机会带来的损失、信誉损失以及影响生产造成的损失。它与缺货多少、缺货次数有关。若以CT表示年库存总费用，CT=CH+CR+CP+CS，则对库存进行优化的目标就是要使CT最小。

四、库存控制系统分类

库存控制系统必须解决三个问题：隔多长时间检查一次库存量？何时提出补充订货？每次订多少？按照对以上三个问题的解决方式的不同，可以分成三种典型的库存控制系统。

1.定量控制系统

所谓定量库存控制系统就是订货点和订货量都是固定量的库存控制系统。当库存控制系统的现有库存量降到订货点（RL）及以下时，库存控制系统就向供应厂家发出订货，每次订货量均为一个固定的量Q。经过一段时间，我们称之为提前期（LT），所发出的订货到达，库存量增加Q。订货提前期是从发出订货至到货的时间间隔，其中，包括订货准备时间、发出订单、供方接受订货、供方生产、产品发运、提货、验收和入库等过程。显然，提前期一般为随机变量。

要发现现有库存量是否到达订货点RL，必须随时检查库存量。固定量系统需要随时检查库存量，并随时发出订货。这样，虽增加了管理工作量，但它使得库存量得到严密的控制。因此，固定量系统适用于重要物资的库存控制。

为了减少管理工作量，可采用双仓系统。所谓双仓系统，是将同一种物资分放两仓（或两个容器），其中一仓使用完之后，库存控制系统就发出订货。在发出订货后，就开始使用另一仓的物资，直到到货，再将物资按两仓存放。

2.定期控制系统

固定量系统需要随时监视库存变化，对于物资种类很多且订货费用较高的情况，是很不经济的。固定间隔期系统可以弥补固定量系统的不足。

定期库存控制系统就是每经过一个相同的时间间隔，发出一次订货，订货量为将现有库存补充到一个最高水平S。当经过固定间隔时间t之后，再发出订货，这时库存量降到L1，订货量为S－L1；经过一段时间（LT）到货，库存量增加S－L1；再经过固定间隔期t之后，又发出订货，这时库存量降到L2，订货量为S－L2，经过一段时间（LT）到货，库存量增加S－L2。

固定间隔期系统不需要随时检查库存量，到了固定的间隔期，各种不同的物资可以同时订货。这样，简化了管理，也节省了订货费。不同物资的最高水平S可以不同。固定间隔期系统的缺点是不论库存水平L降得多还是少，都要按期发出订货，当L很高时，订货量是很少的。为了克服这个缺点，就出现了最大最小系统。

3.最大最小系统

最大最小库存控制系统仍然是一种固定间隔期系统，只不过它需要确定一个订货点s。

当经过时间间隔t时，如果库存量降到s及以下，则发出订货；否则，再经过时间t时再考虑是否发出订货。最大最小系统。当经过间隔时间t之后，库存量降到L1，L1小于s，发出订货，订货量为Ss－L1，经过一段时间LT到货，库存量增加S－L1。再经过时间t之后，库存量降到L2，L2大于s，不发出订货。再经过时间t，库存量降到L3，L3小于s，发出订货，订货量为s－L3，经过一段时间LT到货，库存量增加s－L3，如此循环。

五、多级库存优化控制

多级库存优化控制是对供应链资源的全局性优化控制方法，它是在单级库存控制的基础上形成的。

多级库存控制的方法有以下两种：

1.中心化策略

中心化库存控制策略是将库存中心放在核心企业上，由核心企业对供应链系统进行控制，协调上游企业与下游企业的库存活动，这样，核心企业也同时成了供应链上的数据交换中心，担负着数据的集成与协调功能。在多级库存控制策略中，可采用"级库存"取代"点库存"来解决需求放大现象这个问题。在一个销售系统中，每一阶段或层次称为一级。系统每一阶段或层次的库存等于本级库存加上所有下游库存。采用级库存控制策略后，每个库存点不但要检查本级库存点的库存数据，而且还要检查其下游需求方的库存数据。级库存控制策略的库存决策，是基于对其下游企业的库存状态掌握的基础上的，因此完全避免了信息扭曲现象。

2.非中心化策略

非中心化控制策略是各个库存点独立地采取各自的库存策略。它把供应链的库存控制分为三个成本归结中心，即制造商成本中心、分销商成本中心和零售商成本中心。各个中心根据自己的库存成本最优化原则制定库存控制策略，订货点的确定可完全按照单点库存的订货策略进行。非中心化库存控制策略在管理上比较简单，能够使企业根据自己的情况独立地作出决策，有利于发挥企业的自主性和灵活性。

六、预警时间系统

通常情况下，企业的库存应由两部分组成：安全库存与批量库存。前者直接决定了企业服务水平的高低，后者有效地保证了企业生产与销售的顺利进行。根据这两类库存的特点，可以认为若由企业自备安全库存，而物流公司为企业提供批量库存，则是更现实、更有效的做法。

　　该种库存控制方法主要是由一个库存预警时间系统组成的。它是指当企业发现自己该批"批量库存"处于需要补充的时候，向物流公司发出"警告指示"，要求物流公司立即送下一批批量库存来补充。在这一过程中，企业该于何时发出送货指示便成为关键，我们把它称为库存预警时间点。显然，库存预警时间点取得不能太早，但也不能太晚。如果太早，那么当物流公司将货送来时，企业势必得自备仓库来容纳这些货物，这就违背了企业要求库存最小的原意；如果太晚，那么物流公司就没有充足的时间来备货与送货，势必造成货物无法及时到达，从而使企业遭受一定的损失。由此看出，在库存预警时间系统中，最关键的部分就是库存预警时间点，它是否得到了合理的确定直接影响到该系统能否发挥出最佳的作用。因此，我们必须对整个"流程"进行考察，从而确定出合理的预警时间点。

　　分析计算法：

　　①假定由物流公司提供给企业的批量库存量是QK，在物流公司与企业的长期合作中，这应该是一个定值。需要强调的是，由于在该方法中，企业自备安全库存，而批量库存由物流公司向企业提供，因此，库存预警时间点的确定只能是依据批量库存，而不是批量库存与安全库存之和。

　　②假定企业进行生产所需要该"部件"的速率为R，简称生产速率（对于销售企业来说，是销售速率）。

　　③假定预警提前期为t。预警提前期是指从企业发出警告到该批的批量库存全部用完的这段时间。T=–t公式说明，当物流公司将一批货物送达企业后，企业应该在该批货物投入使用后的时刻向物流公司发出下一批批量货物的送货指示。

　　在确定预警时间点的三个假设条件中，批量库存量QK与生产速率R是稳定的，或者说对企业而言是可以掌握的，因为当企业采用流水线生产后，生产速率R就成为一个定值。但第三个假设条件，也就是预警提前期t，对企业而言却是个未知数。而预警提前期的大小又直接影响着预警时间点的确定，因此，我们必须对预警提前期加以研究，以确保它不会有较大的负面作用。经分析，预警提前期的确定大致取决于以下因素：

①生产速率R。这是企业确定预警提前期的一个重要工具，它是可以确定的。

②物流公司的备货效率。物流公司的备货效率越高，预警提前期就越短，而企业发出"警告指示"的周期就越长。

③路途的远近。物流公司与企业之间路途越远，则预警提前期应越长。

④运输工具的快慢。采用什么样的运输工具也会直接影响到预警提前期的长短，运输工具的速度越快，预警提前期就越短，则要求物流公司与企业之间的合作就要越紧密。

从上边的分析可以看出，对于后三个因素，企业是不能完全把握的，但只要企业与物流公司合作一段时间后，双方就可以形成一定的默契，从而会很好地把握预警提前期的变化规律。而且，即使真的是预警提前期处理不当，相信差错也不会太大，这时，企业完全可以通过自备的安全库存来解决。

七、ABC分类库存控制法

ABC分类法是由意大利经济学家维尔弗雷多·帕累托首创的。ABC分类法是储存管理中常用的分析方法，也是经济工作中一种基本工作和认识方法。在一个大型公司中，库存存货的种类通常会很多，动辄就可能是十几万种甚至几十万种，ABC分类法的应用，在储存管理中比较容易取得以下成效：第一，压缩总库存量；第二，解放被占压的资金；第三，使库存结构合理化；第四，节约管理力量。

ABC分类法，就是以某类库存物资品种数占物资品种数的百分数和该类物资金额占库存物资总金额的百分数大小为标准，将库存物资分为A、B、C三类，进行分级管理。

ABC分类法的基本原理：对企业库存（物料、在制品、产成品）按其重要程度、价值高低、资金占用或消耗数量等进行分类、排序，一般A类物资数目占全部库存物资的10%左右，而其金额占总金额的70%左右；B类物资数目占全部库存物资的20%左右，而其金额占总金额的20%左右；C类物资数目占全部库存物资的70%左右，而其金额占总金额的10%左右。

ABC分类方法：

A类库存物资的管理：①进货要勤；②发料要勤；③与用户密切联系，及时了解用户需求的动向；④恰当选择安全系统，使安全库存量尽可能减少；⑤与供应商密切联系。

C类库存物资：对于C类物料一般采用比较粗放的定量控制方式，可以采用较大的订货批量或经济订货批量进行订货。

B类库存物资：介于A类和C类物料之间，可采用以定量订货方式为主，以定期订货方式为辅的方式，并按经济订货批量进行订货。

八、定量订货法

定量订货法是指当库存量下降到预定的最低库存数量（订货点）时，按规定数量（一般以经济批量EOQ为标准）进行订货补充的一种库存管理方式。

1.定量订货管理法的原理

所谓定量订货，就是预先确定一个订货点和订货批量，随时检查库存，当库存下降到订货点时就发出订货，订货批量取经济订货批量。

我们有时将定量订货库存控制方法称之为（s，S）库存控制策略。即对库存进行连续盘点，当剩余库存量x下降至s时，则立即进行订货，补货量Q=S-x，使其库存水平达到S，其中，s称为订货点（或称为最低库存量），S称为最大库存水平。定量订货库存控制方法的订货点和订货量都是事先确定的，而且检查时刻是连续的，需求量是可变的。

定量订货库存控制方法的主要缺点是它必须不断核查仓库的库存量。由于一种货物的订货可能在任何时刻，这种情况就使之难以把若干货物合并到同一次订货中，由同一供应商来供应从而产生一定的费用节省。

定量订货库存控制方法的主要优点是库存控制的手段和方法相对清晰和

简单，并且可对高价值货物的库存费用精确控制。

2.定量订货管理法参数的确定

订货点的确定：

（1）在需求和订货提前期确定的情况下，不需设置安全库存：

$$订货点=订货提前期（天）× 全年需求量/360$$

即 $$R=LT × D/360$$

（2）在需求和订货提前期都不确定的情况下需要设置安全库存：

$$订货点=（平均需求量×最大订货提前期）+安全库存$$

$$安全库存=安全系数×最大订货提前期*需求变动值$$

九、定期订货法

定期订货法是按预先确定的订货时间间隔按期进行订货，以补充库存的一种库存控制方法。其决策思路是：每隔一个固定的时间周期检查库存项目的储备量。根据盘点结果与预定的目标库存水平的差额确定每次订购批量。这里假设需求为随机变化，因此，每次盘点时的储备量都是不相等的，为达到目标库存水平$Q_0$而需要补充的数量也随着变化。这样，这类系统的决策变量应是，检查时间周期T、目标库存水平$Q_0$。

1.订货周期的确定

订货周期一般根据经验确定，主要考虑制定生产计划的周期时间，常取月或季度作为库存检查周期，但也可以借用经济订货批量的计算公式确定使库存成本最有利的订货周期。

$$订货周期=1/订货次数=Q/D$$

2.目标库存水平的确定

目标库存水平是满足订货期加上提前期的时间内的需求量。它包括两部分：一部分是订货周期加提前期内的平均需求量；另一部分是根据服务水平保证供货概率的保险储备量。

$$Q_0=（T+L）r+ZS_2$$

式中：

T为订货周期；

L为订货提前期；

r为平均日需求量；

Z为服务水平保证的供货概率查正态分布表对应的t值。

S是订货期加提前期内的需求变动的标准差。

若给出需求的日变动标准差$S_0$，则：

$$S_2 = S_0 *$$

依据目标库存水平可得到每次检查库存后提出的订购批量：

$$Q = Q_0 - Q_t$$

式中：$Q_t$为在第t期检查时的实有库存量。

3.定期订货法前提条件

（1）它的直接运用只适用于单一品种的情况。但是稍加处理，也可以用于几个品种的联合订购。

（2）它不但适用于随机型需求，也适用于确定型需求。对于不同的需求类型，可以导出具体的运用形式，但它们的应用原理都是相同的。

（3）适用于品种数量大、平均占用资金少的、只需一般管理的B类、C类商品。

（4）定期订货法面临的问题

订货周期如何确定。定期订货法中，订货周期决定了订货时机，它也就是定期订货法的订货点。订货周期，就是订货间隔期。它与定量订货法的订货间隔期不同，定量订货法的订货间隔期互相可能不等，定期订货法的订货间隔期都互相相等。订货间隔期的长短，直接决定了最高库存量的高低，也就是决定了仓库的库存水平的高低，因而决定了库存费用的高低。所以订货周期不能太长，太长了，就会使库存水平过高，也不能太短，太短了，订货批次太多，增加了订货费用。

实际上，订货周期也可以根据具体情况进行调整。例如，①根据自然日历习惯，如以月、季、年等；②根据企业的生产周期或供应周期等。也就是说不一定很精确。

（2）最高库存量如何确定。前面已经说到，定期订货法的最高库存量应该以满足T+R期间的需求量为依据。也就是说，我们可以取最高库存量等于T+TK期间的总需求量。如果我们用D（T+TK）来描述T+TK期间的需求量。

（3）订货量如何确定。定期订货法没有固定不变的订货批量，每个周期的订货量的大小都是由当时的实际库存量的大小确定的，等于当时的实际库存量与最高库存量的差值。这里所谓"实际库存量"，严格地说，是指检查库存时仓库所实际具有的能够用于销售供应的全部物资的数量。也就是说，它不光包括当时的存于仓库中的物资数量QK，也包括已订未到物资数量I和已经售出而尚未发货的物资数量B。QK、I、B都是由订货时检查库存而实际得到的数据，每次检查的值可能不一样。所以每次的订货量也不一样。第i次检查库存发出订货的数量Qi可以表示为：$Qi=Qmax-QK-I+Bi$

（4）如何实施。定期订货法具体实施时，首先要如前所说，进行需求分析、经营方式分析、控制方法分析等。在确定要用定期订货法时，就要分析确定决策参数Qmax和T。然后在具体运行时，每隔一个订货周期丁检查库存，发出订货。每次的订货量的大小都是使得订货后的名义库存量达到Qmax。

十、联合库存管理

联合库存管理（Joint Managed Inventory，JMI）是一种基于协调中心的库存管理方法，是为了解决供应链体系中的牛鞭效应，提高供应链的同步化程度而提出的。供应链上存在着需求与供给的不确定性，即向供应商订货量的方差会大于向其顾客销售量的方差。并且这种波动会沿着供应链向上游不断地扩大，这种现象称之为"牛鞭效应"。牛鞭效应是不能消除的，但可以借助供应商或制造商和零售商之间的信息共享，来减轻牛鞭效应带来的负面影响。联合库存强调供应链节点企业同时参与，共同制定库存计划，使供应链管理过程中的每个库存管理者都能从相互之间的协调性来考虑问题，保证供应链相邻的两个节点之间的库存管理者对需求的预测水平保持一致，从而消除需求变异放大现象。

1.联合库存管理的优点

（1）为实现供应链的同步化提供条件和保证；

（2）减少供应链中需求扭曲的现象，降低诸多不确定性因素的影响，提高了供应链的稳定性；

（3）库存作为供需双方的信息交流和协调的纽带，可以暴露供应链中的缺陷，为改进供应链管理水平提供依据；

（4）为实现零库存管理、JIT采购以及精细供应链管理创造条件；

（5）进一步体现了供应链管理的资源共享和风险分担的原则。

2.联合库存管理的实施方法

（1）建立共同合作目标；

（2）建立联合库存的协调控制方法；

（3）建立一种信息沟通的渠道；

（4）建立利益分配机制和激励、监督机制。

# 本章小结

本章第一节阐述了仓库物资保管的意义和主要任务，介绍了仓库保管的基本原则以及指出了仓库保管中应注意的问题。

物品保管是仓储工作的核心，也是物流过程中的重要环节。仓库物资保管应遵守保质、保量、保安全和保急的"四保"要求。仓库保管中应遵循一定的原则，包括靠近出口原则、以周转率为基础原则、相关性原则、同一性原则、类似性原则、互补性原则、兼容性原则、先进先出原则、叠高原则、面对通道原则、尺寸原则、重量特性原则、特性原则、储位表示原则以及明了性原则。

仓库管理是指商品储存空间的管理。仓库管理作业中也有许多问题，仓库管理人员在工作中要特别注意。

第二节重点阐述了仓储管理的内涵、方法和基本原则，明确了仓储管理的主要活动、相关细节及注意事项，介绍了仓储管理的步骤模式，指出了仓储管理工作的重要性和方法。

仓储管理，是指对仓库和仓库中储存的物资进行管理。仓储业务核心内容可分为入库作业、仓储管理、出库作业、财务结算和查询报表五个主要部分。仓库管理和其他管理一样，需要制度约束，还需要强化仓库管理的执行力。仓储管理同样需要遵循一定的原则，包括：先进先出原则、专料专用原则、库存的ABC管理原则、"六不入"原则、"五不发"原则、一次出库原则、门禁原则、"日事日毕、日清日高"原则以及以旧换新原则等。企业可以根据实际情况，选择自建仓库、租赁公共仓库或采用合同制仓储，作为库存的物料、商品的准备仓储空间。仓储的一般业务程序 包括签订仓储合同、验收货物、办理入库手续、货物保管和货物出库。优良的仓储管理，能对商品实施有效的保管和养护，并进行准确的数量控制，从而大大减少仓储的风险。企业在仓储管理工作中，要重视细节和相关事项，可以按照本章讲述的管理模式进行作业。仓储管理属于企业管理的一个重要组成部分，企业可以从建立健全仓库质量保证体系，加强仓储管理各个基本环节以及物资保管、保养等方面入手，做好仓储管理工作。

第三节首先介绍了库存的定义和库存产生的原因，接着对库存管理的三种类型进行阐述，最后分别介绍了库存的各个种类及其分类标准。

库存，是仓库中实际储存的货物。库存包括现有库存和在途库存还有合同库存，也就是账面上的和实际的。库存产生的原因主要有：为缩短交期，投机性的购买，规避风险，缓和季节变动与生产高峰的差距以及其他诸如营销管理缺失，生产管理和制程不合适，供应来源不稳定等。不同的企业对库存管理有不同的认识，主要包括持有库存、库存控制保持合理库存和"零库存"的观点。根据生成原因不同，库存可以分为周期库存、在途库存、安全库存（或缓冲库存）、投资库存、季节性库存、闲置库存六类。按照库存的用途，企业持有的库存还可以分为原材料库存、在制品库存、维护/维修/作业用品库存、包装物和低值易耗品库存及成品库存。另外，库存还有单周期库存与多周期库存之分，独立需求库存与相关需求库存之分，确定型库存与随机型库存之分。

第四节详细介绍了库存控制的内涵、作用、费用情况以及分类。另外，还详细阐述了多级库存优化控制的方法，预警时间系统的应用，最后介绍了库存控制的相关系统和方法，包括ABC库存控制法、定量订货法、定期订货法、联合库存管理。

库存控制是在保证企业生产、经营需求的前提下，使库存量经常保持在合理的水平上；掌握库存量动态，适时、适量提出订货，避免超储或缺货；减少库存空间占用，降低库存总费用；控制库存资金占用，加速资金周转。库存控制的主要作用有：降低成本，增加流动资金；提高产品质量；缩短生产周期等。库存控制可以直接影响企业费用，其中，随着库存量增加而上升的费用包括资金成本、仓储空间费用、物品变质和陈旧、税收和保险费用等；随库存量增加而下降的费用包括订货费、调整准备费、购买费和加工费、生产管理费、缺货损失费等。库存总费用以年为单位计算，包括年维持库存费、年补充订货费、年购买费（加工费）、年缺货损失费四个方面。

库存控制系统可以分为三类，即定量控制系统、定期控制系统和最大最小系统。多级库存优化控制是对供应链资源的全局性优化控制方法，它是在单级库存控制的基础上形成的。

多级库存控制的方法有中心化策略和非中心化策略两种。预警时间系统库存控制法是指当企业发现自己该批"批量库存"处于需要补充的时候，向物流公司发出"警告指示"，要求物流公司立即送下一批批量库存来补充。预警提前期的确定大致取决于生产速率、物流公司的备货效率、路途的远近和运输工具的快慢这四个因素。ABC分析法是储存管理中常用的分析方法，也是经济工作中一种基本工作和认识方法。在库存控制中应用ABC分析法，就是以某类库存物资品种数占物资品种数的百分数和该类物资金额占库存物资总金额的百分数大小为标准，将库存物资分为A、B、C三类，进行分级管理，以取得压缩总库存量，解放被占压的资金，使库存结构合理化，节约管理力量等功效。定量订货法是指当库存量下降到预定的最低库存数量（订货点）时，按规定数量（一般以经济批量EOQ为标准）进行订货补充的一种库存管理方式。在这种方式下，库存控制的手段和方法相对清晰和简单，并且可对高价值货物的库存费用精确控制，但是它必须不断连续核查仓库的库存量。定期订货法是按预先确定的订货时间间隔按期进行订货，以补充库存的一种库存控制方法。定期订货法的应用存在一定的前提条件，也面临一定的问题，如订货周期如何确定，最高库存量如何确定，订货量如何确定等。联合库存管理是一种基于协调中心的库存管理方法，是为了解决供应链体系中的牛鞭效应，提高供应链的同步化程度而提出的，它为实现供应链的同步化提供了条件和保证；减少了供应链中需求扭曲现象，降低了诸多不确定性因素的影响，提高了供应链的稳定性；库存作为供需双方的信息交流和协调的纽带，可以暴露供应链中存在的缺陷，为改进供应链管理水平提供依据；为实现零库存管理、JIT采购以及精细供应链管理创造条件；进一步体现了供应链管理的资源共享和风险分担的原则。联合库存管理的实施方法有：建立共同合作目标；建立联合库存的协调控制方法；建立一种信息沟通的渠道；建立利益分配机制和激励、监督机制。

# 第五章
## 包装与流通加工

# 第一节 包装基础知识

一、包装

包装（Packaging）是在流通过程中保护产品，方便储运，促进销售，按一定的技术方法所用的容器、材料和辅助物等的总体名称；也指为达到上述目的在采用容器、材料和辅助物的过程中施加一定技术方法等的操作活动。

不同国家或组织对包装的含义有不同的表述和理解，但基本意思是一致的，都以包装功能和作用为其核心内容，一般有两重含义：

①关于盛装商品的容器、材料及辅助物品，即包装物；

②关于实施盛装和封缄、包扎等的技术活动。

盛装没有进入流通领域物品的用品不能称之为包装，只能称为"包裹""箱子""盒子""容器"等。因为包装除了有包裹盒盛装的功能外，还对物品进行修饰，获得受众的青睐才是包装的重要作用。

一切进入流通领域的拥有商业价值的事物的外部形式都是包装。营销型包装侧重策划策略，成为广义的包装。还可以将某人或者某种事物打扮好或尽力帮助他在某方面做到完美。

二、包装要素

包装要素有包装对象、材料、造型、结构、防护技术、视觉传达等。

一般来说，商品包装应该包括商标或品牌、形状、颜色、图案和材料等要素。

（1）商标或品牌。商标或品牌是包装中最主要的构成要素，应在包装整体上占据突出的位置。

（2）包装形状。适宜的包装形状有利于储运和陈列，也有利于产品销售，因此，形状是包装中不可缺少的组合要素。

（3）包装颜色。颜色是包装中最具刺激销售作用的构成元素。突出商品特性的色调组合，不仅能够加强品牌特征，而且对顾客有强烈的感召力。

（4）包装图案。图案在包装中如同广告中的画面，其重要性、不可或缺性不言而喻。

（5）包装材料的选择。包装材料的选择不仅影响包装成本，也影响商品的市场竞争力。

（6）产品标签。在标签上一般都印有包装内容和产品所包含的主要成分，即品牌标志、产品质量等级、产品厂家、生产日期和有效期、使用方法。

三、包装的功能

（1）实现商品价值和使用价值，是增加商品价值的一种手段；

（2）保护商品免受日晒、雨淋、灰尘污染等自然因素的侵袭，防止挥发、渗漏、溶化、污染、碰撞、挤压、散失以及盗窃等损失；

（3）给流通环节中的贮、运、调、销带来方便，如装卸、盘点、码垛、发货、收货、转运、销售计数等；

（4）美化商品、吸引顾客，有利于促销。

四、包装的分类

1.按照不同的标准有不同的分类方法

（1）按产品销售范围分：有内销产品包装和出口产品包装。

（2）按包装在流通过程中的作用分：有单件包装、中包装和外包装等。

（3）按包装制品材料分：有纸制品包装、塑料制品包装、金属包装、竹木器包装、玻璃容器包装和复合材料包装等。

（4）按包装使用次数分：有一次用包装、多次用包装和周转包装等；

（5）按包装容器的软硬程度分：有硬包装、半硬包装和软包装等。

（6）按产品种类分：有食品包装、药品包装、机电产品设器包装、危险品包装等。

（7）按功能分：有运输包装、贮藏包装和销售包装等。

（8）按包装技术方法分：有防震包装、防湿包装、防锈包装、防霉包装等。

（9）按包装结构形式分：贴体包装、泡罩包装、热收缩包装、可携带包装、托盘包装、组合包装等。

（二）典型的包装种类

（1）单一包装：直接盛放货物的包装。如钢桶、塑料桶、罐。净重不超过400kg，容积不超过450L。

（2）内包装：直接和物料接触的包装；需要外包装的包装（组合包装）。

（3）内容器：直接和物料接触的包装；需要外包装的容器（复合包装）。

（4）复合包装：一个外包装和一个内容器组成的整体包装。≤400kg，≤450L。

（5）组合包装：一个及以上内包装放在一个外包装里（可以脱离）≤400kg。如塑料罐放在木箱里。

（6）外包装：外包装和组合包装的外部保护部分及其吸附、衬垫材料。

（7）重复使用包装：灌装相同物品的包装，每次使用前的性能指标都要达标。

（8）修复包装：更换部分辅件的包装。如桶盖、垫圈。

（9）再生包装：形式改变了的包装。如6HA1改成6HA2。

（10）救助包装：盛放破损包件的包装。

（11）中型散装容器：适合于机械装卸容积在250～3000L的刚性和柔性

可移动包装。

（12）罐柜：罐式集装箱、公路罐车、铁路罐车。≥450L。

五、包装的技巧

（1）书籍包装：最好选用小箱包装，不要装得过多，这样搬运时才不会太费力。

（2）工艺品（如花瓶、古玩类）包装：应先将物品本身内部加以填充后放入包装盒内，再将其周围用泡沫或纸固定，以减轻对它的振荡。

（3）相框、镜子等包装：用布或毛巾包好后加以捆扎。

（4）碗、碟、勺、杯的包装：用纸将其隔开再装箱，周围用纸或泡沫加以固定，减小它们之间的碰撞，避免损坏。

（5）刀具包装：用厚纸做成护套，将刀刃包住，并用胶带固定。

（6）衣服、被褥包装：用编织袋装好后捆扎好。

六、包装材料

产品的包装是产品的重要组成部分，它不仅在运输过程中起保护的作用，而且直接关系到产品的综合品质。以下为常用的包装材料：

（1）纸包装材料：包括蜂窝纸、纸袋纸、干燥剂、包装纸、蜂窝纸板、牛皮纸、工业纸板、蜂窝纸芯。

（2）塑料包装材料：包括封口膜、收缩膜、塑料膜、缠绕膜、中空板、POF收缩膜、CPP、EPP。

（3）复合类软包装材料：包括软包装、镀铝膜、铝箔复合膜、真空镀铝纸、复合膜、复合纸、BOPP。

（4）金属包装材料：包括马口铁铝箔、桶箍、钢带打包扣、泡罩铝、PTP、铝箔、铝板、钢扣。

（5）陶瓷材料。

（6）玻璃材料。

（7）木材。

（8）烫金材料：包括烫金材料、镭射膜、电化铝烫金纸、烫金膜、烫印膜、烫印箔、烫印箔、色箔。

包装辅料有：胶粘剂、涂料，包括黏合剂、胶粘剂、复合胶、增强剂、淀粉黏合剂、封口胶、乳胶、树脂、不干胶。其他辅助材料还有瓶盖、手套机、模具、垫片、提手衬垫、喷头、封口盖、包装膜。

七、包装产品

常见的包装产品，从种类上可以分为：

（1）包装箱：纸箱、微瓦、普瓦、重瓦、蜂窝纸板、展示架；

（2）包装盒：彩盒、卡纸盒、微楞纸盒；

（3）包装袋：塑料包装袋、塑料复合袋、单层塑料袋；

（4）包装瓶：塑料瓶、玻璃瓶、普通瓶、水晶瓶；

（5）包装罐：铁罐、铝罐、玻璃罐、纸罐；

（6）包装管：软管、复合软管、塑料软管、铝管；

（7）其他包装容器：托盘、纸标签、纸隔挡、胶带、瓶封、喷嘴、金属盖、泵。

从包装形式上可分为：

1.内包装

（1）塑料袋：美国线一般要求热封口，材质为高压的PE料；除非客户有指定要求，否则不允许用PP料。

（2）OPP袋：透明度好，但属脆性，易破裂，多用于蜡烛小玩具等产品的包装，欧洲线客人常要求的。

（3）彩盒：分为有瓦楞彩盒和无瓦楞彩盒。

（4）普通棕色瓦楞盒：常用的为3层瓦楞盒和5层瓦楞盒，产品包装好后，一般要用胶带封口。

（5）白盒：可分为有瓦楞（3层或5层）白盒和无瓦楞白盒，产品包装后一般要用胶带封口。

（6）展示盒：其种类较多，主要有彩色展示盒，带PVC盖的展示盒等，通过该包装可直观地看到包装盒内的产品。

（7）塑料袋+吊卡：一般称PBH。

（8）吸塑卡：Blister Card，简称BC。

（9）PVC盒或PVC桶。

（10）收缩膜：也叫热缩膜，小玩具、蜡烛等产品用此类包装较多。

（11）挂卡。

（12）蛋隔盒。

（13）背卡。

（14）礼品盒：多用于首饰、文具等产品的包装，种类较多。

（15）其他。

2.中包装

主要有塑料袋及瓦楞盒包装，瓦楞盒种类主要有FOL 、TUCK TOP BOX 等。

3.外包装

一般用外贸出口纸箱，5层瓦楞盒，瓦楞主要用B/C瓦。外箱价格计算公式为：

（长+宽+8）/100×（宽+高+6）/100×每平方单价。

其中，长、宽、高单位均为CM，例如，一个外箱的尺寸为60cm×30cm×40cm，则价格为：

（60+30+8）/100×（30+40+6）/100×6（市场价）＝4.47元。

八、包装设备

包装机械种类众多，可分为包装前机械、包装中机械以及包装后机械，而从功能及包装材料上分，更是可分成多种具体的机械类型：

（1）纸箱加工机械：瓦线、纵横切机、接纸机、制糊机、上胶机、烘干机、横切机、纵切机、模切机、裱纸机、钉箱机、印刷机、瓦楞辊、网纹辊、刀具、胶垫。

（2）软包加工机械：吹膜机、流延机、涂布机、复合机、立式充填包装机、水平式充填包装机。

（3）彩盒加工机械：彩盒模切机、糊盒机、捆扎机、切纸机、上光机、烫金机、覆膜机。

（4）印刷设备类：打样机、预印机、印刷机、印刷开槽机。

（5）包装机械：灌装机、封口机、灌装封口机、无菌灌装机、喷墨打码机、激光打码机、热转印打码机、贴标机、套标机、封口包装设备、热收缩包装机、胶带封箱机、装盒设备、装箱设备。

（6）其他机械：自动化控制、检测设备。

包装机械有多种分类方法。按功能可分为单功能包装机和多功能包装机，按使用目的可分为内包装机和外包装机，按包装品种可分为专用包装机和通用包装机，按自动化水平分为半自动机和全自动机等。

九、包装工序

包装过程包括充填、裹包、封口等主要工序以及与其相关的前后工序，如清洗、堆码和拆卸等。此外，包装还包括计量或在包装件上盖印等工序。使用机械包装产品可提高生产率，减轻劳动强度，适应大规模生产的需要，并满足清洁卫生的要求。

十、包装在营销中的作用

1.保护产品

保证产品在生产过程结束后，到转移到消费者手中直至被消费掉以前，产品实体不至损坏、散失和变质。

2.促进销售

包装具有识别、美化和便利的功能。包装是产品的延伸，是整体产品的一部分。

3.增加利润

优良的包装不仅可使好的产品与包装显得相得益彰，避免"一等商品，二等包装，三等价格"，而且往往能提升商品身价，超出的价格高于包装的附加成本，且为顾客所乐意接受。

十一、包装上常见警示语

（一）指示标志

根据货物装卸、存放、运输等方面所提出的要求及需要注意的有关事项，指示性标志通常用图形和文字表示出来。

GUARD AGAINST DAMP　防潮

KEEP FLAT　必须平放

SLIDE HERE　从此处吊起

NEW YORK IN TRANSIT　运往纽约

NO DUMPING　切勿投掷

DO NOT CRUSH　切勿挤压

HANDLE WITH CARE　小心轻放

PERISHABLE GOODS　易腐物品

FRAGILE　易碎物品

KEEP IN DARK PLACE　暗处存放

KEEP DRY　保持干燥

DO NOT DROP　切勿乱摔

NOT TO BE LAID FLAT　切勿平放

STOW AWAY FROM HEAT　切勿受热

NO TURNING OVER　切勿倒置

OPEN HERE　此处打开

THIS SIDE UP　此端向上

PORCELAIN, HANDLE WITH CARE　小心，瓷器

FLAMMABLE　易燃品

CANADA VIA HONG KONG　经香港运往加拿大

CENTER OF GRAVITY　重心点

LIQUID　液体

（二）警告标志

警告性标志是根据某些危险特征如易燃、易爆等，在货物包装上印制的图形和文字。它能帮助有关人员采取防护措施确保货物的完好无损以及人身安全。外包装上常印制的警告性标志有：

FLAMMABLE COMPRESSED GAS　易燃压缩气体

EXPLOSIVES　爆炸品

POISON　有毒品

MATERIAL RADIOACTIVES　放射物品

HAZARDOUS ARTICLE　危险物品

OXIDIZING MATERIAL　氧化剂

十二、包装策划

一个好的包装必须有一个系统的操作流程，包括包装策划，包装设计再生产。

（一）包装设计定位

包装的设计定位就好像在给艺人确定从艺路线，找到合适的路线才有可能一炮而红。为包装找到合适的设计风格，即是为商品找到一个获得市场认可的生存空间。

1.市场定位

包装设计的市场定位需要先确定商品在市场中的位置，而商品的市场定位通常是由商家决定的。其内容：①商品档次；②市场选择；③摆放位置。

2.消费者定位

准确的消费者定位才能够最大可能地抓住消费者，商品所针对的消费群体通常也是由商家确定的。其内容：①性别年龄；②兴趣爱好；③购买能力。

3.设计风格定位

包装设计的风格千变万化，怎样在设计之初就找准方向、确定风格，也是设计表达能否成功的关键。其内容：①商品自身的性质；②同类产品的设计表达；③消费者的喜好；④商品的销售场所。

（二）包装设计策略

我们每次走进超市，面对着数量庞大的商品群，总是有一种莫名的兴奋感。这是包装在起着作用！

1.营销策略

包装以销售为最终目的，要达到这个目的，不仅需要好的包装设计，还需要明确的营销策略。营销策略需具有以下两个特征：①良好的识别性；②明确的针对性。

2.品牌策略

成功的品牌具有良好的识别性和独特的个性，其品牌形象让人印象深刻，能让消费者在选择的时候毫不犹豫。市场也已经不再是单纯的以数量或质量竞争的市场，而是以品牌竞争的市场。成功的品牌策略应该给人这样的感受：①信任感与满足感；②标志与色彩；③自然的联想。

3.环保策略

在商业社会中，任何时候都离不开商品，而包装也伴随着商业的发展而壮大，现代社会中的商品几乎都离不开包装。面对这样的市场环境，许多人将环境污染的矛头指向了包装，那么在这种情况下"绿色包装"的概念进入了社会大众的视线。环保策略中应注意这几方面的问题：①包装材料；②生产过程；③循环使用；④理念宣传。

十三、包装设计流程

一个商业包装的生命是从拿到订单开始的，然后是设计、生产、包装商品、上架销售，再到使用后的废弃或回收，在这个漫长的生命周期里，设计仅仅是其中的一小部分。虽然不能决定商品能否成功到达消费者手中，却实实在在地影响着销售的成功率。

**1.市场调研与分析**

市场的调研可分为两种，一种是周期性、广泛性的，另一种是临时性、针对性的，在详尽的数据调研之后需要进行分析。分析的问题包括：①商品的卖点；②预计商品的生命周期；③如何树立商品的形象；④购买目的、消费预期及消费状态。

**2.设计创意与草图**

在进行包装设计的创意之初，首先需要明确包装设计的范围，根据不同商品的特点，包装创意的侧重点不同。应特别注意这三个方面：①视觉表现；②结构变化；③容器造型的独特性。

**3.设计效果与制作**

包装设计与其他平面类设计有所不同，虽然设计是在包装展开图上进行的，是平面的视觉效果，而成品却是立体的。所以在制作过程中要重视这三个方面：①立体效果图；②模型表现；③承印材料。

# 第二节 包装的合理化

## 一、包装合理化

所谓包装合理化，是指在包装过程中使用适当的材料和适当的技术，制成与物品相适应的容器，节约包装费用，降低包装成本，既满足包装保护商品、方便储运、有利销售的要求，又要提高包装的经济效益的包装综合管理活动。

二、包装合理化的主要表现

（1）包装的轻薄化。由于包装只是起保护作用，对产品使用价值没有任何意义，因此在强度、寿命、成本相同的条件下，更轻、更薄、更短、更小的包装，可以提高装卸搬运的效率，更节约了运输空间和成本。

（2）包装的单纯化。为了提高包装作业的效率，包装材料及规格应力求单纯化，包装规格还应标准化，包装形状和种类也应单纯化。

（3）符合集装单元化和标准化的要求。包装的规格与托盘、集装箱关系密切，也是应考虑到与运输车辆，搬运机械的匹配，从系统的观点制定包装的尺寸标准。

（4）包装的机械化与自动化。为了提高作业效率和包装现代化水平，各种包装机械的开发和应用是很重要的。

（5）注意与其他环节的配合。包装是物流系统组成的一部分，需要和装卸搬运、运输、仓储等环节一起综合考虑、全面协调。

（6）有利于环保。包装是产生大量废弃物的环节，处理不好可能造成环境污染。包装材料最好可反复多次使用并能回收再生利用；在包装材料的选择上，还要考虑不对人体健康产生影响，对环境不造成污染，即所谓的"绿色包装"。

三、包装合理化要求

包装合理化一方面包括包装总体的合理化，这种合理化往往用整体物流效益与微观包装效益的统一来衡量；另一方面也包括包装材料、包装技术、包装方式的合理组合及运用。从多个角度来考察，合理包装应满足五个方面的要求：

（1）包装应妥善保护内装的商品，使其质量不受损伤。

（2）包装的容量要适当，包装的标志要清楚，以便于装卸和搬运。

（3）科学包装、减少浪费。即：①包装标准化；②包装轻薄化；③包

装单纯化；④包装绿色化

（4）采用无包装的物流形态。

（5）包装要考虑人格因素。

四、设计方法

（一）设计要点

由于包装强度不够，包装材料不足等因素所造成商品在流通过程中产生的损耗不可低估。因此包装合理化要做到：

（1）深入了解产品因素和物流因素。

（2）了解流通环境和运输目的地。

（3）注意包装与物流功能间的平衡。

（二）设计要求

（1）掌握流通实况，发挥最经济的保护功能。

（2）实行包装标准化。

（3）协调与生产的关系。

（4）注意装卸及开启的方便性。

五、包装合理化管理

要实现包装合理化，需要从以下五方面加强管理：

（1）广泛采用先进包装技术。包装技术的改进是实现包装合理化的关键。要推广诸如缓冲包装、防锈包装、防湿包装等包装方法，使用不同的包装技法，以适应不同商品的包装、装卸、储存、运输的要求。

（2）由一次性包装向反复使用的周转包装发展。

（3）采用组合单元装载技术，即采用托盘、集装箱进行组合运输。

托盘、集装箱是包装—输送—储存三位一体的物流设备，是实现物流现代化的基础。

（4）推行包装标准化。

（5）采用无包装的物流形态。

对需要大量输送的商品（如水泥、煤炭、粮食等）来说，包装所消耗的人力、物力、资金、材料是非常大的，若采用专门的散装设备，则可获得较高的技术经济效果。散装并不是不要包装，它是一种变革的包装，即由单件小包装向集合大包装的转变。

六、包装合理化影响因素

应从物流总体角度出发，用科学方法确定最优包装。

（1）对包装发生影响的第一因素是装卸，不同装卸方法决定着不同包装。目前，我国铁路运输，特别是汽车运输，还大多采用手工装卸，因此，包装的外形和尺寸就要适合于人工操作。另外，装卸人员素质低，作业不规范也直接引发商品损失。在一次例会上，广州某快运公司的总经理曾谈起这样一件案例：从香港报关进口的一件大木箱，内装精密设备，要求运输途中不能倾斜。当木箱运至客户手中时，货主肯定地认为货物已被倾斜了，因为木箱外包装上有一个标识变成了红色——原来该货物倾斜45度时，外包装上的标识就会变色。因此，引进装卸技术，提高装卸人员素质，规范装卸作业标准等，都会相应地促进包装、物流的合理化。

（2）对包装有影响的第二个因素是保管。在确定包装后，应根据不同的保管条件和方式而采用与之相适合的包装强度。

（3）对包装有影响的第三个因素是运输。运送工具类型，输送距离长短，道路情况等对包装都有影响。我国现阶段，特别是广州地区，存在很多种不同类型的运输方式：航空的直航与中转，铁路快运集装箱、包裹快件、行包专列等，汽车的篷布车、密封厢车，以上不同的运送方式对包装都有着不同的要求和影响。

七、绿色包装

绿色包装设计是以环境和资源为核心概念的包装设计过程。具体是指选用合适的绿色包装材料，运用绿色工艺手段，为包装商品进行结构造型和美化装饰设计。

（一）材料要素

材料要素包括基本材料（如纸类材料、塑料材料、玻璃材料、金属材料、陶瓷材料、竹木材料、皮质材料以及其他复合材料等）和辅助材料（如黏合剂、涂料和油墨等）两大部分，是包装三大功能（保护、方便和销售）得以实现的物质基础，直接关系到包装的整体功能和经济成本、生产加工方式及包装废弃物的回收处理等多方面的问题。

绿色包装设计中的材料选择应遵循以下八个原则：

（1）轻量化、薄型化、易分离、高性能的包装材料；

（2）可回收和可再生的包装材料；

（3）可食性的包装材料；

（4）可降解的包装材料；

（5）利用自然资源开发的天然生态能的包装材料；

（6）尽量选用纸包装；

（7）尽量选用同一种材料进行包装；

（8）尽量包装件可以重复使用，而不只是包装材料可以回收再利用（利如标准化的托盘，可以数十次甚至数千次再利用）。

（二）外形要素

包装的外形是包装设计的一个主要方面，外形要素包括包装展示面的大小和形状。如果外形设计合理，则可以节约包装材料，降低包装成本，减轻环保压力。在考虑包装设计的外形要素时，应优先选择那些节省原材料的几何体。各种几何体中，若容积相同，球形体的表面积最小；对于棱柱体来说，立方体的表面积要比长方体的表面积小；对于圆柱体来说，当圆柱体的高等于底面圆的直径时，其表面积最小。

优秀的包装外形设计应遵循以下原则：

（1）结合产品自身特点，充分运用商品外形要素的形式美法则；

（2）适应市场需求，进行准确的市场定位，创造品牌个性；

（3）要以"轻、薄、短、小"为杜绝过度包装、夸大包装和无用；

（4）从自然中吸取灵感，用模拟的手法进行包装外形的设计创新；

（5）充分考虑环境与人机工程学要素；

（6）积极运用新工艺、新材料进行现代包装外形设计；

（7）大力发展系列化包装外形设计。

（三）技术要素

要想真正达到绿色包装的标准，仅仅依靠以上七点是不完善的，还需要绿色包装技术作为补充。这里说的技术要素包括包装设计中设备、工艺、能源及采用的技术。而所谓的绿色技术，是指能减少污染、降低消耗、治理污染或改善生态的技术体系。

绿色包装设计的技术要素包括以下三点：

（1）加工设备和所用能源等要有益于环保，不产生有损环境的气、液、光、热、味等。生产工艺和生产过程对环境无污染，采用低耗能的设备。加工过程不产生有毒、有害的物质；

（2）增强可拆卸式包装设计的研究，以便消费者能轻易按照环保要求拆卸包装；

（3）加强绿色助剂、绿色油墨的研制开发。

# 第三节 流通加工基础知识

## 一、流通加工

流通加工（Distribution Processing）是物品在生产地到使用地的过程中，根据需要施加包装、分割、计量、分拣、刷标志、拴标签、组装等简单作业的总称。

（一）流通加工的目的

流通阶段的加工即物流加工，处于不易区分生产还是物流的中间环节，尽管它可以创造性质和形态的使用效能，但还是应该从物流机能拓展的角度将其看作物流的构成要素为宜。流通加工的目的可归纳为以下四点：

（1）适应多样化的客户的需求；

（2）在食品方面，可以通过流通加工来保持并提高其保存机能；

（3）提高商品的附加值；

（4）规避风险，推进物流系统化。

（二）流通加工的内容

1.食品的流通加工

流通加工最多的是食品行业，为了便于保存，提高流通效率，食品的流通加工是不可缺少的，如鱼和肉类的冷冻，蛋品加工，生鲜食品的原包装，大米的自动包装，上市牛奶的灭菌等。

2.消费资料的流通加工

消费资料的流通加工是以服务客户、促进销售为目，如衣料品的标识和印记商标、家具的组装、地毯剪接等。

3.生产资料的流通加工

具有代表性的生产资料加工是钢铁的加工，如钢板的切割，使用矫直机将薄板卷材展平等。

二、流通加工的作用

1.提高原材料利用率

通过流通加工进行集中下料，将生产厂商直接运来的简单规格产品，按用户的要求进行下料。例如，将钢板进行剪板、切裁；木材加工成各种长度及大小的板、方材等。集中下料可以优材优用、小材大用、合理套裁，明显地提高原材料的利用率，有很好的技术经济效果。

### 2.方便用户

用量小或满足临时需要的用户，不具备进行高效率初级加工的能力，通过流通加工可以使用户省去进行初级加工的投资、设备、人力，方便了用户。目前，发展较快的初级加工有：将水泥加工成生混凝土、将原木或板、方材加工成门窗、钢板预处理、整形等加工。

### 3.提高加工效率及设备利用率

在分散加工的情况下，加工设备由于生产周期和生产节奏的限制，对设备的利用时松时紧，使得加工过程不均衡，设备加工能力不能得到充分发挥。而流通加工面向全社会，加工数量大，范围广，任务多。

这样可以通过建立集中加工点，采用一些效率高、技术先进、加工量大的专门机具和设备，一方面提高了加工效率和加工质量，另一方面还提高了设备利用率。

### 三、流通加工的地位

流通加工在物流中的地位表现在以下三个方面：

### 1.有效地完善了流通

流通加工在实现时间效用和场所效用这两个重要功能方面，不能与运输和保管相比，因而，流通加工不是物流的主要功能要素。另外，流通加工的普遍性也不能与运输、保管相比，流通加工不是对所有物流活动都是必需的。但这绝不是说流通加工不重要，实际上它也是不可轻视的，它具有补充、完善、提高与增强的作用，能起到运输、保管等其他功能要素无法起到的作用。所以，流通加工的地位可以描述为：提高物流水平，促进流通向现代化发展。

### 2.是物流业的重要利润来源

流通加工是一种低投入、高产出的加工方式，往往以简单加工解决大问题。实践中，有的流通加工通过改变商品包装，使商品档次升级而充分实现其价值；有的流通加工可将产品利用率大幅提高30%，甚至更多。这些都是采取一般方法以期提高生产率所难以做到的。实践证明，流通加工提供的利润并不亚于从运输和保管中挖掘的利润，因此我们说流通加工是物流业的重要利润来源。

3.是重要的加工形式

流通加工在整个国民经济的组织和运行方面是一种重要的加工形式，对推动国民经济的发展、完善国民经济的产业结构具有一定的意义。

四、流通加工的类型

根据流通加工的不同目的，有以下类型：

1.为适应多样化需要

生产部门为了实现高效率、大批量的生产，其产品往往不能完全满足用户的要求。为了满足用户对产品多样化的需要，同时又要保证高效率的大生产，可将生产出来的单一化、标准化的产品进行多样化的流通加工。

2.改制加工

例如，对钢材卷板的舒展、剪切加工；平板玻璃按需要规格的开片加工；木材改制成枕木、板材、方材等加工。

3.为方便消费、省力

根据下游生产的需要将商品加工成生产直接可用的状态。例如，根据需要将钢材定尺、定型，按要求下料；将木材制成可直接投入使用的各种型材；将水泥制成混凝土拌合料，使用时只需稍加搅拌即可使用等。

4.为保护产品

在物流过程中，为了保护商品的使用价值，延长商品在生产和使用期间的寿命，防止商品在运输、储存、装卸搬运、包装等过程中遭受损失，可以采取稳固、改装、保鲜、冷冻、涂油等方式。例如，水产品、肉类、蛋类的保鲜、保质的冷冻加工、防腐加工等；丝、麻、棉织品的防虫、防霉加工等。又如为防止金属材料的锈蚀而进行的喷漆、涂防锈油等措施，运用手工、机械或化学方法除锈；木材的防腐朽、防干裂加工；煤炭的防高温自燃加工；水泥的防潮、防湿加工等。

5.为弥补生产加工不足

由于受到各种因素的限制，许多产品在生产领域的加工只能到一定程度，而不能完全实现终极的加工。例如，木材如果在产地完成成材加工或制成木制品的话，就会给运输带来极大的困难，所以，生产领域只能加工到圆木、板、方材这个程度，进一步的下料、切裁、处理等加工则由流通加工完成；钢铁厂大规模的生产只能按规格生产，以使产品有较强的通用性，从而使生产能有较高的效率，取得较好的效益。

6.为促进销售

流通加工也可以起到促进销售的作用。比如，将过大包装或散装物分装成适合依次销售的小包装的分装加工；将以保护商品为主的运输包装改换成以促进销售为主的销售包装，以起到吸引消费者、促进销售的作用；将蔬菜、肉类洗净切块以满足消费者要求，等等。

7.为提高加工效率

许多生产企业的初级加工由于数量有限，加工效率不高。而流通加工以集中加工的形式，解决了单个企业加工效率不高的弊病。它以一家流通加工企业的集中加工代替了若干家生产企业的初级加工，促使生产水平有一定的提高。

8.为提高物流效率

有些商品本身的形态使之难以进行物流操作，而且商品在运输、装卸搬运过程中极易受损，因此需要进行适当的流通加工加以弥补，从而使物流各环节易于操作，提高物流效率，降低物流损失。例如，造纸用的木材磨成木屑的流通加工，可以极大提高运输工具的装载效率；自行车在消费地区的装配加工可以提高运输效率，降低损失；石油气的液化加工，使很难输送的气态物转变为容易输送的液态物，也可以提高物流效率。

9.为衔接不同运输方式

在干线运输和支线运输的结点设置流通加工环节，可以有效解决大批量、低成本、长距离的干线运输与多品种、少批量、多批次的末端运输和集货运输之间的衔接问题。在流通加工点与大生产企业间形成大批量、定点运输的渠道，以流通加工中心为核心，组织对多个用户的配送，也可以在流通加工点将运输包装转换为销售包装，从而有效衔接不同目的的运输方式。比如，散装水泥中转仓库把散装水泥装袋、将大规模散装水泥转化为小规模散装水泥的流通加工，就衔接了水泥厂大批量运输和工地小批量装运的需要。

10.生产—流通一体化

依靠生产企业和流通企业的联合，或者生产企业涉足流通，或者流通企业涉足生产，形成的对生产与流通加工进行合理分工、合理规划、合理组织，统筹进行生产与流通加工的安排，这就是生产—流通一体化的流通加工形式。这种形式可以促成产品结构及产业结构的调整，充分发挥企业集团的经济技术优势，是目前流通加工领域的新形式。

11.为实施配送

这种流通加工形式是配送中心为了实现配送活动，满足客户的需要而对物资进行的加工。例如，混凝土搅拌车可以根据客户的要求，把沙子、水泥、石子、水等各种不同材料按比例要求装入可旋转的罐中，在配送路途中，汽车边行驶边搅拌，到达施工现场后，混凝土已经均匀搅拌好，可以直接投入使用。

五、流通加工产生的原因

1.流通加工的出现与现代生产方式有关

现代生产发展趋势之一就是生产规模大型化、专业化，依靠单品种、大批量的生产方法降低生产成本获取规模经济效益，这样就出现了生产相对集中的趋势。这种规模的大型化、生产的专业化程度越高，生产相对集中的程度也就越高。生产的集中化进一步引起产需之间的分离，产需分离的表现首先为人们认识的是空间、时间及人的分离，即①生产及消费不在同一个地点，而是有一定的空间距离；②生产及消费在时间上不能同步，而是存在着一定的"时间差"；③生产者及消费者不是处于一个封闭的圈内，某些人生产的产品供给成千上万人消费，而某些人消费的产品又来自其他许多生产者。弥补上述分离的手段则是运输、储存及交换。

近年来，人们进一步认识到，现代生产引起的产需分离并不局限于上述三个方面，这种分离是深刻而广泛的。第四种重大的分离就是生产及需求在产品功能上分离。尽管"用户第一"等口号成了许多生产者的主导思想，但是，生产毕竟有生产的规律，尤其在强调大生产的工业化社会，大生产的特点之一就是"少品种、大批量、专业化"，产品的功能（规格、品种、性能）往往不能和消费需要密切衔接。弥补这一分离的就是流通加工。所以，流通加工的诞生实际是现代生产发展的一种必然结果。

2.流通加工不仅是大工业的产物，也是网络经济时代服务社会的产物

流通加工的出现与现代社会消费的个性化有关。消费的个性化和产品的标准化之间存在着一定的矛盾，使本来就存在的产需第四种形式的分离变得更加严重。本来，弥补第四种分离可以采取增加一道生产工序或消费单位加工改制的方法，但在个性化问题十分突出之后，采取上述弥补措施将会使生产及生产管理的复杂性及难度增加，按个性化生产的产品难以组织高效率、大批量的流通。所以，在出现了消费个性化的新形势及新观念之后，就为流通加工开辟了道路。

3.流通加工的出现还与人们对流通作用的观念转变有关

在社会再生产全过程中，生产过程是典型的加工制造过程，是形成产品价值及使用价值的主要过程，再生产型的消费究其本质来看也是和生产过程一样，通过加工制造消费了某些初级产品而生产出深加工产品。历史上在生产不太复杂、生产规模不大时，所有的加工制造几乎全部集中在生产及再生产过程中，而流通过程只是实现商品价值及使用价值的转移而已。

在社会生产向大规模生产、专业化生产转变之后，社会生产越来越复杂，生产的标准化和消费的个性化出现以后，生产过程中的加工制造常常满足不了消费的要求。而由于流通的复杂化，生产过程中的加工制造也常常不能满足流通的要求。于是，加工活动开始部分地由生产及再生产过程向流通过程转移，在流通过程中形成了某些加工活动，这就是流通加工。

流通加工的出现使流通过程明显地具有了某种"生产性"，改变了长期以来形成的"价值及使用价值转移"的旧观念，这就从理论上明确了：流通过程从价值观念来看是可以主动创造价值及使用价值的，而不单是被动地"保持"和"转移"的过程。因此，人们必须研究流通过程中孕育着多少潜在的创造价值，这就有可能通过努力在流通过程中进一步提高商品的价值和使用价值，同时以很小的代价实现这一目标。这样就引起了流通过程从观念到方法的巨大变化，流通加工则适应这种变化而诞生。

4.效益观念的树立是促使流通加工形式得以发展的重要原因

20世纪60年代后，效益问题逐渐引起人们的重视，过去人们盲目追求高技术，引起了燃料、材料投入的大幅度上升，结果新技术、新设备虽然采用了，但往往得不偿失。70年代初，第一次石油危机的发生证实了效益的重要性，使人们牢牢树立了效益观念，流通加工可以以少量的投入获得很好的效果，是一种高效益的加工方式，自然获得了很大的发展。所以，流通加工从技术上来讲，可能不需要采用什么先进技术，但这种方式是现代观念的反映，在现代的社会再生产过程中起着重要作用。

六、流通加工的特点

与生产加工相比较，流通加工具有以下特点：

（1）流通加工的对象是进入流通过程的商品，具有商品的属性，以此来区别多环节生产加工中的一环。流通加工的对象是商品，而生产加工的对象不是商品，而是原材料、零配件或半成品。

（2）流通加工大多是简单加工，而不是复杂加工，一般来讲，如果必须进行复杂加工才能形成人们所需的商品，那么，这种复杂加工应该专设生产加工过程。生产过程理应完成大部分加工活动，流通加工则是对生产加工的一种辅助及补充。特别需要指出的是，流通加工绝不是对生产加工的代替。

（3）生产加工的目的在于创造价值及使用价值，而流通加工的目的则在于完善其使用价值，并在不做大的改变的情况下提高其价值。

（4）流通加工的组织者是从事流通工作的人员，能密切结合流通的需要进行加工活动。从加工单位来看，流通加工由商业或物资流通企业完成，而生产加工则由生产企业完成。

（5）商品生产是为交换、消费而进行的生产，而流通加工的一个重要目的是为了消费（或再生产）所进行的加工，这一点与商品生产有共同之处。但是流通加工有时候也是以自身流通为目的，纯粹是为流通创造条件，这种为流通所进行的加工与直接为消费进行的加工在目的上是有所区别的，这也是流通加工不同于一般生产加工的特殊之处。

# 第四节 流通加工的合理化

一、流通加工合理化的含义

流通加工合理化的含义是实现流通加工的最优配置，也就是对是否设置流通加工环节、在什么地方设置、选择什么类型的加工、采用什么样的技术装备等问题作出正确抉择。这样做不仅要避免各种不合理的流通加工形式，而且要做到最优。

流通加工合理化指实现流通加工的最优配置，不仅要做到避免各种不合理流通加工，使流通加工有存在的价值，而且要综合考虑流通加工与配送、运输、商流等的有机结合，做到最优，以达到最佳的流通加工效益。

二、不合理的流通加工形式

1.流通加工地点设置不合理

流通加工地点设置即布局状况是决定整个流通加工是否有效的重要因素。一般来说，为衔接单品种大批量生产与多样化需求的流通加工，加工地点设置在需求地区，才能发挥大批量的干线运输与多品种末端配送的物流优势。如果将流通加工地设置在生产地区，一方面，为了满足用户多样化的需求，会出现多品种、小批量的产品由产地向需求地的长距离运输；另一方面，在生产地增加了一个加工环节，同时也会增加近距离运输、保管、装卸等一系列物流活动。所以，在这种情况下，不如由原生产单位完成这种加工，而无需设置专门的流通加工环节。

另外，一般来说，为方便物流的流通，加工环节应该设置在产出地，即设置在进入社会物流之前。如果将其设置在物流之后，即设置在消费地，则不但不能解决物流问题，又在流通中增加了中转环节，因而也是不合理的。

即使在产地或需求地设置流通加工的选择是正确的，还有流通加工在小地域范围内的正确选址问题。如果处理不善，仍然会出现不合理。比如，交通不便，流通加工与生产企业或用户之间距离较远，加工点周围的社会环境条件不好，等等。

2.流通加工方式选择不当

流通加工方式包括流通加工对象、流通加工工艺、流通加工技术、流通加工程度等。流通加工方式的确定实际上是与生产加工的合理分工。分工不合理，把本来应由生产加工完成的作业错误地交给流通加工来完成，或者把本来应由流通加工完成的作业错误地交给生产加工去完成，都会造成不合理。

流通加工不是对生产加工的代替，而是一种补充和完善。所以，一般来说，如果工艺复杂，技术装备要求较高，或加工可以由生产过程延续或轻易解决的，都不宜再设置流通加工。如果流通加工方式选择不当，就可能会出现生产争利的恶果。

3.流通加工作用不大，形成多余环节

有的流通加工过于简单，或者对生产和消费的作用不大，甚至由于流通加工的盲目性，未能解决品种、规格、包装等问题，相反却增加了作业环节，这也是流通加工不合理的重要表现形式。

4.流通加工成本过高，效益不好

流通加工的一个重要优势就是它有较大的投入产出比，因而能有效地起到补充、完善的作用。如果流通加工成本过高，则不能达到以较低投入实现更高使用价值的目的，势必会影响它的经济效益。

三、实现流通加工合理化的途径

要实现流通加工的合理化，主要应从以下几个方面加以考虑：

1.加工和配送结合

就是将流通加工设置在配送点中。一方面按配送的需要进行加工，另一方面加工又是配送作业流程中分货、拣货、配货的重要一环，加工后的产品直接投入到配货作业，这就无需再单独设置一个加工的中间环节，而使流通加工与中转流通巧妙地结合在一起。同时，由于配送之前有必要的加工，可以使配送服务水平大大提高，这是当前对流通加工作合理选择的重要形式，在煤炭、水泥等产品的流通中已经表现出较大的优势。

2.加工和配套结合

"配套"是指对使用上有联系的用品集合成套地供应给用户使用。例如，方便食品的配套。当然，配套的主体来自各个生产企业，如方便食品中的方便面，就是由其生产企业配套生产的。但是，有的配套不能由某个生产企业全部完成，如方便食品中的盘菜、汤料等。这样，在物流企业进行适当的流通加工，可以有效地促成配套，大大提高流通加工作为供需桥梁与纽带的能力。

3.加工和运输线路结合

我们知道，流通加工能有效衔接干线运输和支线运输，促进两种运输形式的合理化。利用流通加工，在支线运输转干线运输或干线运输转支线运输等这些必须停顿的环节，不进行一般的支转干或干转支，而是按干线运输或支线运输的合理要求进行适当加工，从而大大提高运输及运输转载水平。

4.加工和合理商流结合

流通加工也能起到促进销售的作用，从而使商流合理化，这也是流通加工合理化的方向之一。加工和配送相结合，通过流通加工，提高了配送水平，促进了销售，促使加工与商流合理相结合。此外，通过简单地改变包装加工形成方便的购买量，通过组装加工解决用户使用前进行组装、调试的困难，都是有效促进商流的很好例证。

5.加工和节约结合

节约能源、节约设备、节约人力、减少耗费是流通加工合理化重要的考虑因素，也是目前我国设置流通加工并考虑其合理化的较普遍形式。

对于流通加工合理化的最终判断，是看其是否能实现社会和企业本身的两个效益，而且是否取得了最优效益。流通企业更应该树立社会效益第一的观念，以实现产品生产的最终利益为原则，只有在生产流通过程中以不断补充、完善为己任的前提下才有生存的价值。如果只是追求企业的局部效益，不适当地进行加工，甚至与生产企业争利，这就有违于流通加工的初衷，或者其本身已不属于流通加工的范畴。

四、流通加工的成本

（一）主要构成

（1）流通加工设备费用：流通加工设备购置费用。

（2）流通加工材料费用：流通加工过程中需要消耗一些材料的费用。

（3）流通加工劳务费用：流通加工过程中从事加工活动的管理人员、

工人及有关人员工资、奖金等费用的总和。

（4）流通加工其他费用：流通加工中耗用的电力、燃料、油料等费用。

（二）流通加工成本项目和内容

（1）直接材料费。流通加工的直接材料费用是指对流通加工在产品加工过程中直接消耗的材料、辅助材料、包装材料以及燃料和动力等费用。与工业企业相比，在流通加工过程中的直接材料费用，占流通加工成本的比例不大。

（2）直接人工费用。流通加工成本中的直接人工费用，是指直接进行加工生产的生产工人的工资总额和按工资总额提取的职工福利费。生产工人工资总额包括计时工资、计件工资、奖金、津贴和补贴、加班工资、非工作时间的工资等。

（3）制造费用。流通加工制造费用是物流中心设置的生产加工单位为组织和管理生产加工所产生的各项间接费用。主要包括流通加工生产单位管理人员的工资及提取的福利费，生产加工单位房屋、建筑物、机器设备等的折旧和修理费，生产单位固定资产租赁费，机物料消耗、低值易耗品摊销，取暖费，水电费，办公费，差旅费，保险费，试验检验费，季节性停工和机器设备修理期间的停工损失以及其他制造费用。

（三）流通加工成本项目的归集

（1）直接材料费用的归集。直接材料费用中，材料和燃料费用数额是根据全部领料凭证汇总编制的"耗用材料汇总表"确定的；外购动力费用是根据有关凭证确定的。

在归集直接材料费用时，凡能分清某一成本计算对象的费用，应单独列出，以便直接计入该加工对象的成本计算单中；属于几个加工成本对象共同耗用的直接材料费用，应当选择适当的方法，分配计入各加工成本计算对象的成本计算单中。

（2）直接人工费用的归集。计入成本中的直接人工费用的数额，是根据当期"工资结算汇总表"和"职工福利费计算表"来确定的。

"工资结算汇总表"是进行工资结算和分配的原始依据。它是根据"工资结算单"按人员类别（工资用途）汇总编制的。"工资结算单"应当依据职工工作卡片、考勤记录、工作量记录等工资计算的原始记录编制。

"职工福利费计算表"是依据"工资结算汇总表"确定的各类人员工资总额，按照规定的提取比例计算后编制的。

（3）制造费用的归集。制造费用是通过设置制造费用明细账，按照费用发生的地点来归集的。制造费用明细账按照加工生产单位开设，并按费用明细账项目设专栏组织核算。流通加工制造费用表的格式可以参考工业企业的制造费用表的一般格式。由于流通加工环节的折旧费、固定资产修理费等占成本比例较大，其费用归集尤其重要。

（四）流通加工成本分析的常用方法

（1）比较分析法：通过指标对比，从数量上确定差异的一种分析方法。

（2）比率分析法：通过计算和对比经济指标的比率进行数量分析的一种方法。

（3）连环替代法：用来计算几个相互联系的因素对综合经济指标变动影响程度的一种分析方法。

（4）差额计算法：是连环替代法的一种简化形式。

（五）流通加工成本表的结构和编制方法

物流配送企业月末应编制流通加工成本计算表，以反映配送总成本和单位成本。配送环节的流通加工成本是指在成本计算期内计算对象的成本总额，即各个成本项目金额的总和。

流通加工成本表分为基本报表和补充资料两部分。

基本报表部分：反映各种可比和不可比产品本月及本年累计的实际加工量、实际单位加工成本和实际加工总成本。可比产品是指流通加工中心过去曾经加工过，有完整的成本资料可以进行比较的产品；不可比产品是指流通加工中心过去未曾经加工过，或缺乏可比的成本资料的产品。

补充资料部分：填列本年累计实际数。

可比产品加工成本降低额=可比产品按上年实际平均单位加工成本计算的总成本－可比产品本年累计实际总成本。

可比产品加工成本降低率=可比产品加工成本降低额÷可比产品按上年实际平均单位加工成本计算的总成本。

流通加工成本表的分析是对全部流通加工成本计划的完成情况进行总括评价。通过总评价，一是对流通加工中心全部产品加工成本的完成情况有个总体的了解；二是通过对影响计划完成因素的初步分析，为进一步分析指出方向。

# 本章小结

本章第一节介绍了包装的概念、要素、功能、分类、技巧、材料；概括地介绍了包装产品的种类，包装所用的设备以及包装工序；指出了包装在营销中的作用；给出了一些包装上常见的警示标语；最后，对包装工作的策划和设计流程进行了简单的介绍。

包装是在流通过程中保护产品，方便储运，促进销售，按一定的技术方法所用的容器、材料和辅助物等的总体名称；也指为达到上述目的在采用容器、材料和辅助物的过程中施加一定技术方法等的操作活动。

包装要素有包装对象、材料、造型、结构、防护技术、视觉传达等。商品包装应该包括商标或品牌、形状、颜色、图案和材料等要素。包装是实现商品价值和使用价值，并增加商品价值的一种手段，能够保护商品，给流通环节贮、运、调、销带来方便，具有美化商品、吸引顾客的功能，有利于商品促销。包装按照不同的标准可以分为不同的种类。在对一些具体商品进行包装时需要采取一定的包装技巧。包装过程中所用的包装材料也是多种多样的，制作出的包装产品也丰富多彩，内包装、中包装和外包装根据各自的功能有不同的材质要求。包装机械种类众多，可分为包装前机械、包装中机械以及包装后机械，而从功能及包装材料上分，更是可分成多种具体的机械类型，包括纸箱加工机械，软包加工机械、彩盒加工机械、印刷设备类、包装机械以及其他自动化控制、检测设备。包装在营销中有保护产品、促进销售和增加利润的作用。包装上会经常用到警示语，包括指示标志和警告标志，指示性标志通常用图形和文字表示出来，是根据货物装卸、存放、运输等方面所提出的要求及需要注意的有关事项；警告性标志是根据某些危险特征如易燃、易爆等，在货物包装上印制的图形和文字。它能帮助有关人员采取防护措施，确保货物的完好无损以及人身安全。所以明白警示语的内涵在运输作业中有着重要意义。一个好的包装必须有系统的操作流程，包括包装策划和包装设计再生产。包装设计首先要对商品包装有准确的市场定位、消费者定位和设计风格定位。包装设计还要注意策略，包括营销策略、品牌策略和环保策略。包装设计流程包括市场调研与分析，设计创意与草图，设计效果与制作等环节。

第二节给出了包装合理化的定义，指出了包装合理化的主要表现和包装合理化的要求；概括介绍了合理化包装的设计方法和要求，对包装合理化管理提出了一些可行性措施，明确了包装合理化的策略，最后提出了绿色包装的概念。

包装合理化，是指在包装过程中使用适当的材料和适当的技术，制成与物品相适应的容器，节约包装费用，降低包装成本，既满足包装保护商品、方便储运、有利销售的要求，又要提高包装的经济效益的包装综合管理活动。合理化的包装表现出轻薄化、单纯化、机械化与自动化的特点，在包装中注意符合集装单元化和标准化的要求，注意与其他环节的配合，有利于环保。包装合理化一方面包括包装总体的合理化，这种合理化往往用整体物流效益与微观包装效益的统一来衡量，另一方面也包括包装材料、包装技术、包装方式的合理组合及运用。在对包装进行设计时，要深入了解产品因素和物流因素，了解流通环境和运输目的地，注意包装与物流功能间的平衡；要求掌握流通实况，发挥最经济的保护功能，实行包装标准化，协调与生产的关系，注意装卸及开启的方便性。包装合理化管理中应广泛采用先进的包装技术，由一次性包装向反复使用的周转包装发展，采用组合单元装载技术，推行包装标准化，适当采用无包装的物流形态。影响包装的主要因素有装卸、保管、运输三个方面，在包装合理化的决策的时候要充分考虑这三个方面。绿色包装设计是以环境和资源为核心概念的包装设计过程。绿色包装需要考虑三方面的要素，即材料要素、外形要素和技术要素。

第三节介绍了流通加工的内涵、目的、内容和作用，分析了流通加工的类型，产生的原因以及流通加工的特点。

流通加工是物品从生产地到使用地的过程中，根据需要施加包装、分割、计量、分拣、刷标志、拴标签、组装等简单作业的总称。流通加工的目的是适应多样化的客户的需求；在食品方面，可以通过流通加工来保持并提高其保存机能；提高商品的附加值；规避风险，推进物流系统化。流通加工包括食品的流通加工、消费资料的流通加工和生产资料的流通加工。流通加工的作用有：提高原材料利用率；方便用户；提高加工效率及设备利用率。流通加工有效地完善了流通，是物流的重要利润来源，是重要的加工形式。根据不同的目的，流通加工同的类型与现代生产方式有关；流通加工不仅是大工业的产物，也是网络经济时代服务社会的产物；流通加工的出现还与人们对流通作用的观念转变有关；效益观念的树立也是促使流通加工形式得以发展的重要原因。与生产加工相比较，流通加工具有一定的特点。流通加工的对象是商品，生产加工的对象不是商品，而是原材料、零配件或半成品；

流通加工大多是简单加工，是对生产加工的一种辅助及补充；流通加工的目的在于不做大的改变的情况下完善商品的使用价值；流通加工的组织者是从事流通工作的人员，能密切结合流通的需要进行加工活动；流通加工的一个重要目的是为了消费（或再生产）所进行的加工，这一点与商品生产有共同之处。

第四节明确了流通加工合理化的含义，指出了不合理流通加工的形式特点，提出了实现合理化流通加工的途径，阐述了流通加工成本的构成，并介绍了成本分析的方法。

流通加工合理化指实现流通加工的最优配置，不仅要做到避免各种不合理流通加工，使流通加工有存在的价值，而且要综合考虑流通加工与配送、运输、商流等的有机结合，做到最优，以达到最佳的流通加工效益。不合理的流通加工形式表现为流通加工地点设置的不合理，流通加工方式选择不当，流通加工作用不大，形成多余环节，流通加工成本过高，效益不好等。要实现流通加工的合理化，可以考虑加工和配送结合，加工和配套结合，加工和合理运输结合，加工和合理商流结合，加工和节约结合。流通加工的成本主要由流通加工设备费用、材料费用、劳务费用以及其他费用构成。流通加工成本的分析方法主要有比较分析法、比率分析法、连环替代法和差额计算法。流通加工成本表分为基本报表和补充资料两部分。

# 第六章

## 电子商务配送与配送中心

# 第一节 配送的概念及分类

一、配送的概念

配送是指在经济合理范围内，根据客户要求，对物品进行拣选、加工、包装、分割、组配等作业，并按时送达指定地点的物流活动。配送是物流中一种特殊的、综合的活动形式，是商流与物流的紧密结合，包含了商流活动和物流活动，也包含了物流中若干功能要素的一种形式。

总的来说，配送是物流活动中一种非单一的业务形式，它与商流、物流、资金流紧密结合，并且主要包括了商流活动、物流活动和资金流活动，可以说它是包括了物流活动中大多数必要因素的一种业务形式。从物流来讲，配送几乎包括了所有的物流功能要素，是物流的一个缩影或在某小范围内中物流全部活动的体现。一般的配送集装卸、包装、保管、运输于一身，通过这一系列活动完成将货物送达目的地。特殊的配送则还要以加工活动为支撑，所以包括的方面更广。但是，配送的主体活动与一般物流有不同，一般物流是运输及保管，而配送则是运输及分拣配货，分拣配货是配送的独特要求，也是配送中有特点的活动，以送货为目的的运输则是最后实现配送的主要手段，从这一主要手段出发，常常将配送简化地看成运输中的一种。

从商流来讲，配送和物流的不同之处在于，物流是商物分离的产物而配送则是商物合一的产物，配送本身就是一种商业形式。虽然配送具体实施时也有以商物分离形式实现的，但从配送的发展趋势看，商流与物流越来越紧密地结合是配送成功的重要保障。可以从两个方面认识配送的概念：

第一，从经济学资源配置的角度，对配送在社会再生产过程中的位置和配送的本质行为予以表述：配送是以现代送货形式实现资源的最终配置的经济活动。这个概念的内涵可概括为四点：

（1）配送是资源配置的一部分，根据经济学家的理论认识，因而是经济体制的一种形式。

（2）配送的资源配置作用，是"最终配置"，它是接近顾客的配置。接近顾客是经营战略至关重要的内容。

（3）配送的主要经济活动是送货，这里面强调现代送货，表述了和我国旧式送货的区别，其区别以"现代"两字概括，即现代生产力、劳动手段支撑的，依靠科技进步的，实现"配"和"送"有机结合的一种方式。

（4）配送在社会再生产过程中的位置，是处于接近用户的一段流通领域，因而有其局限性，配送是一种重要的方式，有其战略价值，但是它并不能解决流通领域的所有问题。

第二，从配送的实施形态角度，可表述为：按用户订货要求，在配送中心或其他物流结点进行货物配备，并以最合理方式送交用户。这个概念的内容可概括为五点：

（1）整个概念描述了接近用户资源配置的全过程。

（2）配送实质是送货。配送是一种送货，但和一般送货有区别：一般送货可以是一种偶然的行为，而配送却是一种固定的形态，甚至是一种有确定组织、确定渠道，有一套装备和管理力量、技术力量，有一套制度的体制形式。所以，配送是高水平的送货形式。

（3）配送是一种"中转"形式。配送是从物流节点至用户的一种特殊送货形式。从送货功能看，其特殊性表现为：从事送货的是专职流通企业，而不是生产企业；配送是"中转"型送货，而一般送货尤其从工厂至用户的送货往往是直达型；一般送货是生产什么送什么，配送则是企业需要什么送什么。所以，要做到需要什么送什么，就必须在一定中转环节筹集这种需要，从而使配送必然以中转形式出现。当然，广义上，许多人也将非中转型送货纳入配送范围，将配送外延从中转扩大到非中转，仅以"送"为标志来划分配送外延，也是有一定道理的。

（4）配送是"配"和"送"有机结合的形式。配送与一般送货的重要区别在于，配送利用有效的分拣、配货等理货工作，使送货达到一定的规模，以利用规模优势取得较低的送货成本。如果不进行分拣、配货，有一件运一件，需要一点送一点，这就会大大增加动力的消耗，使送货并不优于取货。所以，追求整个配送的优势，分拣、配货等工作是必不可少的。

（5）配送以用户要求为出发点。在定义中强调"按用户的订货要求"明确了用户的主导地位。配送是从用户利益出发、按用户要求进行的一种活动，因此，在观念上必须明确"用户第一""质量第一"，配送企业的地位是服务地位而不是主导地位，因此不能从本企业利益出发而应从用户利益出发，在满足用户利益的基础上取得本企业的利益。更重要的是，不能利用配送损伤或控制用户，不能利用配送作为部门分割、行业分割、割据市场的手段。

概念中"以最合理方式"的提法是基于这样一种考虑：过分强调"按用户要求"是不妥的，用户要求受用户本身的局限，有时实际会损失自我或双方的利益。对于配送者来讲，必须以"要求"为据，但是不能盲目，应该追求合理性，进而指导用户，实现共同受益的商业原则。这个问题近些年国外的研究著作也常提到。

二、配送的特点

配送需要强烈依靠信息网络技术来实现，它包括以下特点：

1.配送不仅仅是送货

配送业务中，除了送货，在活动内容中还有"拣选""分货""包装""分割""组配""配货"等工作，这些工作难度很大，必须具有发达的商品经济和现代的经营水平才能做好。在商品经济不发达的国家及历史阶段，很难按用户要求实现配货，要实现广泛的、高效率的配货就更加困难。因此，一般意义的送货和配送存在着时代的差别。

2.配送是送货、分货、配货等活动的有机结合

配送是许多业务活动有机结合的整体，同时还与订货系统紧密联系。要实现这一点，就必须依赖现代情报信息，建立和完善一个大系统，使其成为一种现代化的作业系统。这是以往的送货形式无法比拟的。

3.配送的全过程有现代化技术和装备的保证

由于现代化技术和装备的采用，使配送在规模、水平、效率、速度、质量等方面远远超过以往的送货形式。在活动中，由于大量采用各种传输设备及识码、拣选等机电装备，使得整个配送作业像工业生产中广泛应用的流水线，实现了流通工作的一部分工厂化。因此，可以说，配送也是科学技术进步的一个产物。

4.配送是一种专业化的流动分工方式

以往的送货形式只是作为推销的一种手段，目的仅仅在于多销售一些商品。而配送则是一种专业化的流动分工方式，是大生产、专业化分工在流通领域的体现。因此，如果说一般的送货是一种服务方式的话，配送则可以说是一种体制形式。

三、配送的分类

（1）按实施配送的结点不同可以分为：①配送中心配送；②仓库配送；③商店配送。

（2）按商品种类和数量的多少可以分为：①单（少）品种大批量配送；②多品种少批量配送；③配套（成套）配送。

（3）按配送时间和数量多少可以分为：①定时配送；②定量配送；③定时定量配送；④定时定路线配送；⑤即时配送。

（4）按经营形式的不同可以分为：①销售配送；②供应配送；③销售—供应—体化配送；④代存代供配送。

四、配送的要素

1.集货

集货是将分散的或小批量的物品集中起来，以便进行运输、配送的作业。

集货是配送的重要环节，为了满足特定客户的配送要求，有时需要把从几家甚至数十家供应商处预订的物品集中，并将要求的物品分配到指定容器或场所。

集货是配送的准备工作或基础工作，配送的优势之一，就是可以集中客户进行一定规模的集货。

2.分拣

分拣是将物品按品种、出入库先后顺序进行分门别类堆放的作业。

分拣是配送不同于其他物流形式的功能要素，也是配送成败的一项重要支持性工作。它是完善送货、支持送货的准备性工作，是不同配送企业在送货时进行竞争和提高自身经济效益的必然延伸。所以，也可以说分拣是送货向高级形式发展的必然要求。有了分拣，就会大大提高送货的服务水平。

3.配货

配货是使用各种拣选设备和传输装置，将存放的物品，按客户要求分拣出来，配备齐全，送入指定收货地点。

4.配装

在单个客户配送数量不能达到车辆的有效运载负荷时，就存在如何集中不同客户的配送货物，进行搭配装载以充分利用运能、运力的问题，这就需要配装。跟一般送货不同之处在于，通过配装送货可以大大提高送货水平及降低送货成本，所以配装也是配送系统中有现代特点的功能要素，也是现代配送不同于以往送货的重要区别之一。

5.配送运输

配送运输中的末端运输、支线运输和一般运输形态的主要区别在于：

配送运输是较短距离、较小规模、额度较高的运输形式，一般使用汽车做运输工具。与干线运输的另一个区别是，配送运输的路线选择问题是一般干线运输所没有的，干线运输的干线是唯一的运输线，而配送运输由于配送客户多，一般城市交通路线又较复杂，如何组合成最佳路线，如何使配装和路线有效搭配等，是配送运输的特点，也是难度较大的工作。

6.送达服务

将配好的货运输到客户地点还不算配送工作的结束，这是因为送达货和客户收货往往还会出现不协调，使配送前功尽弃。因此，要圆满地实现运到之货的移交，并有效地、方便地处理相关手续并完成结算，还应讲究卸货地点、卸货方式等。送达服务也是配送独具的特殊性。

7.配送加工

配送加工是按照配送客户的要求所进行的流通加工。

在配送中，配送加工这一功能要素不具有普遍性，但往往是有重要作用的功能要素。这是因为通过配送加工，可以大大提高客户的满意程度。配送加工是流通加工的一种，但配送加工有它不同于流通加工的特点，即配送加工一般只取决于客户要求，其加工的目的较为单一。

五、配送流程

（1）备货。包括筹集货源、订货或购货、集货、进货以及有关验货、交接、结算等。备货是配送的基础，它可以集中不同客户的需求统一备货，从而在一定程度上取得规模效益，降低进货成本。

（2）储存。配送中的储存有储备和暂存两种形式。配送储备是为了保证配送稳定性的周转储备和风险储备，一般数量较大，储备结构也较完善。暂存是配送时按分拣配货要求，在理货场地的少量备货。

（3）配货。是按照不同客户的要求，对货物进行分拣、分类、匹配的作业。配货是配送不同于其他物流功能的独特之处。也是配送过程中的关键环节。配货水平的高低关系整个配送系统的效率和水平。

（4）配装。是按照车辆有效负荷进行搭配装载。对于不同客户和不同的货物，按照送达的时间、地点、线路进行合理配装，可以提高车辆的载货效率和运输效率，从而提高送货水平降低送货成本。

（5）送货。是把货物送达客户指定的场所。送货是一种联结客户的末端运输。主要使用汽车运输工具。由于配送客户多，城市交通路线比较复杂，如何使配装和路线有效组合，是提高配送运输效率，减少汽车公害的关键。送货不单纯是把货物运抵客户，还包括圆满的移交、卸货、堆放等服务以及处理相关手续和结算等。

配送的一般流程比较规范，但并不是所有的配送都按上述流程进行。不同产品的配送可能有独特之处，如燃料油配送就不存在配货、分放、配装工序，水泥及木材配送又多出了一些流通加工的过程，而流通加工又可能在不同环节出现。

配送主要涉及从供应链的制造商到终端客户的运输和储存活动。运输的功能在于完成产品在空间上的物理转移，克服制造商与客户之间的空间距离，从而产生空间效用；而储存的功能就是将产品保存起来，克服产品供应与需求在时间上的差距，创造时间效用。所以，配送创造了时间效用和空间效用。

六、配送的意义和作用

1.完善输送及整个物流系统

第二次世界大战之后，由于大吨位、高效率运输力量的出现，使干线运输无论在铁路、海运抑或公路方面都达到了较高水平，长距离、大批量的运输实现了低成本化。但是，在所有的干线运输之后，往往都要辅以支线运输或小搬运，这种支线运输及小搬运成了物流过程的一个薄弱环节。这个环节和干线运输有许多不同的特点，如要求灵活性、适应性、服务性，往往使运力利用不合理、成本过高等问题难以解决。采用配送方式，从范围来讲将支线运输及小搬运统一起来，加上上述的各种优点，使输送过程得以优化和完善。

## 2.提高末端物流的效益

采用配送方式，通过增大经济批量来达到经济地进货，又通过将各种商品用户集中进行一次发货，代替分别向不同用户小批量发货来达到经济地发货，使末端物流经济效益提高。

## 3.通过集中库存使企业实现低库存或零库存

实现了高水平的配送之后，尤其是采取准时配送方式之后，生产企业可以完全依靠配送中心的准时配送而不需保持自己的库存。或者，生产企业只需保持少量保险储备而不必留有经常储备，这就可以实现生产企业多年追求"零库存"，将企业从库存的包袱中解脱出来，同时解放出大量储备资金，从而改善企业的财务状况。实行集中库存，集中库存的总量远远低于不实行集中库存时各企业分散库存的总量。同时增加了调节能力，也提高了社会经济效益。此外，采用集中库存是可利用规模经济的优势，使单位存货成本下降。

## 4.简化事务，方便用户

采用配送方式，用户只需向一处订购，或和一个进货单位联系就可订购到以往需去许多地方才能订到的货物，只需组织对一个配送单位的接货便可代替现有的高频率接货，因而大大减轻了用户的工作量和负担，也节省了事务开支。

## 5.提高供应保证程度

用生产企业自己保持库存，维持生产，供应保证程度很难提高（受到库存费用的制约），采用配送方式，配送中心可以比任何单位企业的储备量更大，因而对每个企业而言，中断供应、影响生产的风险便相对缩小，使用户免去短缺之忧。

## 七、配送合理化的标志

对于配送合理化与否的判断，是配送决策系统的重要内容。目前，国内外尚无一定的技术经济指标体系和判断方法，按一般认识，以下若干标志是应当纳入的。

（一）库存标志

库存标志是判断配送合理与否的重要标志。具体指标有以下两个：

1. 库存总量

库存总量在一个配送系统中，从分散于各个用户转移给配送中心，配送中心库存数量加上各用户在实行配送后库存量之和应低于实行配送前各用户库存量之和。

此外，从各个用户角度判断，各用户在实行配送前后的库存量比较，也是判断合理与否的标准，某个用户上升而总量下降，也属于一种不合理。

库存总量是一个动态量，上述比较应当是在一定经营量的前提下。在用户生产有发展之后，库存总量的上升则反映了经营的发展，必须扣除这一因素，才能对总量是否下降作出正确判断。

2. 库存周转

由于配送企业的调剂作用，以低库存保持高的供应能力，库存周转一般总是快于原来各企业库存周转。

此外，从各个用户角度进行判断，各用户在实行配送前后的库存周转比较，也是判断合理与否的标志。

为取得共同比较基准，以上库存标志，都以库存储备资金计算，而不以实际物资数量计算。

（二）资金标志

总的来讲，实行配送应有利于资金占用降低及资金运用的科学化。具体判断标志如下：

1. 资金总量

用于资源筹措所占用的流动资金总量，随储备总量的下降及供应方式的改变必然有一个较大的降低。

2. 资金周转

就资金运用来讲，由于整个节奏加快，资金充分发挥作用，同样数量的资金，过去需要较长时期才能满足一定供应要求，配送之后，在较短时期内就能达此目的。所以资金周转是否加快，是衡量配送合理与否的标志。

3.资金投向的改变

资金是分散投入还是集中投入，是资金调控能力的重要反映。实行配送后，资金必然应当从分散投入改为集中投入，以能增加调控作用。

（三）成本和效益标志

总效益、宏观效益、微观效益、资源筹措成本都是判断配送合理化的重要标志。对于不同的配送方式，可以有不同的判断侧重点，例如，配送企业、用户都是各自独立的以利润为中心的企业，不但要看配送的总效益，还要看对社会的宏观效益及两个企业的微观效益，不顾及任何一方，必然出现不合理。又如，如果配送是由用户集团自己组织的，配送主要强调保证能力和服务性，那么，效益主要从总效益、宏观效益和用户集团企业的微观效益来判断，不必过多顾及配送企业的微观效益。

由于总效益及宏观效益难以计量，在实际判断时，常按国家政策进行经营，完成国家税收及配送企业及用户的微观效益来判断。

对于配送企业而言（投入确定了的情况下），企业利润则反映配送的合理化程度。

对于用户企业而言，在保证供应水平或提高供应水平（产出一定）前提下，供应成本的降低，反映了配送的合理化程度。

成本及效益对合理化的衡量，还可以具体到储存、运输等配送环节，使判断更为精细。

（四）供应保证标志

实行配送，各用户的最大担心是害怕供应保证程度降低，这是心态问题，也是承担风险的实际问题。

配送的重要一点是必须提高而不是降低对用户的供应保证能力，才算做到合理。供应保证能力可以从以下三方面判断：

1. 缺货次数

实行配送后，对各用户来讲，该到货而未到货以致影响用户生产及经营的次数，必须下降才算合理。

2. 配送企业集中库存量

对每一个用户来讲，其数量所形成的保证供应能力高于配送前单个企业的保证程度，从供应保证来看才算合理。

3. 即时配送的能力及速度

这是用户出现特殊情况的特殊供应保障方式，这一能力必须高于配送前用户紧急进货能力及速度才算合理。

特别需要强调一点，配送企业的供应保障能力，是一个科学的、合理的概念，而不是无限的概念。具体来讲，如果供应保障能力过高，超过了实际的需要，属于不合理。所以追求供应保障能力的合理化也是有限度的。

（五）社会运力节约标志

末端运输是目前运能、运力使用不合理，浪费较大的领域，因而人们寄希望于配送来解决这个问题。这也成了配送合理化的重要标志。

运力使用的合理化是依靠送货运力的规划和整个配送系统的合理流程及与社会运输系统合理衔接实现的。送货运力的规划是任何配送中心都需要花力气解决的问题，而其他问题有赖于配送及物流系统的合理化，判断起来比较复杂。可以简化判断如下：

（1）社会车辆总数减少，而承运量增加为合理；

（2）社会车辆空驶减少为合理；

（3）一家一户自提自运减少，社会化运输增加为合理。

（六）用户企业仓库、供应、进货人力物力节约标志

配送的重要观念是以配送代劳用户。因此，实行配送后，各用户库存量、仓库面积、仓库管理人员减少为合理；用于订货、接货、搞供应的人应减少才为合理。真正解除了用户的后顾之忧，配送的合理化程度达到了一个

高水平。

（七）物流合理化标志

配送必须有利于物流合理化。这可以从以下七方面判断：

（1）是否降低了物流费用；

（2）是否减少了物流损失；

（3）是否加快了物流速度；

（4）是否发挥了各种物流方式的最优效果；

（5）是否有效衔接了干线运输和末端运输；

（6）是否不增加实际的物流中转次数；

（7）是否采用了先进的技术手段。

物流合理化是配送要解决的大问题，也是衡量配送本身的重要标志。

# 第二节 电子商务物流配送合理化

一、电子商务物流配送

电子商务物流配送是指物流配送企业采用网络化的计算机技术和现代化的硬件设备、软件系统及先进的管理手段，针对社会需求，严格地、守信用地按用户的订货要求，进行一系列分类、编码、整理、配货等理货工作，定时、定点、定量地交货给没有超过范围限度的各类用户，满足其对商品的需求。这种新型的物流配送模式带来了流通领域的巨大变革，越来越多的企业开始积极搭乘电子商务快车，采用电子商务物流配送模式。

二、电子商务物流配送的特点

与传统的物流配送相比，电子商务物流配送具有以下特点：

1. 电子商务物流配送具有虚拟性

电子商务物流配送的虚拟性来源于网络的虚拟性。通过借助现代计算机技术，配送活动已由过去的实体空间拓展到了虚拟网络空间，实体作业节点可以虚拟信息节点的形式表现出来；实体配送活动的各项职能和功能可在计算机上进行仿真模拟，通过虚拟配送，找到实体配送中存在的不合理现象，从而进行组合优化，最终使实体配送过程达到效率最高、费用最少、距离最短、时间最少的目标。

2. 电子商务物流配送具有实时性

虚拟性的特性不仅能够有助于辅助决策，让决策者获得高效的决策信息支持，还可以实现对配送过程实时管理。配送要素数字化、代码化之后，突破了时空制约，配送业务运营商与客户均可通过共享信息平台获取相应的配送信息，从而最大程度地减少各方之间的信息不对称，有效地缩小了配送活动过程中的运作不确定性与环节间的衔接不确定性，打破以往配送途中"失控"状态，做到全程"监控配送"。

3. 电子商务物流配送具有个性化

个性化配送是电子商务物流配送的重要特性之一。作为末端运输的配送服务，所面对的市场需求是"多品种、少批量、多批次、短周期"的，小规模的频繁配送将导致配送企业的成本增加，这就必须寻求新的利润增长点，而个性化配送正是这样一个开采不尽的"利润源泉"。电子商务物流配送的个性化体现为"配"的个性化和"送"的个性化。"配"的个性化主要指通过配送企业在流通节点（配送中心）根据客户的指令对配送对象进行个性化流通加工，从而增加产品的附加价值；"送"的个性化主要是指依据客户要求的配送习惯、喜好的配送方式等为每一位客户制订合理的配送方案。

4. 电子商务物流配送具有增值性

除了传统的分拣、备货、配货、加工、包装、送货等作业以外，电子商务物流配送的功能还向上游延伸到市场调研与预测、采购及订单处理，向下延伸到物流咨询、物流方案的选择和规划，库存控制决策，物流教育与培训等附加功能，从而为客户提供具有更多增值性的物流服务。

三、电子商务环境下物流配送趋势

1.物流配送信息化

物流配送信息化表现为物流配送信息的商品化、信息收集的数据库化和代码化、信息处理的电子化和计算机化、信息传递的标准化和实时化、信息存储的数字化等。条码技术（Bar Code）、数据库技术（Database）、电子订货系统（Electronic Ordering System，EOS）、电子数据交换（Electronic Data Interchange，EDI）、快速反应（Quick Response，QR）及有效的客户反映（Effective Customer Response，ECR）、企业资源计划（Enterprise Resource Planning，ERP）等在物流管理中得到广泛应用。没有物流的信息化，任何先进的设备都不可能应用于物流领域，信息技术在物流中的应用将会彻底改变世界物流的面貌。

2.物流配送自动化

自动化的基础是信息化，自动化的核心是机电一体化，自动化的外在表现是无人化，自动化的效果是省力化，另外还可以扩大物流作业能力、提高劳动生产率、减少物流作业的差错等。物流自动化有条码/语音/射频自动识别系统、自动分拣系统、自动存取系统、自动导向系统、货物自动跟踪系统等。这些设施在发达国家已普遍用于物流作业流程中，而在我国由于物流业起步晚，发展水平低，自动化技术的普及还需相当长的时间。

3.物流配送网络化

物流领域网络化的基础也是信息化，这里指的网络化有两层含义：一是物流配送系统的计算机通信网络，包括物流配送中心与供应商或制造商的联系要通过计算机网络，另外，与下游顾客的联系也要通过计算机网络通信，比如配送中心向供应商提出订单这个过程，就可以使用计算机通信方式，借助于增值网（Value Added Network，VAN）上的电子订货系统（EOS）和电子数据交换技术（EDI）来自动实现，物流配送中心通过计算机网络收集下游客户的订货的过程也可以自动完成；二是组织网络化及所谓的企业内部网络（Intranet）。如台湾电脑业90年代创造的"全球运筹式产销模式"，其基本点是按照客户订单组织生产，生产采取分散形式，将全世界的电脑资源都利用起来，采取外包的形式将一台电脑的所有零部件、元器件、芯片外包给世界各地的制造商去生产，然后通过全球的物流网络将这些零部件、元器件和芯片发往同一个物流配送中心进行组装，由该物流配送中心将组装的电脑迅速发给客户。

物流配送的网络化石物流信息化的必然，是电子商务下物流配送活动的主要特征之一。全球网络资源的可用性及网络技术的普及为物流的网络化提供了良好的外部环境，物流网络化不可阻挡。

4.物流配送智能化

这是物流配送自动化信息化的一种高层次应用。物流配送作业过程大量的运筹和决策，如库存水平的确定、运输搬运路径的选择、自动导向车的运行轨迹和作业控制、自动分拣机的运行、物流配送中心经营管理的决策支持等问题都需要借助于大量的知识来解决。在物流自动化的进程中，物流智能化是不可回避的技术难题。目前，专家系统、机器人等相关技术在国际上已经取得比较成熟的研究成果，物流智能化已经成为电子商务物流发展的一个新趋势。

5. 物流配送柔性化

柔性化原是生产领域为实现"以顾客为中心"而提出的，但要真正做到柔性化，即真正根据消费者需求的变化来灵活调节生产工艺，没有配套的柔性化的物流配送系统是不可能实现的。90年代以来，生产领域提出的FMS、CIMS、 MRP、ERP等概念和技术的实质就是将生产、流通进行集成，根据需求端的需求组织生产，安排物流活动。柔性化物流正是适应生产、流通与消费的需求而发展起来的新型物流模式。它要求物流配送中心根据消费需求

"多品种、小批量、多批次、短周期"的特点，灵活组织和实施物流作业。

四、电子商务环境下物流配送现状分析

（一）物流标准法规有待完善

综合来看，物流业的发展会涉及交通部、铁道部等，其业务发展中需联合交通运输部下属的航运、民航、邮政系统，所以会出现物流管理分散的现状，难以进行有效组织和统一规划，加之物流技术标准不统一，对物流配送业有制约影响。此外，出台物流法规是个漫长的过程，需要酝酿形成，显然无法与物流同步发展，这种现状下，无法形成一体化集成基础的物流系统，不能在物流、商流同步高效率的前提下促进电子商务的发展。新时期的电子商务物流配送是个"新事物"，与之相适应的法律制度尚不健全，如物流公司准入制度、财务会计制度等，加之对应物流法规颁布方面的滞后性，这显然使得电子商务物流配送模式的有效发展受到阻碍。

（二）物流基础设施不足

我国物流起步于 20 世纪 80 年代，加之物流专业人才的培养起步更晚，制约了物流业的发展，造成物资流通活动水平较低的现状。特别是当前大量、高效的物流需求，愈加暴露出了这种物流设施落后与专业人才不足的影响，如不合理的各种规模等级的物流配送中心比例、高速公路等级等，且缺乏与电子商务活动及物流管理理念的匹配设施，当前发展中，公路运输无疑是物流配送的最为依赖的交通方式，但是相关运输网络不够发达，显然也制约了物流配送业的发展。

（三）物流配送渠道、网络布局有待优化

当前电子商务企业对实体商品的配送渠道：一是采取多网点布局实现网上购物，接下来于最近商店付款取货，这样一来会增加企业的成本，因为需要增加足够多的实体网店数，当然也无法实现"门对门"形式的服务，显然无法体现电子商务本身的内涵。二是选择物流外包模式、签订配送协议等，这样就是将专业物流配送公司作为了中转站，将物流环节交由其来完成。这种做法早已有案例，阿里巴巴就曾与邮政局等合作，互相签订物流配送合同，使得后续的公司实物配送业务由第三方去完成，但此方式也并不是完善的，高度信息化的电子商务企业遇上了第三方信息化程度较弱的企业，显然很难完成信息共享、信息融合等合作过程，这样显然就减弱了对物流配送跟踪的监控能力，对于具体的物流环节，电子商务企业不能实现有效的监控。三是构建配送网络时选择自营物流模式来完成，在此基础上组建物流管理队伍，将企业发展中的后续配送业务实现独立完成，但成本过高是一大瓶颈，同时难以实现规模效应，欲要配送业务功能完善、布局合理，势必需要较大的成本。

（四）物流管理电子化、一体化程度亟待提高

3PL 形式的社会化物流是当前我国电子商务物流配送的一般模式，对于客户的个性化需求一般可以较好地满足，为实现物流配送的协同化，注重规模效应，显然需要电子化、一体化的物流配送管理，而这正是问题所在。我国一体化供应链管理还处于初级发展阶段，亟待改善物流配送网络的规模及布局，此外，物流信息的一致性、集成性等还较为欠缺，无法实现其共享特性、传播特性等，因为我国较少用到一些先进的物流自动化技术，如 Bar Code、GPS 等，而这确实与我国物流业起步晚有关，从而导致难以实现物流配送的精细化管理，影响了物流业的发展。

五、电子商务物流配送合理化对策

针对制约电子商务物流配送发展的因素，要实现其合理化应当从以下六方面入手：

1.完善适应电子商务需要的物流配送基础设施

建设和完善与电子商务物流配送相适应的基础设施关系到我国物流行业的发展水平和国际竞争力，毕竟随着电子商务在全球范围内展开，物流业必然跨越国界发展，国际化物流是物流业发展的方向。因此，必须努力推动国内物流标准与国际物流标准的接轨，包括物流术语标准化、物流条码标准化

和物流设备标准化。这要求政府相关部门及行业组织要在计量标准、技术标准、数据传输标准、物流作业和服务标准等方面做好基础工作。同时，在高速公路网络的建设与完善、物流配送中心的规划与管理等方面，政府应当加大投入力度，加强指导和管理，通过提供良好的服务与引导使基础设施的建设与完善得到落实。此外，公共信息交流平台也只有依靠政府和相关行业协会的支持和引导才能建立起来。

2.加强对电子商务物流配送体系建设的支持力度

为支持和推动电子商务物流配送行业的发展，政府应当在政策法规上加大支持力度。为改善条块分割的问题，首先，必须在政府的主导下建立统一管理和协调有序的全国性的或跨区域性的物流协调机构，由其承担组织协调职能，为统一协调管理物流行业创造条件。其次，必须规范电子商务物流配送发展的产业政策，以政府为主导并引导企业共同加大对电子商务物流配送行业的投资力度，统一进行发展规划，重点建设基于电子商务的物流配送基础设施，以此为基础建立起我国电子商务物流配送的实体网络，形成全社会的电子化物流配送系统。

3.加强软硬件建设，提高电子化集成化管理水平

电子商务物流配送的集成化管理水平依赖于物流配送各个环节软硬件的先进性以及它们之间的兼容性和良好衔接。为此，必须做到物流配送手段的机械化和现代化、物流配送管理的规范化和制度化、物流配送过程的信息化和自动化，这样电子商务物流配送的集成化管理水平才能真正提高。除了在管理方面应当建立、健全科学的管理体制，形成统一的程序和标准之外，先进技术的采用和管理策略的使用也非常重要。一般认为，物流信息收集的数据化和条码化、物流信息处理的电子化和计算机化、物流信息传递的标准化和适时化、物流信息存储的数字化等，是实现高水平集成化管理的关键环节。物流系统只有具有良好的信息处理和传输功能，快速、准确地对配送货物，进行实时跟踪，并及时提供反馈信息，才能做到统一有序的高效管理。

### 4.有效提高物流一体化水平

物流配送各个环节中物流系统的信息化水平，一定程度上决定了新时期电子商务物流配送的一体化管理水平，当然也与物流信息系统间的共享和融合集成能力相关。结合当前物流业的发展需要，应当及时实现物流配送业务的信息化、自动化以及对应的管理方面的规范化和制度化，体现其有效性，除此之外，也应当在配送手段方面实现现代机械化，三重作用下，方能真正实现一体化的电子商务配送模式，即集采集信息、传输、储存等于一体，使之对应涉及 GPS、数据库、EDI、条形码、射频标签等技术的自动化、数字化等。唯有具备一体化，物流系统方能实现供应链管理的高级物流模式，如CRP、VMI 抑或是 QR 等，才能更利于新时期物流业的持续高效发展。

### 5.合理化布局物流配送中心

基于电子商务的大力发展，近年来我国的连锁物流配送中心建设方面成效显著，也逐渐形成了相应的配送网络体系，虽说进步明显，但是仍然无法从真正意义上实现电子商务物流配送的要求。而不太合理的配送网点布局，则显然是其中最主要的问题。无法形成社会化形式的物流配送网络，究其原因为缺乏统一规划以及网点布局合理性欠缺，促使其难以共享物流资源等。对此，应发展规模效应较好的第三方物流网络，在对物流外部环境综合分析的前提下，应当及时对物流流向和流量需求等进行考虑，结合系统科学、运筹学等综合分析，最终实现对物流配送中心规模和网点布局的优化，促使物流配送中心的布局实现合理化，联系其社区、连锁便利店等，将物品送至最终消费者手中，从而最大化实现物流配送服务水平的提高。

### 6.大力培养高层次的电子商务物流配送人才

电子商务物流配送行业的发展关键还是要依靠高素质高层次人才的推动。为了适应电子商务时代物流配送行业的新要求，必须大力培养从事物流理论研究与实务的专门人才、懂得电子商务理论与实务的专门人才、既懂IT技术又懂电子商务的网络经济人才、既懂电子商务又懂现代物流的复合型人才。培养的途径和模式可以多种多样，职业教育、专业教育、岗位学习等方式都可以采用，但关键是与实际相结合，着重于实际运作能力的培养和操作经验的积累。虽然高层次电子商务物流配送人才的培育必然与我国电子商务物流配送行业发展的水平相关联，但明确的方向引导、市场需求的拉动、培训途径的科学完善都会起到有力的推动作用。

# 第三节 认识配送中心

一、配送中心

配送中心为常用名称，有多个意思，配送中心是接受并处理末端用户的订货信息，对上游运来的多品种货物进行分拣，根据用户订货要求进行拣选、加工、组配等作业，并进行送货的设施和机构，是从供应者手中接受多种大量的货物，进行倒装、分类、保管、流通加工和信息处理等作业，然后按照众多需要者的订货要求备齐货物，以令人满意的服务水平进行配送的设施和机构。

二、配送中心的作用和地位

配送中心在以下四个方面发挥较好的作用：

（1）减少交易次数和流通环节；

（2）产生规模效益；

（3）减少客户库存，提高库存保证程度；

（4）与多家厂商建立业务合作关系，能有效而迅速地反馈信息，控制商品质量。

配送中心的地位：配送中心是现代电子商务活动中开展配送活动的物质

技术基础。

三、配送中心的职能

（一）采购

配送中心必须首先采购所要供应配送的商品，才能及时准确无误地使生产企业或商业企业为其用户供应物资。配送中心应根据市场的供求变化情况，制订并及时调整统一的、周全的采购计划，并由专门的人员与部门组织实施。

（二）存储保管

储存，一是为了解决季节性货物生产计划与销售季节性的时间差问题，二是为了解决生产与消费之间的平衡问题。为保证正常配送的需要，满足用户的随机需求，在配送中心不仅应保持一定量的商品储备，而且要做好储存商品的保管保养工作，以保证储备商品的数量，确保质量完好。

配送中心的服务对象是数众多的生产企业和商业网点（如连锁店和超级市场），配送中心需要按照用户的要求及时将各种配装好的货物送交到用户手中，满足生产和消费需要。为了顺利有序地完成向用户配送商品的任务，而且为了能够更好地发挥保障生产和消费需要的作用，配送中心通常要兴建现代化的仓库并配备一定数量的仓储设备，存储一定数量的商品。某些区域性的大型配送中心和开展"代理交货"配送业务的配送中心，不但要在配送货物的过程中存储货物，而且它所存储的货物数量更大、品种更多。由于配送中心所拥有的存储货物的能力使得存储功能成为配送中心中仅次于组配功能和分送功能的重要功能之一。

（三）配组

由于每个用户企业对商品的品种、规格、型号、数量、质量、送达时间和地点等的要求不同，配送中心就必须按用户的要求对商品进行分拣和配组。配送中心的这一功能是其与传统的仓储企业的明显区别之一。这也是配送中心的最重要的特征之一，可以说，没有配组功能，就无所谓配送中心。

## （四）分拣

作为物流节点的配送中心，其为数众多的客户彼此差别很大。不仅各自的性质不同，而且经营规模也相差径庭。因此，在订货或进货时，不同的用户对于货物的种类、规格、数量会提出不同的要求。针对这种情况，为了有效地进行配送，即为了同时向不同的用户配送多种货物，配送中心必须采取适当的方式对组织来的货物进行拣选，并且在此基础上，按照配送计划分装和配装货物。这样，在商品流通实践中，配送中心就又增加了分拣货物的功能，发挥分拣的作用。

## （五）分装

从配送中心的角度来看，它往往希望通过采用大批量的进货来降低进货价格和进货费用；但是用户企业为了降低库存、加快资金周转、减少资金占用，则往往要采用小批量进货的方法。为了满足用户的要求，即用户的小批量、多批次进货，配送中心就必须进行分装。

## （六）集散

货物由几个公司集中到配送中心，再进行发运或向几个公司发运。凭借其特殊的地位以及拥有的各种先进的设施和设备，配送中心能够将分散在各个生产企业的产品集中到一起，然后经过分拣、配装向多家用户发运。集散功能也可以将其他公司的货物放入该配送中心来处理、发运，以提高卡车的满载率，降低费用成本。

## （七）流通加工

配送过程中，为解决生产中大批量、少规格和消费中的小批量、多样化要求的矛盾，按照用户对货物的不同要求对商品进行分装、配装等流通加工活动，也是配送中心功能之一。

## （八）送货

将配好的货物按到达地点或到达路线进行送货。运输车辆可以租用社会运输车辆或用自己的专业运输车队。

（九）传递

它为管理者提出更加准确、及时的配送信息，也是用户与配送中心联系的渠道。

（十）衔接

在生产过程中，不但是半成品还有原材料等都需要从各地运来，需要仓库储存，并对生产过程中的各道工序的物资进行配送。

（十一）服务

以顾客需要为导向，为满足顾客需要而开展配送服务。此外，配送中心还有如加工功能、运输功能、信息功能、管理功能等功能。每个配送中心一般都具有这些功能，根据对其中某一功能的重视程度不同，决定着该配送中心的性质，而它的选址、房室构造、规模和设施等也随之变化。

四、配送中心的定位

无论从现代物流学科建设方面还是从经济发展的要求方面来讲，都需要对配送中心这种经济形态有一个明确的定位。

（一）层次定位

配送中心在整个物流系统中，流通中心定位于商流、物流、信息流、资金流的综合汇集地，具有非常完善的功能；物流中心定位于物流、信息流、资金流的综合设施，其涵盖面较流通中心为低，属于第二个层次的中心。配送中心如果具有商流职能，则属于流通中心的一种类型；如果只有物流职能，则属于物流中心的一个类型，可以被流通中心或物流中心所覆盖，属于第三个层次的中心。

（二）横向定位

从横向来看，和配送中心作用大体相当的物流设施有仓库、货栈、货运站等。这些设施都可以处于末端物流的位置，是实现资源的最终配置。不同的是，配送中心是实行配送的专门设施，而其他设施可以实行取货、一般送货，而不是按照配送要求有完善组织和设备的专业化流通设施。

（三）纵向定位

配送中心在物流系统中纵向的位置应该是：如果将物流过程按纵向顺序划分为物流准备过程、首端物流过程、干线物流过程、末端物流过程，配送中心是末端物流过程的起点。它所处的位置是直接面向用户的，因此，它不仅承担直接对用户服务的功能，而且根据用户的要求，起着指导全物流过程的作用。

（四）系统定位

在整个物流系统中，配送中心处于能提高整个系统的运行水平的位置。尤其是现代物流，出现了利用集装方式在很多领域中实现"门到门"的物流，将可以利用集装方式提高整个物流系统效率的物流对象做了很大的分流，所剩下的主要是大批量、多品种、小批量、多批次的货物，这种类型的货物是传统物流系统难以提高物流效率的对象。在包含着配送中心的物流系统中，配送中心对整个系统效率的提高起着决定性的作用。所以，在包含了配送系统的大物流系统中，配送中心处于重要位置。

（五）功能定位

配送中心的功能，是通过配货和送货完成资源的最终配置。配送中心的主要功能是围绕配货和送货而确定的，例如，有关的信息活动、交易活动、结算活动等虽然也是配送中心不可缺的功能，但是它们必然服务和服从于配货和送货这两项主要功能。

因此，配送中心是一种末端物流的节点设施，通过有效地组织配货和送货，使资源的最终端配置得以完成。

五、配送中心的分类

（一）按内部特性分类

1.储存型配送中心

有很强储存功能的配送中心，一般来讲，在买方市场下，企业成品销售需要有较大库存支持，其配送中心可能有较强的储存功能；在卖方市场下，企业原材料、零部件供应需要有较大库存支持，这种供应配送中心也有较强的储存功能。大范围配送的配送，需要有较大库存，这属于储存型配送中心。

我国现今拟建的一些配送中心，都采用集中库存形式，库存量较大，多为储存型。

2.流通型配送中心

基本上没有长期储存功能，仅以暂存或随进随出方式进行配货、送货的配送中心。这种配送中心的典型方式是，大量货物整进并按一定批量零出，采用大型分货机，进货时直接进入分货机传送带，分送到各用户货位或直接分送到配送汽车上，货物在配送中心里仅做少许停滞。如，日本的阪神配送中心，中心内只有暂存，大量储存则依靠一个大型补给仓库。

3.加工配送中心

加工配送中心具有加工职能，根据用户的需要或者市场竞争的需要，对配送物进行加工之后再进行配送的配送中心。在这种配送中心内，有分装、包装、初级加工、集中下料、组装产品等加工活动。许多材料都指出配送中心的加工职能，但是加工配送中心的实例如今尚不多见。如我国上海市和其他城市已开展的配煤配送，配送点中进行了配煤加工，上海六家船厂联建的船板处理配送中心，原物资部北京剪板厂都属于这一类型的配送中心。在工业、建筑领域，生混凝土搅拌的配送中心也是属于这种类型的配送中心。

（二）按职能分类

1.供应配送中心

供应配送中心是执行供应的职能，专门为某个或某些用户（如连锁店、联合公司）组织供应的配送中心。例如，为大型连锁超级市场组织供应的配送中心；代替零件加工厂送货的零件配送中心，使零件加工厂对装配厂的供应合理化。供应型配送中心的主要特点是，配送的用户有限并且稳定，用户的配送要求范围也比较确定，属于企业型用户。因此，配送中心集中库存的品种比较固定，配送中心的进货渠道也比较稳固，同时，可以采用效率比较高的分货式工艺。

2.销售配送中心

销售配送中心是执行销售的职能，以销售经营为目的，以配送为手段的配送中心。销售配送中心大体有三种类型：另一种是生产企业把本身产品直接销售给消费者的配送中心，在国外，这种类型的配送中心很多；第二种是流通企业作为本身经营的一种方式，建立配送中心以扩大销售，我国现今拟建的配送中心大多属于这种类型，国外的例证也很多；第三种是流通企业和生产企业联合的协作性配送中心。相较来看，国外和我国的物流配送，都在向以销售配送中心为主的方向发展。

销售型配送中心的用户一般是不确定的，而且用户的数量很大，每个用户购买的数量又较少，属于消费者型用户。这种配送中心很难像供应型配送中心一样实行计划配送，计划性较差。

销售型配送中心集中库存的库存结构也比较复杂，一般采用拣选式配送工艺，销售型配送中心往往采用共同配送的方法才能够取得比较好的经营效果。

（三）按配送范围分类

1.城市配送中心

以城市范围为配送范围的配送中心，由于城市范围一般处于汽车运输的经济里程，这种配送中心可直接配送到最终用户，且采用汽车进行配送。所以，这种配送中心往往和零售经营相结合，运距短，反应能力强，因而从事多品种、少批量、多用户的配送较有优势。

2.区域配送中心

以较强的辐射能力和库存准备，向省（州）际、全国乃至国际范围的用户配送的配送中心。这种配送中心配送规模较大，一般而言，用户也较多，配送批量也较大，而且，往往是配送给下一级的城市配送中心，也配送给营业所、商店、批发商和企业用户，虽然也从事零星的配送，但不是主体形式。这种类型的配送中心在国外十分普遍。

（四）按配送货物属性分类

根据配送货物的属性，可以分为食品配送中心、日用品配送中心、医药品配送中心、化妆品配送中心、家用电器配送中心、电子（3C）产品配送中心、书籍产品配送中心、服饰产品配送中心、汽车零件配送中心以及生鲜处理中心等。

（五）按经营货物种类分类

（1）经营散装货物的配送中心。这种配送中心主要为加工厂提供原料、食油、石油、汽油等，大多建在铁路沿线或港口。

（2）经营原材料的配送中心。这里指的原材料多是以集装箱为装载单元的货物。

（3）经营件货的配送中心。这些货物通常是指用集装箱和托盘来运输的商品，其中主要是制成品，如食品。

（4）经营冷冻食品的配送中心。这种配送中心具有冷冻功能。

（5）经营特种商品的配送中心。此类配送中心主要经营特种商品，如有毒货物、易燃易爆货物、药品等。

（六）按专业程度划分

（1）专业配送中心。专业配送中心大体上有两个含义：一是配送对象、配送技术是属于某一专业范畴，在某一专业范畴有一定的综合性，综合这一专业的多种物资进行配送，例如，多数制造业的销售配送中心，我国现今在石家庄、上海等地建的配送中心大多采用这一形式；二是以配送为专业化职能，基本不从事经营的服务型配送中心，如《国外物资管理》杂志介绍的"蒙克斯帕配送中心"。

（2）柔性配送中心。在某种程度上是和第一种专业配送中心对立的配送中心，这种配送中心不向固定化、专业化方向发展，而向能随时变化，对用户要求有很强的适应性，不固定供需关系，不断向发展配送用户和改变配送用户的方向发展。

（3）综合配送中心。

（七）按运营主体分类

（1）以生产厂为主的配送中心。是以家用电器、汽车、化妆品、食品等国有工厂为主。流通管理能力强的厂商，在建立零售制度的同时，通过配送中心使物流距离缩短，并迅速向顾客配送的体制。其特点是环节少、成本低。但对零售商来说，从这里配送的商品，只局限于一个生产厂的产品，难以满足销售的需要，是一种社会化程度较低的配送中心。

（2）以批发商为主的配送中心。是指专职流通业的批发商把多个生产厂的商品集中起来，作为批发商的主体商品。这些产品可以单一品种或者搭配向零售商进行配送。虽然多了一道环节，但是一次送货，品种多样，对于不能确定独立销售路线的工厂或本身不能备齐各种商品的零售店，是一种有效的形式。

（3）以零售商为主的配送中心。一般是指大型零售店或集团联合性企业所属的配送中心。从批发部进货或从工厂直接进货的商品，经过零售店自有的配送中心，再向自己的网点和柜台直接送货。为保证商品不脱销，零售店必须有一定的"内仓"存放商品，配送中心可以及时不断地向商店各部门送货，不仅有利于减轻商店内仓的压力，节约内仓占用的面积，而且有利于库存集中在配送中心，还有利于减少商店的库存总量。

（4）以商业企业集团为主的配送中心。是由商业企业集团组建的完成本企业集团商品供应或销售的配送中心。它是为适应企业集团的产品销售而组建的。

（5）以物流企业为主的配送中心。是为批发企业服务的综合性物流中心。各地批发企业都有相当一部分的商品存储在当地的储运公司仓库里。在储运公司仓库实现由储存型向流通型转变的基础上建立起来的配送中心，可以越过批发企业自己的仓库或配送中心，直接向零售店配送商品。与批发企业各自建立的配送中心对比，它的特点是物流设施的利用率高、成本低、服务范围广。

六、配送流程差别

（一）一般配送中心

配送中心的种类很多，因此内部的结构和运作方式也不相同，一般来讲，中、小件品种规格复杂的货物，具有典型意义，所以配送中心的一般流程是以中、小件杂货配送为代表。由于货种多，为保证配送，需要有一定储存量，属于有储存功能的配送中心，理货、分类、配货、配装的功能要求较高，但一般来讲，很少有流通加工的功能。

这种流程也可以说是配送中心的典型流程，其主要特点是：有较大的储存场所，分货、拣选、配货场所及装备也较大。

（二）专门配送型配送中心

有的配送中心专以配送为职能。而将储存场所尤其是大量储存场所转移到配送中心之外的其他地点，专门设置补货型的储存中心，配送中心中则只有为配送备货的暂存，而无大量储存。暂存设在配货场地内，配送中心不单设储存区。

这种配送中心和第一种类型配送中心的流程大致相同，主要工序及主要场所都用于理货、配货。区别只在于大量的储存在配送中心外部。

这种类型的配送中心由于没有集中储存的仓库，占地面积比较小，可以省却仓库、现代货架的巨额投资。至于补货仓库，可以采取外包的形式，采取协作的方法解决，也可以自建补货中心，还可以采用虚拟库存的办法来解决，实际上是在若干配送中心基础上又共同建设一个更大规模的集中储存型补货中心。

（三）加工配送中心

加工配送中心也不是一个模式，随加工方式不同，配送中心的流程也有区别。这种配送中心流程的特点，以平板玻璃为例，进货是大批量、单（少）品种的产品，因而分类的工作不重或基本上无需分类存放。储存后进行加工，和生产企业按标准、系列加工不同，加工一般是按用户要求。因此，加工后产品便直接按用户分放、配货。所以，这种类型配送中心有时不单设分货、配货或拣选环节；配送中心中加工部分及加工后分放部分占较多位置。

（四）批量转换型配送中心

这种配送中心流程是批量大、品种较单一产品进货，转换成小批量发货式的配送中心，不经配煤、成型煤加工的煤炭配送和不经加工的水泥、油料配送的配送中心大多属于这种类型。

这种配送中心的流程十分简单，基本不存在分类、拣选、分货、配货、配装等工序，但是由于是大量进货，储存能力较强，储存及分装是主要工序。

# 第四节 配送中心规划设计

一、配送中心选址的影响因素

选址指在一个具有若干供应点及若干需求点的经济区域内，选一个地址设置物流配送中心的规划过程。较好的配送中心选址方案是商品通过配送中心汇集、中转、分发，直至输送到需求点的过程的总体效益最好。

（一）社会因素

1.交通运输

交通运输是影响配送成本及效率的重要因素之一，需考虑对外的运输通路，进出的流畅，才能提高配送效率，降低物流成本。对于一般的物流配送中心，可选在高速公路、国道、快速道路及城市主干道路附近；对于综合型物流配送中心，一定要选择有两种以上运输方式的交汇地，如铁路、公路、水运或是航空等运输方式的交汇处。

### 2.产业布局

生产企业、流通企业、各类开发区和大市场等，是物流配送服务需求的直接拉动者和货源产生地，因此需考虑周边产业布局和商业布局，例如，制造业服务的配送中心选址应在成产制造企业集中的工业区和高新技术开发区，农副产品配送中心应选在农副产品的生产及加工基地，商贸类配送中心选址应着眼于大型市场和批发市场附近。

### 3.货物流向

对于供向物流，配送中心只要为生产企业提供原材料、零部件，应当选择靠近生产企业处，便于降低生产企业的库存，随时为生产企业提供服务。对销向物流来说，配送中心的主要职能是将产品集结、分拣、配送到每位客户或门店手中，故应选在靠近客户的地方。

### 4.人力资源

考虑各种人才的可得性、易得性和廉价性。

### 5.城市规划和发展

配送中心的选址不但要符合城市的规划，而且要考虑城市扩张的速度和方向。譬如，中国物资储运总公司的许多仓库20世纪70年代以前处于城乡接部，不会产生交通压力，但随着城市的发展，这些仓库被包围于闹市中，大型货车的进出受管制，专用线的使用也受到限制，在这种情况下要考虑到外迁。

### 6.政策法规

包括产业政策、环保政策、土地政策、优惠措施。

### 7.社会影响

配送中心操作过程中产生的噪声、尾气、粉尘会给周边的居民的生活带来影响，交通持续也会造成较大的干扰，易引起车流紊乱、交通拥挤与阻塞，还要考虑周边的人文环境和城市景观的协调程度，不能破坏周边的城市景观的协调程度，以免给社会带来负面影响。

（二）自然因素

1.用地

配送中心的位置、面积、地价，既要考虑到如今的发展情况，又要考虑今后的扩展空间。

2.地质条件

配送中心一般应设置在地形高的地段，容易保持物资干燥，减少物资保管费用；临近河海地区，必须注意当地的水位，不得有地下水上溢；土地承载力要强，注意地面以下存在淤泥层、流沙层、松土层等不良地质条件。

3.气候影响

配送中心周边不应有产生腐蚀的气体、粉尘和辐射热的工厂，至少应处于这些企业的上风向，还应与易发生火灾的单位保持一定的距离，如：油库、加油站、化工厂。

除此之外，还要考虑水资源、温度、湿度、能源利用、地质灾害等。

二、配送中心选址分析

（一）定性分析法

定性分析法主要是根据上述的影响因素和选址原则，依靠专家和管理人员丰富的经验、知识及综合能力分析能力，确定配送中心的具体位置。运用这类方法要注意尊重客观实际，切忌主观判断。

1.优缺点比较法

罗列出最优、优次、一般、较差、极坏五个等级并对各个方案的特点进行评分，每个方案的各项得分加总，得分最多的为最优方案。

优缺点比较法再辅以经济概算，在我国应用很普遍，优点是简单、方便、很快得出初步结论，缺点是缺乏量化比较，对非成本因素考虑较少。

2.德尔菲（Delphi）法

德尔菲法是美国兰德公司赫尔默博士于20世纪40年代末首创的，对那些不易获取详细资料的配送中心比较合适。

（1）组成专家小组，20人左右。

（2）向所有专家提出配送中心选址的相关问题及要求，并附上选址方案的所有背景材料，同时向专家提交材料清单。

（3）各个专家根据他们收到的材料，提出自己的意见。

（4）将专家的意见汇总，进行分析和处理。

（5）将分析结果反馈给各个专家，专家根据反馈的资料修改自己的意见和判断，这一过程需要进行3~4次，直到每位专家不再改变自己的意见为止。

（6）对专家的意见进行综合的处理，确定方案。

（二）定量分析法

定量分析法有多种，如重心法、运输问题法、Baumol-Wolfe模型等。

重心法是一种模拟方法，它将物流系统中的需求点和资源点看成是分布在某一平面范围内的物流系统，各点的需求量和资源量看成是物体的重量，物体系统的重心作为物流网点的最佳设置点，利用求物体系统重心的方法来确定物流网点的位置。

运输问题法是针对多个供应商，多个客户，辐射范围较大，需要建立两个及两个以上的配送中心的情况的选址方法。

三、配送中心规划程序

配送中心选址是规划当中最为复杂的一个环节，它需要综合考虑销售网点分布、各销售网点配送量、各配送中心的货物周转量，到了具体建设阶段还需考虑各地区的经济社会环境、交通便利性等因素。

确立配送中心的地理位置后，就要确定建立配送中心的规模，配送中心规模过大会造成资源浪费，规模过小又会影响客户服务水平，所以规模的确定要建立在详细调查分析的基础上。明确了建立多大的配送中心，就到了配送中心的具体建设阶段，即配送中心具体建设地点的选择，需要对物流市场进行调研，对交通状况进行考察，找准建立配送中心的有利位置。通过定量和定性相结合的选址方法得出配送中心的位置后，对于自建配送中心，就需要进行设施规划和设备采购等工作；若是借助第三方物流公司现有仓库资源，采取与专业物流公司共建的方法，就要找好仓储资源，谈好仓储和配送服务商，与其共同进行配送中心规划，进行相关的改扩建。

配送中心建立后，如果是自建配送中心，就需要自行采购办公及作业设备，如果是与专业第三方物流公司共建配送中心，就需要督促专业物流公司采购与配备足够的办公资源和作业设备。员工的招聘与配备也是配送中心建设的一个重要环节，如果是自建配送中心那么就不仅需要招聘管理人员，还需要招聘作业人员，并对员工进行培训，如果是与第三方物流公司共建配送中心，那么大部分人员由第三方物流公司配备，需要督促第三方物流公司进行招聘，并对人员招聘和培训提出要求，在与第三方物流公司共建的情况下，生产制造企业最好要招聘1~2名管理人员对配送中心的运营进行监管。

最后还要建立配送中心运营制度和作业流程，运营制度和作业流程是保证配送中心运营的软件要求，即使有良好的硬件，没有制度和流程标准，也无法运转，所以建立运营制度和作业流程十分重要。所有硬件和软件都配备完，就可以进行配送中心的试运营，试运营成功后，可以逐步向全国推广。

物流是一个与环保紧密结合的行业，配送中心的良好规划和后期运作，对环境保护影响巨大，配送中心不合理的布局和运营模式，将会造成仓储和车辆资源的浪费，对环境保护十分不利。建立配送中心，撤并分散仓库，进行集中库存，可以实现库存资源共享，势必带来安全库存的降低。同时，一个销售区域的货物集中存储在一起，可以从根本上改变某型号产品在一个仓库滞销在另一仓库缺货的现状，可以提高货物的可得性，降低缺货风险。同时，可以提高企业的信息化水平，实时的掌握库存量的数据。建立配送中心，实现规模化物流经营后，更易开展信息化工作，当前的互联网时代，信息化工作非常重要，通过与优质物流商的深度合作，可以提升物流信息化水平。仓储与配送人员作为与客户直接接触的一线人员，其对销售信息的获取更为简单与直接。

# 本章小结

　　本章第一节主要介绍了配送的概念、步骤要素、分类情况以及配送的流程和作用。

　　配送是指在经济合理区域范围内，根据客户要求，对物品进行拣选、加工、包装、分割、组配等作业，并按时送达指定地点的物流活动。配送是物流中一种特殊的、综合的活动形式，是商流与物流的紧密结合，包含了商流活动和物流活动，也包含了物流中若干功能要素的一种形式。配送需要强烈依靠信息网络技术来实现，具有一定的特点。首先，配送不仅仅是送货，配送业务中，除了送货，在活动内容中还有"拣选""分货""包装""分割""组配""配货"等项工作，这些工作难度很大，必须具有发达的商品经济和现代的经营水平才能做好。其次，配送是送货、分货、配货等活动的有机结合体，同时还与订货系统紧密联系。再次，配送的全过程有现代化技术和装备的保证，是科学技术进步的一个产物。最后，配送是一种专业化的流动分工方式，是大生产、专业化分工在流通领域的体现。

　　根据不同的分类标准，配送可以分为不同的类型。按节点的不同可以分为：配送中心配送；仓库配送；商店配送。按商品种类和数量可以分为：单（少）品种大批量配送、多品种少批量配送和配套成套配送。按配送时间和数量可以分为：定时配送、定量配送、定时定量配送、定时定路线配送和即时配送。按经营形式的不同可以分为：销售配送、供应配送、销售—供应一体化配送和代存代供配送。配送作业的要素包括集货、分拣、配货、配装、运输、送达服务和加工等。

配送工作的一般流程为备货、储存、配货、配装和送货。配送的意义和作用在于：完善了输送及整个物流系统；提高了末端物流的效益；通过集中库存使企业实现低库存或零库存；简化事务，方便用户；提高供应保证程度。

配送合理化的标志分为：库存标志，资金标志，成本和效益标志，供应保证标志，社会运力节约标志，用户企业仓库、供应、进货人力物力节约标志，物流合理化标志。

第二节介绍了电子商务物流配送的定义、特点，阐述了电子商务环境下物流配送现状，提出了电子商务物流配送合理化对策。

电子商务物流配送是指物流配送企业采用网络化的计算机技术和现代化的硬件设备、软件系统及先进的管理手段，针对社会需求，严格地、守信用地按用户的订货要求，进行一系列分类、编码、整理、配货等理货工作，定时、定点、定量地交给没有超过范围限度的各类用户，满足其对商品的需求。电子商务物流配送具有虚拟性、实时性、个性化、增值性。电子商务环境下物流配送呈现出信息化、自动化、网络化、智能化和柔性化的趋势特征。在电子商务环境下，物流配送现状呈现出一定的问题：物流标准法规有待完善，物流基础设施不足，物流配送渠道，网络布局有待优化，物流管理电子化，一体化程度亟待提高。针对制约电子商务物流配送发展的因素，我们提出了几点合理化对策：完善适应电子商务需要的物流配送基础设施；加大对电子商务物流配送体系建设的支持力度；加强软硬件建设，提高电子化集成化管理水平；有效提高物流一体化水平；合理化布局物流配送中心；大力培养高层次的电子商务物流配送人才。

第三节介绍了配送中心的概念、作用、职能、定位、分类及不同配送中心配送流程的差别。

配送中心是接受并处理末端用户的订货信息，对上游运来的多品种货物进行分拣，根据用户订货要求进行拣选、加工、组配等作业，并进行送货的设施和机构。配送中心的作用有减少交易次数和流通环节；产生规模效益；减少客户库存，提高库存保证程度；迅速地反馈信息，控制商品质量。配送中心是现代电子商务活动中开展配送活动的物质技术基础。配送中心的职能包括采购、存储保管、配组、分拣、分装、集散、流通加工、送货、传递、衔接、服务等。配送中心的分类标准很多，按内部特性可以分为：储存型配送中心、流通型配送中心和加工配送中心；按职能不同，可以将配送中心分为：供应配送中心和销售配送中心；按配送范围，可以分为：城市配送中心和区域配送中心；按配送货物属性不同可以分为：食品配送中心、日用品配送中心、医药品配送中心、化妆品配送中心、家用电器配送中心、电子（3C）产品配送中心、书籍产品配送中心、服饰产品配送中心、汽车零件配送中心以及生鲜处理中心等；按配送物种不同可以分为：经营散装货物的配送中心、经营原材料的配送中心、经营件货的配送中心、经营冷冻食品的配送中心、经营特种商品的配送中心；按专业程度可以分为：专业配送中心、柔性配送中心和综合配送中心；按运营主体分类，可以分为：以生产厂为主的配送中心；以批发商为主的配送中心；以零售商为主的配送中心；以商业企业集团为主的配送中心；以物流企业为主的配送中心。配送中心的种类很多，因此内部的结构和运作方式也不相同。

第四节介绍了配送中心建设规划过程中的选址考虑因素及分析方法，阐述了配送中心规划程序。

配送中心选址指在一个具有若干供应点及若干需求点的经济区域内，选一个地址设置物流配送中心的规划过程。影响选址的因素分为社会因素和自然因素。社会因素包括交通运输、产业布局、货物流向、人力资源、城市规划和发展、政策法规、社会影响。自然因素包括用地、地质条件、气候影响，还要考虑水资源、温度、湿度、能源利用、地质灾害等。配送中心选址的分析方法主要有定性分析法和定量分析法。定性分析法主要是根据上述的影响因素和选址原则，依靠专家和管理人员丰富的经验、知识及综合能力分析能力，确定配送中心的具体位置。定量分析法有多种，如重心法、运输问题法、Baumol-Wolfe模型、CFLP模型等。配送中心选址是规划当中最为复杂的一个环节，确立配送中心的地理位置后，就要确定建立配送中心的规模。按确定规模建好配送中心后，就需要自行采购办公及作业设备，进行配送中心内部建设，最后还要建立配送中心运营制度和作业流程。所有硬件和软件都配备完，就可以进行配送中心的试运营，试运营成功后，可以逐步向全国推广。

# 第七章

## 电子商务生产物流计划与控制

# 第一节 生产物流概述

一、生产物流

生产物流是指在生产工艺中的物流活动。一般是指原材料、燃料、外购件投入生产后，经过下料、发料，运送到各加工点和存储点，以在制品的形态，从一个生产单位（仓库）流入另一个生产单位，按照规定的工艺过程进行加工、储存，借助一定的运输装置，在某个点内流转，又从某个点内流出，始终体现着物料实物形态的流转过程。

生产物流的基本工作是按照物资需求计划的指令，准时保量无差错地将生产所需要的物资配送到每一个工作中心。生产物流包括：①场内仓储管理；②物流设施设备的选用；③库存管理。

生产物流是企业物流的关键环节，从物流的范围分析，企业生产系统中物流的边界起于原材料、外购件的投入，止于成品仓库。它贯穿生产全过程，横跨整个企业（车间、工段），其流经的范围是全厂性的、全过程的。物料投入生产后即形成物流，并随着时间进程不断改变自己的实物形态（如加工、装配、储存、搬运、等待状态）和场所位置（如各车间、工段、工作地、仓库）。

从物流属性分析，企业生产物流是指生产所需物料在时间和空间上的运动全过程，是生产系统的动态表现。换言之，物料（如原材料、辅助材料、零配件、在制品、成品）经历生产系统各个生产阶段或工序的全部运动过程就是生产物流。

从生产工艺角度分析，生产物流是指企业在生产工艺中的物流活动，即物料不断地离开上一工序，进入下一工序，不断发生搬上搬下、向前运动、暂时停止等活动。这种物流活动是与整个生产工艺过程伴生的，实际上已构成了生产工艺过程的一部分。

因此，生产物流是企业生产活动与物流活动的有机结合，对生产物流流程的优化设计离不开对企业生产因素的考虑，二者是不可分割的。生产物流的优化设计主要从三个方面入手：第一，生产流程对物流线路的影响；第二，生产能力对物流设备的要求；第三，生产节拍对物流量的影响。

生产物流和生产流程同步，是从原材料购进开始直到产成品发送为止的全过程的物流活动。原材料、半成品等按照工艺流程在各个加工点之间不停顿地移动、转移，形成了生产物流。它是制造产品的生产企业所特有的活动，如果生产中断了，生产物流也就随之中断。生产物流的发展历经了人工物流—机械化物流—自动化物流—集成化物流—智能化物流五个阶段。

二、生产物流的特点

（一）实现价值

企业生产物流和社会物流的一个最本质不同之处，即企业物流最本质的特点，主要不是实现时间价值和空间价值的经济活动，而是实现加工附加价值的经济活动。

企业生产物流一般是在企业的小范围内完成，当然，这不包括在全国或者世界范围内布局的巨型企业。因此，空间距离的变化不大，在企业内部的储存和社会储存的目的也不相同，这种储存是对生产的保证，而不是一种追求利润的独立功能，因此时间价值不高。

企业生产物流伴随加工活动而发生，实现加工附加价值，即实现企业主要目的。所以，虽然企业生产物流空间、时间价值潜力不高，但加工附加价值却很高。

（二）主要功能要素是搬运活动

企业生产物流的主要功能要素也不同于社会物流。一般物流的功能的主要要素是运输和储存，它是作为辅助性或次要功能或强化性功能要素出现的。企业生产物流的主要功能要素则是搬运活动。

许多生产企业的生产过程，实际上是物料不停搬运的过程，在这个过程中，物料得到了加工，改变了形态。

即使是配送企业和批发企业的企业内部物流，实际也是不断搬运的过程，通过搬运，商品完成了分货、拣选、配货工作，完成了大改小、小集大的换装工作，从而使商品形成了可配送或可批发的形态。

（三）物流过程是工艺流程的组成部分

企业生产物流是一种工艺过程性物流，一旦企业生产工艺、生产装备及生产流程确定，企业物流也因而成了一种稳定性的物流，物流便成了工艺流程的重要组成部分。由于这种稳定性，企业物流的可控性、计划性便很强，一旦进入这一物流过程，选择性及可变性便很小。对物流的改进只能通过对工艺流程的优化，这方面和随机性很强的社会物流也有很大的不同。

（四）物流运行具有伴生性

企业生产物流的运行具有极强的伴生性，往往是生产过程中的一个组成部分或一个伴生部分，这决定了企业物流很难与生产过程分开而形成独立的系统。

在产生总体的伴生性的同时，企业生产物流中也确有与生产工艺过程可分的局部物流活动，这些局部物流活动有本身的界限和运动规律，当前企业物流的研究大多针对这些局部物流活动而言。这些局部物流活动主要是仓库的储存活动、接货物流活动、车间或分厂之间的运输活动等。

三、生产物流的工艺操作

（一）工厂布置

工厂布置是指工厂范围内，各生产手段的位置确定，各生产手段之间的衔接和以何种方式实现这些生产手段。具体来讲，就是机械装备、仓库、厂房等生产手段和实现生产手段的建筑设施的位置确定。这是生产物流的前提条件，也是生产物流活动的一个环节。在确定工厂布置时，单考虑工艺是不够的，必须要考虑整个物流过程。

（二）工艺流程

工艺流程是技术加工过程、化学反应过程与物流过程的统一体。在已往的工艺过程中，如果认真分析物料的运动，会发现有许多不合理的运动。例如，厂内起始仓库搬运路线不合理，搬运装卸次数过多；仓库对各车间的相对位置不合理；在工艺过程中物料迂回运动、相向运动等。这些问题都反映了工艺过程缺乏物流考虑。

工艺流程有三种典型的物流形式：

（1）加工物固定，加工和制造操作处于物流状态。例如，建筑工程工艺、大型船舶制造等。

（2）加工和制造的手段固定，被加工物处于物流状态。这种工艺形式是广泛存在的，例如，化学工业中许多在管道或反应釜中的化学反应过程，水泥工业中窑炉内物料不停运动完成高温热化学反应过程，高炉冶金过程、轧钢过程。更典型的是流水线装配机械、汽车、电视机等，也属于这种类型。

（3）被加工物及加工手段都在运动中完成加工的工艺。除去上述两类极端工艺外，许多工艺是两类的过渡形式，并具两类的特点。

（三）物流节点

生产物流节点，主要以仓库形式存在，虽然都名为仓库，但生产物流中各仓库的功能、作用乃至设计、技术都是有区别的。一般说来，生产物流中的仓库有两种不同的类型。

（1）储存型仓库。一般来讲，在生产物流中，这种仓库应尽量减少。在生产物流中，储存型仓库不是主体。

（2）衔接型仓库。衔接型仓库是生产企业中各种类型中间仓库的统称，有时也称中间库。中间库完全在企业的可控范围之内，因此，可以采用种种方法缩减这种仓库，甚至完全取消这种仓库，解决这一问题需要管理方法与调整技术并用。从技术方面来讲，是调整半成品生产与成品生产的速率（现在采用的看板方式和物料需求计划方式（MRP方式）都有可能解决这一问题），以达到生产物流的优化。

# 第二节 物料需求计划（MRP）

## 一、物料需求计划

物料需求计划（Material Requirement Planning，MRP）是指根据产品结构各层次物品的从属和数量关系，以每个物品为计划对象，以完工时间为基准倒排计划，按提前期长短区别各个物品下达计划的先后顺序，是一种工业制造企业内物资计划管理模式。MRP是根据市场需求预测和顾客订单制订产品的生产计划，然后基于产品生成进度计划，组成产品的材料结构表和库存状况，通过计算机计算所需物料的需求量和需求时间，从而确定材料的加工进度和订货日程的一种实用技术。

其主要内容包括客户需求管理、产品生产计划、原材料计划以及库存记录。其中，客户需求管理包括客户订单管理及销售预测，将实际的客户订单数与科学的客户需求预测相结合即能得出客户需要什么以及需求多少。

物料需求计划（MRP）是一种推式体系，根据预测和客户订单安排生产计划。因此，MRP基于天生不精确的预测建立计划，"推动"物料经过生产流程。也就是说，传统MRP方法依靠物料运动经过功能导向的工作中心或生产线（而非精益单元），这种方法是为最大化效率和大批量生产来降低单位成本而设计的。计划、调度并管理生产以满足实际和预测的需求组合。生产订单出自主生产计划（MPS），然后经由MRP计划出的订单被"推"向工厂车间及库存。

二、物料需求计划的特点

（1）需求的相关性：在流通企业中，各种需求往往是独立的，而在生产系统中，需求具有相关性。例如，根据订单确定了所需产品的数量之后，由新产品结构文件BOM即可推算出各种零部件和原材料的数量，这种根据逻辑关系推算出来的物料数量称为相关需求。不但品种、数量有相关性，需求时间与生产工艺过程的选择也是相关的。

（2）需求的确定性：MRP的需求都是根据主产品生产计划、产品结构文件和库存文件精确计算出来的，品种、数量和需求时间都有严格要求，不可改变。

（3）计划的复杂性：MRP要根据主产品的生产计划、产品结构文件、库存文件、生产时间和采购时间，把主产品的所有零部件需要数量、时间、先后关系等准确计算出来。当产品结构复杂，零部件数量特别多时，其计算工作量非常庞大，人力根本不能胜任，必须依靠计算机实施这项工程。

三、物料需求计划的基本数据

制订物料需求计划前就必须具备以下四项基本数据：

第一项数据是主生产计划，它指明在某一计划时间段内应生产的各种产品和备件，它是物料需求计划制订的一个最重要的数据来源。

第二项数据是物料清单（BOM），它指明了物料之间的结构关系以及每种物料需求的数量，它是物料需求计划系统中最为基础的数据。

第三项数据是库存记录，它把每个物料品目的现有库存量和计划接受量的实际状态反映出来。

第四项数据是提前期，决定着每种物料何时开工、何时完工。

应该说，这四项数据都是至关重要、缺一不可的。缺少其中任何一项或任何一项中的数据不完整，物料需求计划的制订都将是不准确的。因此，在制订物料需求计划之前，这四项数据都必须先完整地建立好，而且必须是绝对可靠的、可执行的数据。

四、物料需求计划的计算步骤

一般来说，物料需求计划的制订是先遵照先通过主生产计划导出有关物料的需求量与需求时间，再根据物料的提前期确定投产或订货时间的计算思路。其基本计算步骤如下：

（1）计算物料的毛需求量。即根据主生产计划、物料清单得到第一层级物料品目的毛需求量，再通过第一层级物料品目计算出下一层级物料品目的毛需求量，依次往下展开计算，直到最低层级原材料毛坯或采购件为止。

（2）净需求量计算。即根据毛需求量、可用库存量、已分配量等计算出每种物料的净需求量。

（3）批量计算。即由相关计划人员对物料生产作出批量策略决定，不管采用何种批量规则或不采用批量规则，净需求量计算后都应该表明有否批量要求。

（4）安全库存量、废品率和损耗率等的计算。即由相关计划人员来规划是否要对每个物料的净需求量做这三项计算。

（5）下达计划订单。即指通过以上计算后，根据提前期生成计划订单。物料需求计划所生成的计划订单，要通过能力资源平衡确认后，才能开始正式下达计划订单。

（6）再一次计算。物料需求计划的再次生成大致有两种方式：第一种方式是对库存信息重新计算，同时覆盖原来计算的数据，生成的是全新的物料需求计划；第二种方式则只是在制订、生成物料需求计划的条件发生变化时，才相应地更新物料需求计划有关部分的记录。这两种生成方式都有实际应用的案例，至于选择哪一种要看企业实际的条件和状况。

五、物料需求计划的实现目标

（1）及时取得生产所需的原材料及零部件，保证按时供应用户所需产品。

（2）保证尽可能低的库存水平。

（3）计划企业的生产活动与采购活动，使各部门生产的零部件、采购的外购件与装配的要求在时间和数量上精确衔接。

MRP主要用于生产"组装"型产品的制造业。在实施MRP时，与市场需求相适应的销售计划是MRP成功的最基本的要素。但MRP也存在局限，即资源仅仅局限于企业内部以及决策结构化的倾向明显。

六、物料需求计划的分类

（1）再生式MRP，它表示每次计算时，都会覆盖原来的MRP数据，生成全新的MRP。再生式MRP是周期性运算，通常的运算周期是一周。

（2）净变式MRP，它表示只会根据指定条件而变化，例如，MPS变化、BOM变化等，经过局部运算更新原来MRP的部分数据。净变式MRP是一种连续性的操作，当指定数据改变时就需要立即运行。

七、物料需求计划的运行步骤

（1）根据市场预测和客户订单，正确编制可靠的生产计划，在计划中规定生产的品种、规格、数量和交货日期，同时，生产计划必须是同现有生产能力相适应的计划。

（2）正确编制产品结构图和各种物料、零件的用料明细表。

（3）正确掌握各种物料和零件的实际库存量。

（4）正确规定各种物料和零件的采购交货日期以及订货周期和订购批量。

（5）通过MRP逻辑运算确定各种物料和零件的总需要量以及实际需要量。

（6）向采购部门发出采购通知单或向本企业生产车间发出生产指令。

# 第三节 准时化生产方式（JIT）

## 一、准时化生产方式

JIT，准时生产，又译为实时生产系统，简称JIT系统，在1953年由日本丰田公司的副总裁大野耐一提出，是由日本丰田汽车公司创立的一种独特的生产方式。指企业生产系统的各个环节、工序只在需要的时候，按需要的量，生产出所需要的产品。

JIT生产方式（JIT，Just in time），其实质是保持物质流和信息流在生产中的同步，实现以恰当数量的物料，在恰当的时候进入恰当的地方，生产出恰当质量的产品。这种方法可以减少库存，缩短工时，降低成本，提高生产效率。

准时化生产方式是一种"拉动"式生产管理模式，看板系统是准时化生产的重要工具之一。准时化生产方式通过看板管理，成功地制止了过量生产，实现了"在必要的时刻生产必要数量的必要产品（或零配件）"，从而彻底消除在制品过量的浪费以及由之衍生出来的种种间接浪费，实现生产过程的合理性、高效性和灵活性。看板系统是JIT生产现场控制技术的核心。利用看板技术控制生产和物流，以达到准时生产的目的。

从本质上讲，JIT生产方式是一种生产管理技术。但就JIT生产方式的基本理念来说，"准时化"不仅仅限于生产过程的管理。"准时化"是一种现代经营观念和先进的生产组织原则，它所追求的是生产经营全过程的合理性、高效性和灵活性。它是包括经营理念、生产组织、物流控制、质量管理、成本控制、库存管理、现场管理和现场改善等在内的完整的生产管理技术与方法体系。

JIT生产方式是"二战"以后最重要的生产方式之一。由于它起源于日本的丰田汽车公司，因而曾被称为"丰田生产方式"，后来随着这种生产方式的独特性和有效性，被越来越广泛地认识、研究和应用，人们才称其为JIT。

消除浪费是准时化生产的起点。JIT强调消除生产中的一切浪费，包括过量生产、部件与操作者的移动和等待时间、劣质品的制造、物料储存等。准时化生产是在正确时间、正确地点，做正确的事情，以期达到零库存、无缺陷、低成本的理想生产模式。它的理想目标是6个"零"和1个"一"，即零缺陷、零储备、零库存、零搬运、零故障停机、零提前期和批量为一。

为了达到上述目标，JIT 对于产品和生产系统设计考虑的主要原则有：应使产品的设计与市场需求一致；应考虑出便于生产的产品设计；应尽量采用成组技术和流程式生产；应与原材料或外购件的供应者建立联系，为JIT供应原材料。

准时化生产的管理技术体系构成主要包括：适时适量生产、全面质量管理、自动化控制、全员参与管理、人性管理、外部协作关系等。

二、准时化生产方式的技术体系

（一）看板管理

简单来说，看板就是一张装在透明塑料袋里的卡片，不同的企业卡片的形式会有所不同，不过它们在生产过程中担任的作用都是一样的，即前后工序之间传递信息的工具。准时化生产方式的控制系统是拉动式的，下一道工序在何时需要多少数量的什么品种，上一道工序必须在合适的时间供应正确数量的产品，就好像下一道工序是上一道工序的顾客。看板就在各工序之间周转着，将所需物料的时间、数量等相关信息从下一道工序传递到了上一道工序，并以此类推，将生产线上的各个工序衔接起来成为一个有机的整体。

（二）作业标准化

作业标准化将员工所积累的技术和总结的经验通过文件的方式表现出

来，这样，每一项工作就有了标准化，那么每一项工作即使是不同的人来操作，也不会在效率和质量上出现太大的差异。按照标准要求进行的作业就是标准化作业。

（三）设备快速装换调整及合理布局

设备的快速装换调整及合理布局能够满足工序之间频繁地领取材料的要求，同时为实现小批量、多品种奠定了重要的基础。

（四）多技能作业人员

多技能作业人员又称"多面手"，是指那些能够熟练操作多种机床的工人。尤其在 U 型生产单元内，因为多种机床被集中放置在了一起，这就需要工人能够操作多种机床，负责多道工序。

（五）全面质量管理

全面质量管理（TQM）贯穿在整个准时化生产过程中，为保证产品质量，在全公司范围内开展质量管理活动，这样不仅提高了产品质量、减少了浪费、增加了收益，同时也为准时化生产的顺利实施提供了条件。

（六）自动化技术实施

高质量的产品不是检验出来的，而是生产出来的，但是仅仅通过人力来控制生产过程的每个细节显然是不现实的，这就需要自动化设备了，这些设备不仅能够自动检测异常现象，而且能够在出现异常现象时自动停止生产。

三、准时化生产方式在我国的应用

（一）应用现状

早在 80 年代初，中国就已经引进了准时化生产方式。准时化生产方式的实行，可以让企业消除一切浪费、降低生产成本、提高生产效率和产品质量等。

虽然，准时化生产已经被引入中国很多年了，但传统大批量生产管理模式仍占主导地位，中国地大物博，大家认为各种资源的浪费是正常现象。

自从中国加入 WTO 后，受到了来自国际上各种强有力的竞争压力，准时化生产也逐步被中国企业重视了起来，一些先知先觉的中国企业就已经开始研究怎样引入准时化生产管理模式了，但由于受国情、文化背景以及现实条件限制，导致许多企业并没有真正适应准时化生产管理模式。

（二）存在的问题

1.对准时化生产方式认识不够

我国很多企业接触准时化生产方式都是通过书本、资料等方式，尽管这几十年里也有很多关于准时化生产方式的文章发表，但大多数文章都是在日本、欧美等国家研究准时化生产方式的基础上来编写文章的。另外，目前的大多数资料都是对准时化生产方式现有的成熟体系的介绍，缺少对准时化生产方式形成过程的详细介绍，所以在认识准时化生产方式时产生了很大的局限性。

2.现场管理混乱，浪费严重

目前，我国的现场管理存在着很多严重问题，这些问题制约着企业的收益与发展。现场混乱主要表现在以下几点：①生产现场脏、乱、差，例如，原料、半成品、成品随意摆放，浪费严重；②设备布局不合理，造成不必要的人员走动，增加搬运距离；③设备保养不良，生产故障率高，减少了设备有效使用时间。除了上述几点现象，生产现场还存在着很多问题，这里就不一一赘述了。

3.质量管理体系还不健全

不可否认，我国制造业企业在质量管理方面相较于发达国家还是有很大差距的。在我国许多中小企业中，普遍存在着管理层人员质量意识淡薄，质量理念落后的现象。企业管理层人员只关心如何获得奖章、质量证书等，却从不思考怎样去建立质量政策、培养质量意识、理念和文化。

（三）对策

1.解放思想，转变观念，增加改革意识

在这个高速发展的世界里，每分每秒都有新的东西出现，掌握市场变化和用户需求，是企业生存的关键。因此要改变固有观念，解放思想，加快改革步伐。在适应新事物时必须要有一种不怕失败、勇于挑战的精神，中国的企业应该着重培养员工励精图治、奋发图强的精神。

2.实施"5S"管理，改善生产现场

"5S"就是整理、整顿、清扫、清洁、素养，这是一个不断循环改善的过程，因此这项活动的关键之处就是坚持，尤其是领导的坚持，只有坚持才能实现"5S"的作用。"5S"管理对生产现场、产品质量及生产效率都有着巨大的影响，它是改善生产现场的前提和基础，也是引进准时化生产方式的关键。

3.全面质量管理活动

质量好才是硬道理，对准时化生产方式来说，生产过剩或产品不能通过质量检测，都会直接造成浪费，并增加了生产成本。企业应该引进全面质量管理活动，建立全面质量管理机制，培养员工质量意识，不断地改善，以提高产品质量。

# 第四节 企业资源计划（ERP）

## 一、企业资源计划

企业资源计划（Enterprise Resource Planning，ERP），由美国 Gartner Group 公司于1990年提出。企业资源计划是 MRP II（企业制造资源计划）下一代的制造业系统和资源计划软件。除了MRP II 已有的生产资源计划、制造、财务、销售、采购等功能外，还有质量管理，实验室管理，业务流程管理，产品数据管理，存货、分销与运输管理，人力资源管理和定期报告系统。目前，在我国 ERP 所代表的含义已经被扩大，用于企业的各类软件，已经统统被纳入 ERP 的范畴。它跳出了传统企业边界，从供应链范围去优化企业的资源，是基于网络经济时代的新一代信息系统。它主要用于改善企业业务流程以提高企业核心竞争力。

企业资源计划是指建立在信息技术基础上，以系统化的管理思想，为企业决策层及员工提供决策运行手段的管理平台。ERP 系统支持离散型、流程型等混合制造环境，应用范围从制造业扩展到了零售业、服务业、银行业、电信业、政府机关和学校等事业部门，通过融合数据库技术、图形用户界面、第四代查询语言、客户服务器结构、计算机辅助开发工具、可移植的开放系统等对企业资源进行了有效的集成。

二、企业资源计划的生产特点

它汇合了离散型生产和流程型生产的特点，面向全球市场，包罗了供应链上所有的主导、支持力量，协调企业各管理部门围绕市场导向，更加灵活或"柔性"地开展业务活动，实时地响应市场需求。为此，重新定义供应商、分销商和制造商相互之间的业务关系，重新构建企业的业务和信息流程及组织结构，使企业在市场竞争中发挥更大的能动性。

ERP 是一个以管理会计为核心提供跨地区、跨部门、甚至跨公司整合实时信息的企业管理软件，是针对物资资源管理（物流）、人力资源管理（人流）、财务资源管理（财流）、信息资源管理（信息流）集成一体化的企业管理软件。

ERP 的提出与计算机技术的高度发展是分不开的，用户对系统有更大的主动性，作为计算机辅助管理所涉及的功能已远远超过 MRP II 的范围。ERP 的功能除了包括 MRP II（如制造、供销、财务）外，还包括多工厂管理、质量管理、实验室管理、设备维修管理、仓库管理、运输管理、过程控制接口、数据采集接口、电子通讯、电子邮件、法规与标准、项目管理、金融投资管理、市场信息管理等。它将重新定义各项业务及其相互关系，在管理和组织上采取更加灵活的方式，对供应链上供需关系的变动（包括法规、标准和技术发展造成的变动），同步、敏捷、实时地作出响应；在掌握准确、及时、完整信息的基础上，做出正确决策，能动地采取措施。与 MRP II 相比，ERP 除了扩大管理功能外，同时还采用了计算机技术的最新成就，如扩大用户自定义范围、面向对象技术、客户机/服务器体系结构、多种数据库平台、SQL结构化查询语言、图形用户界面、4GL/CASE、窗口技术、人工智能、仿真技术等。

三、企业资源计划的功能模块

ERP 系统主要功能包括：供应链管理、销售与市场、分销、客户服务、财务管理、制造管理、库存管理、工厂与设备维护、人力资源、报表、制造执行系统（Manufacturing Executive System，MES）、工作流服务和企业信息系统。此外，还包括金融投资管理、质量管理、运输管理、项目管理、法规与标准和过程控制等补充功能。

ERP 是将企业所有资源进行整合集成管理，简单地说，是将企业的三大流即物流、资金流、信息流进行全面一体化管理的信息管理系统。它的功能模块已不同于以往的 MRP或 MRPII的模块，它不仅可用于生产企业的管理，而且许多其他类型的企业如一些非生产、公益事业的企业也可导入 ERP 系统进行资源计划和管理。

在企业中，一般的管理主要包括三方面的内容：生产控制（计划、制造）、物流管理（分销、采购、库存管理）和财务管理（会计核算、财务管理）。这三大系统本身就是集成体，它们互相之间有相应的接口，能够很好地整合在一起来对企业进行管理。另外，要特别一提的是，随着企业对人力资源管理越来越重视，已经有越来越多的 ERP 厂商将人力资源管理纳入了 ERP 系统。

（一）供应链管理（SCM）

对企业供应链的管理，即对市场、需求、订单、原材料采购、生产、库存、供应、分销发货等的管理，包括了从生产到发货、从供应商到顾客的每一个环节。供应链是企业赖以生存的商业循环系统，是企业电子商务管理中最重要的课题。统计数据表明，企业供应链可以耗费企业高达 25%的运营成本。SCM 能为企业带来如下益处：①增加预测的准确性；②减少库存，提高发货、供货能力；③减少工作流程周期，提高生产率，降低供应链成本；④减少总体采购成本，缩短生产周期，加快市场响应速度。

随着因特网的飞速发展，越来越多的企业开始利用网络实现 SCM。即利用因特网将企业的上下游企业进行整合，以中心制造厂商为核心，将产业上游原材料和零配件供应商，产业下游经销商、物流运输商、产品服务商以及往来银行结合为一体，构成一个面向最终顾客的完整的电子商务供应链。目的是降低采购成本和物流成本，提高企业对市场和最终顾客需求的响应速度，从而提高企业产品的市场竞争力。

（二）销售与市场

市场是商品经济的产物，是随着商品经济的发展而发展起来的。只要有商品生产和商品交换，就必然存在市场，因此商品销售与市场存在着一种客观的必然联系。个体、私营企业的商品生产与商品交换，不受国家计划的制约，它完全是在市场环境下产生和发展起来的。为此，个体、私营企业必须树立正确的市场观念，特别是要注重市场研究，这是搞好商品生产、销售的前提，是企业在激烈的市场竞争中立于不败之地的保证。

市场观念是企业的全部生产经营活动立足于满足用户需要的经营指导思想。现代市场观念的具体内容主要包括：①用户是企业活动的中心，企业根据用户需要确定自己的生产经营方向；②企业的营销活动要形成整体，协调一致，围绕满足用户需要进行活动；③在满足用户需要的同时，实现本企业的利润。在取得利润的策略上，并不着眼于每次交易利润的大小，而是考虑企业的长远发展，把争取顾客、树立良好的企业形象、开拓市场、提高市场占有率作为企业的目标，从而取得利润。

市场研究又称市场营销研究，它是运用一定的方法和程序，搜集、整理与分析有关消费者需求的商品和劳务的营销资料，进行市场分析与规划，以确定市场营销策略。要搞好企业的财务管理，亦必须注重市场，加强市场营销研究。这是因为：第一，市场是联系生产和消费的中介，它能灵敏地反映社会需求的变化及其状况，企业要在竞争中居于有利地位，就应及时掌握市场动态；第二，企业要想以最少的成本，取得最大的效益，就要通过市场研究，生产经营适合市场需要的、适销对路的产品；第三，企业的购销活动都必须完全依靠市场营销机制进行，这是由个体私营企业生产经营特点决定的。市场研究的主要内容包括市场调查、市场预测及销售策略的制定等。

（三）财务管理

企业中，清晰分明的财务管理是极其重要的。所以，在 ERP 整个方案中它是不可或缺的一部分。ERP 中的财务模块与一般的财务软件不同，作为ERP 系统中的一部分，它和系统的其他模块有相应的接口，能够相互集成，比如，它可将由生产活动、采购活动输入的信息自动计入财务模块生成总账、会计报表，取消了输入凭证繁琐的过程，几乎完全替代了以往传统的手工操作。一般的 ERP 软件的财务部分分为会计核算与财务管理两大块。

1.会计核算

会计核算主要是记录、核算、反映和分析资金在企业经济活动中的变动过程及其结果。它由总账、应收账、应付帐、现金、固定资产、多币制等部分构成。

（1）总账模块的功能是处理记账凭证输入、登记，输出日记账、一般明细账及总分类账，编制主要会计报表。它是整个会计核算的核心，应收账、应付账、固定资产核算、现金管理、工资核算、多币制等各模块都以其为中心来互相传递信息。

（2）应收账模块是指企业应收的由于商品赊欠而产生的正常客户欠款账。它包括发票管理、客户管理、付款管理、账龄分析等功能。它和客户订单、发票处理业务相联系，同时将各项事件自动生成记账凭证，导入总账。

（3）应付账模块是企业应付购货款等账，包括了发票管理、供应商管理、支票管理、账龄分析等。它能够和采购模块、库存模块完全集成以替代过去繁琐的手工操作。

（4）现金管理模块主要是对现金流入流出的控制以及零用现金及银行存款的核算。它包括了对硬币、纸币、支票、汇票和银行存款的管理。在ERP中提供了票据维护、票据打印、付款维护、银行清单打印、付款查询、银行查询和支票查询等和现金有关的功能。此外，它还和应收账、应付账、总账等模块集成，自动产生凭证，导入总账。

（5）固定资产核算模块是完成对固定资产的增减变动以及折旧有关基金计提和分配的核算工作。它能够帮助管理者对固定资产的现状有所了解，并能通过该模块提供的各种方法来管理资产以及进行相应的会计处理。它的具体功能有：登录固定资产卡片和明细账，计算折旧，编制报表以及自动编制转账凭证，并转入总账。它和应付帐、成本、总账模块集成。

（6）多币制模块是为了适应当今企业的国际化经营，对外币结算业务的要求增多而产生的。多币制将企业整个财务系统的各项功能以各种币制来表示和结算，且客户订单、库存管理及采购管理等也能使用多币制进行交易管理。多币制和应收账、应付账、总账、客户订单、采购等各模块都有接口，可自动生成所需数据。

（7）工资核算模块可以自动进行企业员工的工资结算、分配、核算以及各项相关经费的计提。它能够登录工资、打印工资清单及各类汇总报表，计算计提各项与工资有关的费用，自动做出凭证，导入总账。这一模块是和总账模块、成本模块集成的。

（8）成本模块将依据产品结构、工作中心、工序、采购等信息进行产品的各种成本的计算，以便进行成本分析和规划。还能用标准成本法或平均成本法按地点维护成本。

2.财务管理

财务管理的功能主要是基于会计核算的数据，再加以分析，进行相应的预测、管理和控制活动。它侧重于财务计划、控制、分析和决策。

财务计划：根据前期财务分析做出下期的财务计划、预算等。

财务分析：提供查询功能和通过用户定义的差异数据的图形显示进行财务绩效评估，账户分析等。

财务决策：财务管理的核心部分，中心内容是做出有关资金的决策，包括资金筹集、投放及资金管理。

这一部分是 ERP 系统的核心所在，它将企业的整个生产过程有机地结合在一起，使得企业能够有效地降低库存，提高效率。同时，各个原本分散的生产流程的自动连接，也使得生产流程能够前后连贯地进行，而不会出现生产脱节，耽误生产交货时间。

（四）生产控制管理

是一个以计划为导向的先进的生产、管理方法。企业先确定一个总生产计划，再经过系统层层细分后，下达到各部门去执行。即生产部门以此生产，采购部门按此采购等。

（1）主生产计划：它是根据生产计划、预测和客户订单的输入来安排将来的各周期中提供的产品种类和数量，它将生产计划转为产品计划，在平衡了物料和能力的需要后，精确到时间、数量的详细的进度计划。主生产计划是企业在一段时期内的总活动的安排，是一个稳定的计划，是以生产计划、实际订单和对历史销售分析得来的预测产生的。

（2）物料需求计划：它是在主生产计划决定生产多少最终产品后，再根据物料清单，把整个企业要生产的产品的数量转变为所需生产的零部件的数量，并对照现有的库存量，可得到还需加工多少，采购多少的最终数量。这才是整个部门真正依照的计划。

（3）能力需求计划：它是在得出初步的物料需求计划之后，将所有工作中心的总工作负荷在与工作中心的能力平衡后产生的详细工作计划，用以确定生成的物料需求计划是否是企业生产能力上可行的需求计划。能力需求计划是一种短期的、当前实际应用的计划。

（4）车间控制：这是随时间变化的动态作业计划，是先将作业分配到具体各个车间，再进行作业排序、作业管理、作业监控。

（5）制造标准：在编制计划中需要许多生产基本信息，这些基本信息就是制造标准，包括零件、产品结构、工序和工作中心，都用唯一的代码在计算机中识别。

①零件代码，对物料资源的管理，对每种物料给予唯一的代码识别。

②物料清单，定义产品结构的技术文件，用来编制各种计划。

③工序，描述加工步骤及制造和装配产品的操作顺序。它包含加工工序顺序，指明各道工序的加工设备及所需要的额定工时和工资等级等。

④工作中心，用相同或相似工序的设备和劳动力组成的，从事生产进度安排、核算能力、计算成本的基本单位。

四、企业资源计划的主要特点

ERP 把客户需求和企业内部的制造活动以及供应商的制造资源整合在一起，使企业形成一个完整的供应链，其核心管理思想主要体现在以下三个方面：①体现对整个供应链资源进行管理的思想；②体现精益生产、敏捷制造和同步工程的思想；③体现事先计划与事前控制的思想。

ERP 应用成功的标志是：①系统运行集成化，软件的运作跨越多个部门；②业务流程合理化，各级业务部门根据完全优化后的流程重新构建；③绩效监控动态化，绩效系统能即时反馈以便纠正管理中存在的问题；④管理改善持续化，企业建立一个可以不断自我评价和不断改善管理的机制。

ERP 具有整合性、系统性、灵活性、实时控制性等显著特点。ERP 系统的供应链管理思想对企业提出了更高的要求，是企业在信息化社会、在知识经济时代繁荣发展的核心管理模式。

（1）面向销售，能够快速响应市场。它将供应链管理功能包含了进来，强调了供应商、制造商与分销商间的新的伙伴关系，并且支持企业后勤管理。

（2）更强调企业流程与工作流，通过工作流实现企业的人员、财务、制造与分销间的集成，支持企业过程重组。

（3）纳入了产品数据管理 PDM 的功能，增加了对设计数据与过程的管理，并进一步加强了生产管理系统与CAD、CAM 系统的集成。

（4）更多地强调财务管理，具有较完善的企业财务管理体系，这使价值管理概念得以实施，使资金流与物流、信息流更加有机地结合。

（5）较多地考虑人的因素作为资源在生产经营规划中的作用，也考虑了人的培训成本等。

（6）在生产制造计划中，ERP 支持 MRP 与 JIT 混合管理模式，也支持多种生产方式（离散制造、连续流程制造等）并存的管理模式。

（7）采用了最新的计算机技术，如客户/服务器分布式结构、面向对象技术、基于 WEB 技术的电子数据交换（EDI）、多数据库集成、数据仓库、图形用户界面、第四代语言及辅助工具等。

五、企业资源计划的优势与弊端

ERP 的优势主要体现在以下方面：①缩短周转的时间；②物流与资金流的集成；③加强物料和生产计划；④模拟不同市场状况对生产计划、能力需求计划、物料采购计划和储运等工作的影响；⑤增强企业对经营环境改变的快速反应能力；⑥实现管理层对信息的实时和在线查询；⑦为企业决策提供更加准确、及时的财务报告；⑧及时提供各种管理报告、分析数据；⑨系统本身具有严格的内部控制功能。

中国企业实施 ERP 系统仍存在一些问题，主要表现为：①大量的外来词汇设置了较高的 ERP 心理门槛。围绕 ERP 系统集合了 BRP、JIT、CIMS、虚拟企业、协同商务等庞大的新名词和外文词汇，为广大的企业管理人员设立了心理门槛，对于 ERP 实施过程的把握显得非常难。②国外ERP软件商有非常规范的 ERP 实施方法，但是不太了解我国企业的实际需求和定制过程。③国内众多 ERP 企业管理软件商有丰富的 ERP 实施经验，但无科学规范的实施方法。④ERP 软件商、提供业务流程重组的咨询公司、政府部门提供的 ERP 服务、倡导第三方监督的监理大都从自己的角度提供 ERP 实施建议和经验，但是企业由于不能全面看到具体的实施周期，使得企业不能深入了解具体的 ERP 实施方法和实施活动。

因此，选择一个合适的供应商是有利于企业成功实施 ERP 的关键。

六、企业资源计划实施中需要注意的问题

据相关资料统计表明，ERP 实施的成功率只有 10%～20%。

基于供应链管理思想的 ERP，在实施过程中需要从以下六个方面进行：

1.确立 ERP 系统实施的决策者

决策者就是对企业各方面的情况掌握较全面，对企业的整体发展目标较明确，有一定的影响力和号召力的人。由其担当 ERP 项目实施的领头羊，进行统筹规划，就会走好每一步，下好整盘棋。在企业内部成立完善的三级组织机构：领导小组、项目实施小组和职能小组。通过决策者和组织机构的科学决策，确定 ERP 的实施步骤、实施细则与人员分工。

2.做好前期咨询与调研工作

咨询就是要通过管理咨询专家对企业当前发展和管理中的薄弱环节及存在的核心问题进行诊断与分析，重新设计业务流程，调整组织分配；调研就是要知己知彼，搞清企业生产与业务构成、服务需求、ERP 供应商的开发能力及软件产品特点和了解其成功案例、供应链的构成环节、市场供求关系与未来变化特点等情况。确保基础数据的准确性、时效性、可靠性和前后、上下数据间的一致性，为科学决策与管理提供依据。

3.选择适合企业特点的 ERP 管理软件

ERP 产品比较多，不同企业间的规模、产品结构、市场战略、管理模式也存在较大的差异。因此，企业在选择 ERP 软件的时候，应该着重从企业需求、软件功能的拓展与开放性、二次开发工具及其易用性、完善的软件文档、良好的售后服务与技术支持、系统的稳定性、供应商的实力与信誉、合适的价格等方面进行综合考虑。另外，也要作投资效益分析，包括资金利润率、投资回收期、实施周期及难度，以避免造成实施时间、二次开发或用户化时间过长而影响效益的兑现。

4.进行ERP系统实施全过程的培训

要分别对车间和部门负责人、财会人员、生产计划员、购销人员、生产统计员、仓库管理员等进行贯穿于 ERP 系统实施全过程的培训。因为 ERP 系统的使用会在较大程度上改变员工现有的操作方式或操作流程。要从精良生产、准时制生产、全面质量管理等方面，对涉及 ERP 项目的人员分不同层次、不同程度地进行软件功能使用的培训。

5.建立健全工程项目管理体制和运作机制

ERP 系统是一个具有投资大、周期长、系统复杂和高风险等特点的企业管理系统工程。因此，企业在 ERP 应用过程中必须从系统工程和科学管理的角度出发，确保 ERP 项目的成功实施。

6.实现ERP与电子商务的整合

电子商务是企业参与未来国际竞争，优化企业经营的主流商务模式。电子商务时代的 ERP 系统将充分利用 Internet 技术及信息集成技术，将供应链管理、客户关系管理、企业办公自动化等功能全面集成优化，以支持产品协同商务等企业经营管理模式。如果 ERP 一味固守原有的管理思想，只停留在企业内部流程的管理上，将不能适应电子商务时代资源优化及企业间协同发展的需要。计划实施 ERP 的企业，就必须争取能够实现 ERP 和电子商务的无缝对接，为企业在电子商务时代的发展提供新的发展机遇。

七、企业资源计划系统优化趋势

1.ERP 全球化

在中小企业信息化建设中，最为明显的发展趋势便是企业全球化、市场全球化以及竞争全球化。随着电子商务的不断发展，政策屏障已经在过去几年内相继消失，电子商务已经在中小企业存在了相当长的一段时间，经营的范围已逐渐扩大到全球。因此，随着中小企业信息化建设的不断加强，势必要求优化 ERP 系统功能，为全球化的企业提供服务。

ERP 已经支持了企业信息化明显的、相对容易做到的功能，比如允许交易和电报使用多种货币单位、按国别申报经营成果。但是，其他功能，比如适用于当地政策结构或当地文化期望值，就会在 ERP 系统中设计得很复杂，而且利用编程来实现的难度较大。因此。使 ERP 全球化首先应该从 ERP 流程标准化着手，把相关地区的生产力、生产与运输成本、关税以及需求等全球数据结合在一起。

2.ERP 快速化

在竞争激烈的经营环境中，中小企业为了维持生存、发展，必须迅速了解到单个客户在某一特定时间想要得到什么，并通过 ERP 软件来作出反应。因此，要求 ERP 软件具有快速感知与快速反应能力。优化后的 ERP 必须在技术方面满足中小企业信息化建设的需要，以提高企业回应客户的速度和灵活性。

3.ERP 重组化

经济全球化促进了企业间的合并，但是，由于企业及管理机构要求降低管理的成本，因此会促使各企业在本行业内进行重新组合。重组之后的公司也应该能够在优化后的 ERP 软件的帮助下，进行 ERP 重组，使得 ERP 软件可以适应目前企业重组后的要求。

4.ERP 虚拟化

由于虚拟组织是企业为了实现共赢而进行的联合协作，所以关系范围非常广泛。优化后的 ERP 软件为了涵盖这样的范围，技术上需要支持不同级别的数据与流程的联合，从简单的组织机构间的市场交易，到完全联合与共享，各种级别的联合必须要适合构成虚拟组织的两家（或多家）机构之间的关系种类。要使 ERP 软件虚拟化，方法之一是扩大价值链，把多个数据系统中的信息整合在一起。

# 第五节 业务流程重组（BPR）

## 一、业务流程重组

业务流程重组（Business Process Reengineering，BPR）最早由美国的 Michael Hammer 和James Champy提出，在20世纪90年代达到了全盛的一种管理思想。通常定义为通过对企业战略、增值运营流程以及支撑它们的系统、政策、组织和结构的重组与优化，达到工作流程和生产力最优化的目的。强调以业务流程为改造对象、以关心客户的需求和满意度为目标，对现有的业务流程进行根本的再思考和彻底的再设计，利用先进的制造技术、信息技术以及现代的管理手段，最大限度地实现技术上的功能集成和管理上的职能集成，以打破传统的职能型组织结构，建立全新的过程型组织结构，从而实现企业经营在成本、质量、服务和速度等方面的突破性的改善。

业务流程重组最重要的是在组织高管层面有完善的业务流程重组管理计划与实施步骤以及对预期可能出现的障碍与阻力有清醒的认识。

BPR是国外管理界在TQM（全面质量管理）、JIT（准时生产）、WORKFLOW（工作流管理）、WORKTEAM（团队管理）、标杆管理等一系列管理理论与实践全面展开并获得成功的基础上产生的，是西方发达国家在20世纪末，对已运行了100多年的专业分工细化及组织分层制的一次反思及大幅度改进。BPR是对企业僵化、官僚主义的彻底改革。

在我国企业管理信息化过程中，特别是ERP项目实施过程中，BPR是不可或缺的一项关键性步骤，是企业管理信息化成功的重要因素。

BPR的IT应用支撑最佳工具为BPM业务流程管理软件，该类软件国际上的产品以IBM、微软为主，国内以协达软件、用友、金蝶为主，其中，用友、金蝶的BPM软件均采用来自于协达软件的工作流引擎技术。

BPR的技术手段主要有流程图的设计与分析和标杆瞄准法等。在云计算时代，BPR最佳的实现手段就是以云计算和SOA为IT技术理念的业务流程管理软件系统。

二、业务流程重组的核心内容

在BPR定义中，根本性、彻底性、戏剧性、和业务流程成为备受关注的四个核心内容。

1.根本性

根本性再思考表明业务流程重组所关注的是企业核心问题，如"我们为什么要做现在这项工作""我们为什么要采用这种方式来完成这项工作""我们为什么必须由我们而不是别人来做这份工作"等。通过对这些企业运营最根本性问题的思考，企业将会发现自己赖以生存或运营的商业假设是过时的，甚至是错误的。

2.彻底性

彻底性再设计表明业务流程重组应对事物进行追根溯源。对已经存在的事物不是进行肤浅的改变或调整性修补完善，而是抛弃所有的陈规陋习，并且不需要考虑一切已规定好的结构与过程，创新完成工作的方法，重新构建企业业务流程。

3.戏剧性

戏剧性改善表明业务流程重组追求的不是一般意义上的业绩提升或略有

改善、稍有好转，而是要使企业业绩有显著的增长、极大地飞跃和产生戏剧性变化，这也是流程重组工作的特点和取得成功的标志。

4.流程简化

由于设计不完善、需求变化、技术过时、官僚主义的滋生等原因，组织中许多流程会被动地包含了大量效率不高，或者说在输出创造价值方面做得不尽如人意。流程化正是一种解决这一问题行之有效的方法。

通常而言，在实施BPR的过程中，若发现以下三类现象，那么企业就可以考虑有选择地展开流程简化工作。

（1）问题解决流程所占用的时间成本存在改进的可能。

（2）瞄准标杆的结果表明与竞争者相比，企业在产品或服务的配送成本、包括服务或技术支持的响应速度上存在明显的劣势。

（3）在分析问题解决流程过程中，发现对满足顾客需要贡献甚微或几乎无法贡献的活动。

通过将非增值性步骤从业务流程中剔除或尽可能地简化，能有针对性地提高为顾客提供产品与服务的效率，提高对质量管理环节的监控能力。流程简化的作用主要表现为以下四点：

（1）提高响应能力。主要表现在为顾客提供支持性服务的产品配送环节。由于每个子环节的周期速度加快了，就促使紧随其后的环节跟进性动态改变，最终提高了顾客的满意度。

（2）降低成本。彻底消除无效预算。

（3）降低次/废品率。随着那些容易导致次/废品出现的无效低能环节的减少，次/废品率也将出现明显的下降。

（4）提高员工满意度。降低流程的无效性和复杂性，意味着员工将被授予更多的权力对自身工作进行具体决策，这无疑会大大提高员工参与工作的热情和干劲。

流程简化类别包括：

（1）成本导向的流程简化。这是一种最基本的流程简化方法，它旨在通过对特定流程进行的成本分析，来识别并减少那些诱使资源投入增加或成本上升的因素，该方法适用于对产品的价格或成本影响较大的那些活动。操作前提是不能以损害那些必要的或关键的能够确保满足顾客需要的流程或活动为代价。

（2）时间导向的流程简化。这是一种在降低产品周期方面运作得越来越广泛的流程简化方法。其特点是注重对整个流程各环节占用时间以及各环节间的协同时间进行深入的量化分析。

（3）重组性的流程简化。这是一种立足长期流程能力大幅改进，而对整个业务流程进行根本性的再设计的方法。该方法强调在企业组织的现有业务流程绩效及其战略发展需要之间寻找差距与改进空间。实施要求组织自上而下，制定跨部门、跨企业的执行计划，相应的资源投入也是非常可观的。

三、业务流程重组应用的程序和方法

（一）主要程序

企业"再造"就是重新设计和安排企业的整个生产、服务和经营过程，使之合理化。通过对企业原来生产经营过程的各个方面、各个环节进行全面的调查研究和细致分析，对其中不合理、不必要的环节进行彻底的变革。在具体实施过程中，可以按以下程序进行。

1.对原有流程进行全面的功能和效率分析，发现其存在问题

当市场需求、技术条件发生的变化使现有作业程序难以适应时，作业效率或组织结构的效能就会降低。因此，必须从以下方面分析现行作业流程的问题：

（1）功能障碍：随着技术的发展，技术上具有不可分性的团队工作(TNE)，个人可完成的工作额度就会发生变化，这就会使原来的作业流程或者支离破碎增加管理成本，或者核算单位太大造成权责利脱节，并会造成组织机构设计

得不合理，形成企业发展的瓶颈。

（2）重要性：不同的作业流程环节对企业的影响是不同的。随着市场的发展，顾客对产品、服务需求的变化，作业流程中的关键环节以及各环节的重要性也在变化。

（3）可行性：根据市场、技术变化的特点及企业的现实情况，分清问题的轻重缓急，找出流程再造的切入点。

为了对上述问题的认识更具有针对性，必须深入现场，具体观测、分析现存作业流程的功能、制约因素以及表现的关键问题。

2.设计新的流程改进方案并进行评估

为了设计更加科学、合理的作业流程，必须群策群力、集思广益、鼓励创新。在设计新的流程改进方案时，可以考虑：

（1）将如今的数项业务或工作组合，合并为一；

（2）工作流程的各个步骤按其自然顺序进行；

（3）给予职工参与决策的权力；

（4）为同一种工作流程设置若干种进行方式；

（5）工作应当超越组织的界限，在最适当的场所进行；

（6）尽量减少检查、控制、调整等管理工作；

（7）设置项目负责人（case manager）。

BPR作为一种重新设计工作方式、设计工作流程的思想，是具有普遍意义的，但在具体做法上，必须根据本企业的实际情况来进行。美国的许多大企业都不同程度地进行了BPR，其中一些主要方案的具体内容如下：

①合并相关工作或工作组。如果一项工作被分成几个部分，而每一部分再细分，分别由不同的人来完成，那么每一个人都会出现责任心不强、效率低下等现象。而且，一旦某一环节出现问题，不但不易于查明原因，更不利于整体的工作进展。在这种情况下，企业可以把相关工作合并或把整项工作都由一个来完成，这样，既提高了效率，又使工人有了工作成就感，从而鼓

舞了士气。如果合并后的工作仍需几个人共同担当或工作比较复杂，则成立团队，由团队成员共同负责一项从头到尾的工作，还可以建立数据库、信息交换中心，来对工作进行指导。在这种工作流程中，大家一起拥有信息，一起出主意想办法，能更快更好地作出正确判断。

②使工作流程的各个步骤按其自然顺序进行。在传统的组织中，工作在细分化了的组织单位间流动，一个步骤未完成，下一步骤开始不了，这种直线化的工作流程使得工作时间大为加长。如果按照工作本身的自然顺序，是可以同时进行或交叉进行的。这种非直线化工作方式可大大加快工作速度。

③同一业务在不同工作中的地位不同。传统的做法是对某一业务按同一种工作方式处理，因此要对这项业务设计出在最困难最复杂中的工作中所运用的处理方法，把这种工作方法运用到所有适用于这一业务的工作过程中。这样做存在着很大的漏洞，因此，可以根据不同的工作设置出对这一业务的若干处理方式。这样就可以大大提高效率，也使工作变得简捷。

④模糊组织界线。在传统的组织中，工作完全按部门划分。为了使各部门工作不发生摩擦，又增加了许多协调工作。然而BPR可以使严格划分的组织界线模糊甚至超越组织界线。如P&G根据超级市场信息网传送的销售和库存情况，决定什么时候生产多少、送货多少，并不一味依靠自己的销售部门进行统计，同样，这也就避免了很多协调工作。

对于提出的多个流程改进方案，还要从成本、效益、技术条件和风险程度等方面进行评估，选取可行性强的方案。

3.制定与流程改进方案相配套的组织结构、人力资源配置和业务规范等方面的改进规划，形成系统的企业再造方案

企业业务流程的实施，是以相应组织结构、人力资源配置方式、业务规范、沟通渠道甚至企业文化作为保证的，所以，只有以流程改进为核心形成系统的企业再造方案，才能达到预期的目的。

4.组织实施与持续改善

实施企业再造方案，必然会触及原有的利益格局。因此，必须精心组织，谨慎推进。既要坚定态度，克服阻力，又要积极宣传，形成共识，以保证企业再造的顺利进行。

企业再造方案的实施并不意味着企业再造的终结。在社会发展日益加快的时代，企业总是不断面临新的挑战，这就需要对企业再造方案不断地进行改进，以适应新形势的需要。

（二）实施步骤

具体实施如下：

1.了解企业存在的问题，确定要实现的目标

首先，再造小组需展开系统调研，可对一线工作人员进行访谈，从而了解企业经营所面临的问题，提出流程再造要求，确定流程重组后要实现的目标。

2.选择需要重组的业务流程

选择意义重大，它关系到事后所能取得的绩效以及对今后改造的模范作用。选择适宜的流程，需考虑严重影响企业效率、成本或增值，导致所存问题的关键流程；需考虑对顾客最重要的流程，可根据顾客最关心的内容来拟定优先重组的业务流程名单；需考虑最易实施成功的流程，做到先易后难以较小的风险获得相对可观的效益，从而一鸣惊人，发挥榜样连带的作用。

3.分析现有流程，发现症结所在

对于选择好要重组的业务流程，对其进行细致、准确的流程分析，弄清楚现有流程的核心环节的优缺点及存在的突出问题，并考查重组可能涉及的部门，作初步影响分析。这个环节是对原流程进行诊断，发现问题的重要过程。

4.设计新的业务流程

根据设定的目标、现有流程的不足及重组的原则，重新设计新的流程，识别核心流程，简化或合并非增值流程，减少或剔除重复、不必要的流程，

从而构建新的业务流程模型。这是对原流程进行改造，解决问题的关键步骤。

5.评价新的业务流程

根据企业既定目标与现实条件，对新流程进行评估，评价其是否可行，效益如何以及能否有效实现原定目标。

6.实施、修正新流程

实施新流程，并通过实践将其不断完善。

（三）实施的关键因素

（1）与IE技术相结合。

（2）高级管理层必须直接领导重组。

（3）企业的组织管理必须进行变革。

（4）采取适当策略引导重组。

（5）员工积极支持与参与重组。

（6）灵活组成团队人员。

（7）专业咨询公司参与重组。

（8）建立完善的远景规划。

（9）制定稳定的绩效度量标准。

（10）翔实的系统评效。

六、业务流程重组的特性及应用

（一）特性

（1）强调顾客满意。

（2）使用业绩改进的量度手段。

（3）关注更大范围的、根本的、全面的业务流程。

（4）强调团队合作。

（5）对企业的价值观进行改造。

（6）高层管理者的推动。

（7）在组织中降低决策的层级。

（二）原则

业务流程重组能够为企业创造优化的业务流程，提升企业的核心竞争力，在业务流程重组过程中的工作重点，就是要消除价值传递链中的非增值活动和调整核心的增值活动。这里要遵循的原则如下：

（1）应该发现并消除非增值活动，如过量生产或过量供应、等待时间、运输、转移和移动、不增值或失控流程中的加工处理环节、库存与文档、缺陷、故障与返工、重复任务、信息格式重排或转移、调停、检验、监视和控制等。

（2）在尽可能清除了不必要的活动之后，应该对剩下的必要活动进行简化，如程序和流程、沟通流程、技术分析流程和问题区域设置流程等。

（3）经过化简的任务需要进一步整合，以使之流畅、连贯并能够满足顾客需要。如为实现面向订单的单点接触的全程服务，由一位员工独立承担一系列任务的工作任务整合；为了高效优质地满足顾客需要，组建单个成员无法承担的系列任务的团队；整合顾客和供应商的资源等。

（4）在完成了流程与任务的清除、简化和整合的基础上，充分运用和发展信息技术的强大功能，实现以流程加速与提升顾客服务准确性为目标的自动化。

通常，重组之后的业务流程将呈现以下特点：组织扁平化，决策权下放或外移；审核与控制明显减少；取消装配线式的工作环节；同步工作代替了顺序工作方式；通才或专案员主导型的工作方式；管理者的工作职责转变为指导、帮助和支持。

（三）遵循的原理与方法

在企业内部业务流程重组过程中，主要存在以下八种基本的流程改进原理：

（1）消除浪费。

（2）减少浪费。

（3）简化流程。

（4）需要时可能组合流程步骤。

（5）设计具有可选路径的流程。

（6）并行思考。

（7）在数据源收集数据。

（8）应用信息技术改进流程。

（9）让用户参与流程重组。

其中，较为重要的就是"简化流程"。

遵循的方法是：

（1）围绕结果而不是工序进行组织。

（2）注重整体流程最优的系统思想。

（3）将信息处理工作纳入产生这些信息的实际工作中去。

（4）将各地分散的资源视为一体。

（5）将并行工作联系起来，而不是仅仅联系它们的产出。

（6）使决策点位于工作执行的地方，在业务流程中建立控制程序。

在实际操作过程中还要注意以下四点：

（1）建立扁平化组织。

（2）新流程应用之前应该作可行性实验。

（3）再造必须估计受影响人们的个人需求，设计变革方案必须邀请当事人参与。

（4）再造应该在12个月内初见成效。

（四）战略因素

业务流程重组只有在企业强化战略地位时才真正有可能实施。因此在业务流程重组之前，明确企业的经营战略就变得异常重要。需要实施业务流程重组的一些战略因素有：

（1）认识到竞争对手将在成本、速度、灵活性、质量及服务等方面产生优势。

（2）增加运营能力所需的战略。

（3）重新评估战略选择的需要：进入新市场或重新定位产品与服务。

（4）核心运营流程基于过时的商业假设或技术建立。

（5）企业的战略目标似乎无法实现。

（6）市场上有了新变化。如市场份额需要扩大，出现新的竞争对手等。

当企业出现以上因素时，业务流程重组会更加有效地得以实施。业务重组的成功实施对一切的继续发展有重要的作用，而对其注意事项的了解是保障其成功实施的前提。

企业陷入低谷，总不能一言放弃。企业要努力通过业务流程重组，大力加强经营集约化水平，要向一流的企业看齐，苦练内功，不断增强自身的核心竞争，增强对市场冲击的对抗。

企业的竞争，就是人才的竞争。人才和团队的竞争将是中国企业参与市场竞争力的重要因素。从人力资源开发角度来看，一些私营企业由于忽视人才战略和团队建设，特别是营销团队建设，导致企业市场竞争能力低。为提高可持续发展能力，企业通过融资，挖掘内力，大力增强研发力量，集中资源，增强产品的自主开发能力，掌握市场竞争的主动权。

# 本章小结

本章第一节介绍了生产物流的概念、特点，阐述了生产物流的操作流程。

生产物流是指在生产工艺中的物流活动。一般是指原材料、燃料、外购件投入生产后，经过下料、发料，运送到各加工点和存储点，以在制品的形态，从一个生产单位（仓库）流入另一个生产单位，按照规定的工艺过程进行加工、储存，借助一定的运输装置，在某个点内流转，又从某个点内流出，始终体现着物料实物形态的流转过程。生产物流包括的内容有：场内仓储管理、物流设施设备的选用、库存管理。企业的生产物流与社会物流相比，有着自己的特点。生产物流主要是实现加工附加价值的经济活动；生产物流主要功能要素是搬运活动；生产物流是一种工艺过程性物流；生产物流的运行具有极强的伴生性。生产物流的工艺操作包括工厂布置、工艺流程和物流节点三个方面。

第二节介绍了物流需求计划的概念、特点、基本数据及其计算步骤，指出了物料需求计划的实现目标、分类及运行步骤。

物料需求计划，是指根据产品结构各层次物品的从属和数量关系，以每个物品为计划对象，以完工时间为基准倒排计划，按提前期长短区别各个物品下达计划的先后顺序，是一种工业制造企业内物资计划管理模式。物料需求计划的特点包括需求的相关性、需求的确定性和计划的复杂性。物料需求计划的基本数据包括主生产计划、物料清单、库存记录和提前期。这四项数据都是至关重要、缺一不可。物料需求计划的计算步骤有：计算物料的毛需求量；净需求量计算；批量计算；安全库存量、废品率和损耗率等的计算；

下达计划订单；再一次计算。物料需求计划的实现目标有：及时取得生产所需的原材料及零部件，保证按时供应用户所需产品；保证尽可能低的库存水平；计划企业的生产活动与采购活动，使各部门生产的零部件、采购的外购件与装配的要求在时间和数量上精确衔接。物料需求计划可以分为再生式和净变式两种。

第三节主要介绍了准时化生产方式及其技术系统，阐述了准时化生产方式在我国的应用现状，存在的问题，并提出了相应的对策。

JIT生产方式，实质是保持物质流和信息流在生产中的同步，实现以恰当数量的物料，在恰当的时候进入恰当的地方，生产出恰当质量的产品。从本质上讲，JIT生产方式是一种生产管理技术。"准时化"是一种现代经营观念和先进的生产组织原则，它所追求的是生产经营全过程的合理性、高效性和灵活性。它是包括经营理念、生产组织、物流控制、质量管理、成本控制、库存管理、现场管理和现场改善等在内的完整的生产管理技术与方法体系。

准时化生产方式的技术体系包括看板管理；作业标准化；设备快速装换调整及合理布局；多技能作业人员；全面质量管理；"自动化"技术实施。

我国在应用准时化生产方式的过程中，存在一定的问题，包括：对准时化生产方式认识不够；现场管理混乱，浪费严重；质量管理体系还不健全。针对应用中的问题，我们提出了相应的对策，包括解放思想，转变观念，增加改革意识；实施"5S"管理，改善生产现场；全面质量管理活动。

第四节主要介绍了企业资源计划的概念、特点以及功能模块的构成，概括分析了企业资源计划的优势和不足以及在实施企业资源计划过程中应注意的问题，最后明确了企业资源计划的系统优化趋势。

企业资源计划是指建立在信息技术基础上，以系统化的管理思想，为企业决策层及员工提供决策运行手段的管理平台。ERP系统支持离散型、流程型等混合制造环境，应用范围从制造业扩展到了零售业、服务业、银行业、电信业、政府机关和学校等事业部门，通过融合数据库技术、图形用户界面、第四代查询语言、客户服务器结构、计算机辅助开发工具、可移植的开放系统等对企业资源进行了有效的集成。ERP 系统包括以下主要功能：供应链管理、销售与市场、分销、客户服务、财务管理、制造管理、库存管理、工厂与设备维护、人力资源、报表、制造执行系统（Manufacturing Executive System，MES）、工作流服务和企业信息系统。此外，还包括金融投资管理、质量管理、运输管理、项目管理、法规与标准和过程控制等补充功能。ERP 具有整合性、系统性、灵活性、实时控制性等显著特点。企业资源计划（ERP）存在一定的优势，也有一些弊端和问题。企业资源计划在实施过程中需要注意这几方面的问题：确立 ERP 系统实施的决策者；做好前期咨询与调研工作；选择适合企业特点的 ERP 管理软件；切实做好员工的培训工作；建立健全工程项目管理体制和运作机制；实现ERP与电子商务的整合。企业资源计划系统优化趋势表现为全球化、快速化、重组化、虚拟化。

第五节重点介绍了业务流程重组概念、内容、流程、特性、应用及注意事项。

业务流程重组即通过对企业战略、增值运营流程以及支撑它们的系统、政策、组织和结构的重组与优化，达到工作流程和生产力最优化的目的。业务流程重组最重要的是在组织高管层面有完善的业务流程重组管理计划与实施步骤以及对预期可能出现的障碍与阻力有清醒认识。在BPR定义中，根本性、彻底性、戏剧性和业务流程成为备受关注的四个核心内容。流程简化的作用主要有：提高响应能力；降低成本；降低次/废品率；提高员工满意度。流程简化类别包括：成本导向的流程简化；时间导向的流程简化；重组性的流程简化。BPR应用的主要程序有：对原有流程进行全面的功能和效率分析；设计新的流程改进方案，并进行评估；制定与流程改进方案相配套的组织结构、人力资源配置和业务规范等方面的改进规划，形成系统的企业再造方案；组织实施与持续改善。具体的实施步骤有：了解企业存在的问题，确定要实现的目标；选择需要重组的业务流程；分析现有流程，发现症结所在；设计新的业务流程；评价新的业务流程；实施、修正新流程。BPR实施的关键因素有：与IT技术相结合；高级管理层必须直接领导重组；企业的组织管理必须进行变革；采取适当策略引导重组；员工积极支持与参与重组；灵活组成团队人员；专业咨询公司参与重组；建立完善的远景规划；制定稳定的绩效度量标准；翔实的系统评效。BPR的特性有：强调顾客满意；使用业绩改进的量度手段；关注于更大范围的、根本的、全面的业务流程；强调团队合作；

对企业的价值观进行改造；高层管理者的推动；在组织中降低决策的层级。业务流程重组需要遵循的原则有：应该发现并消除非增值活动；在尽可能清除了不必要的活动之后，应该对剩下的必要活动进行简化；经过化简的任务需要进一步整合，以使之流畅、连贯并能够满足顾客需要；实现以流程加速与提升顾客服务准确性为目标的自动化。在企业内部业务流程重组过程中，流程改进原理有：消除浪费；减少浪费；简化流程；需要时可能组合流程步骤；设计具有可选路径的流程；并行思考；在数据源收集数据；应用信息技术改进流程；让用户参与流程重组。

# 第八章

## 电子商务物流系统管理

# 第一节 物流系统与物流系统工程

## 一、物流系统概述

### （一）概念

物流系统是指由两个或两个以上的物流功能单元构成，以完成物流服务为目的的有机集合体。物流系统的"输入"即指采购、运输、储存、流通加工、装卸、搬运、包装、销售、物流信息处理等物流环节所需的劳务、设备、材料、资源等要素，由外部环境向系统提供的过程。所谓物流系统是指在一定的时间和空间里，由所需输送的物料和包括有关设备、输送工具、仓储设备、人员以及通信联系等若干相互制约的动态要素构成的具有特定功能的有机整体。

### （二）一般规律

（1）物流系统是客户服务的产物，确定物流服务水平是物流系统的关键。

（2）物流服务与物流成本之间的关系。"效益背反"现象是物流系统中最常见的现象，不仅物流各部门和各功能之间存在"效益背反"，物流服务与物流成本之间也存在"效益背反"。

（3）高水平物流服务必然是高成本的。而成本增加时，物流服务水平不一定能按比例地提高。

### （三）基本模式

系统是由两个或两个以上相互区别并相互联系的要素，为了达到一定的目的，以一定的方式结合起来而形成的整体。

物流系统基本模式和一般系统一样，也具有输入、转换及输出三大功能，通过输入和输出使系统与社会环境进行交换，使系统和环境相依而存，而转换则是这个系统带有特点的系统功能。

一般来讲，物流系统的输入是指物流成本，而物流系统的输出是由企业效益、竞争优势以及客户服务三部分组成。

物流系统的输入包括自然资源（如土地、设施、设备）、人、财务和信息资源。物流系统的处理过程就是通过管理主体对物流活动以及这些活动所涉及的资源进行计划、执行、控制，最终高效完成物流任务。物流系统输出就是物流服务，包括组织竞争优势、时间和空间效用以及物资（如原材料、在制品、制成品）向客户的有效移动。物流系统处理过程的物流活动，是增值性经济活动，又是增加成本、增加环境处理过程的物流活动，是增值性经济活动，又是增加成本、增加环境负担的经济活动，因此，对物流活动的认识应当是研究物流管理的一个基本点。

（四）特点

（1）物流系统具有客观存在性。

（2）物流系统是一个大跨度系统，这反映在两个方面：一是地域跨度大；二是时间跨度大。

（3）物流系统稳定性较差而动态性较强。

（4）物流系统属于中间层次系统范围，本身具有可分性，可以分解成若干个子系统。

（5）物流系统具有复杂性。

（6）物流系统的复杂性使系统结构要素间有非常强的"背反"现象，常称之为"交替损益"或"效益背反"现象，处理时稍有不慎就会出现系统总体恶化的结果。

（五）要素

物流系统是由物流各要素所组成的，物流各要素之间是存在有机联系的综合体。物流系统主要受内部环境以及外部环境的要素影响，使物流系统整体构成十分复杂，其外部存在过多的不确定因素，其内部存在着相互依赖的物流功能因素。物流系统的成功要素是使物流系统整体优化以及合理化，并服从或改善社会大系统的环境。

1.一般要素

人的要素：人是所有系统的核心要素，也是系统的第一要素。

资金要素：资金是所有企业系统的动力。

物的要素：物包括物流系统的劳动对象，即各种实物。

信息要素：信息包括物流系统所需要处理的信息，即物流信息。

2.物质基础要素

物流系统的建立和运行，需要有大量技术装备手段，这些手段对物流系统的运行有决定意义，对实现物流某一方面的功能也是必不可少的。这些要素主要有：基础设施、物流装备、物流工具、信息技术及网络、组织及管理。

基础设施：是组织物流系统运行的基础物质条件，包括物流场站、物流中心、仓库，物流线路，建筑、公路、铁路、港口等。

物流装备：是保证物流系统开动的条件，包括仓库货架、进出库设备、加工设备、运输设备、装卸机械等。

物流工具：是物流系统运行的物质条件，包括包装工具、维修保养工具、办公设备等。

信息技术及网络：是掌握和传递物流信息的手段，根据所需信息水平不同，包括通信设备及线路、传真设备，计算机及网络设备等。

组织及管理：是物流系统的"软件"，起着连接、调运、运筹、协调、指挥其他各要素以保障物流系统目的的实现。

3.功能要素

物流系统的功能要素指的是物流系统所具有的基本能力，这些基本能力有效地组合、联结在一起，便成了物流的总功能，便能合理、有效地实现物流系统的总目的。物流系统的功能要素一般包括运输、储存保管、包装；装卸搬运、流通加工、配送、物流信息等。

4.支撑要素

物流系统的支撑要素：系统的建立需要有许多支撑手段，尤其是处于复杂的社会经济系统中，要确定物流系统的地位，要协调与其他系统关系，这些要素必不可少。支撑要素主要包括法律制度、行政命令、标准化和商业习惯等系统。

法律制度：决定物流系统的结构、组织、领导、管理方式，国家对其控制、指挥，管理方式以及这个系统地位、范畴，是物流系统的重要保障。

行政命令：决定物流系统正常运转的重要支持要素。

标准化：是保证物流环节协调运行，保证物流系统与其他系统在技术上实现联结的重要支撑条件。

商业习惯：是整个物流系统为了使客户满意所提供服务的基本要求，了解商业习惯，将使物流系统始终以客户为主进行运营，达到企业的目的。

二、物流系统的组成

物流系统是由商品的包装、储存、运输、检验、流通加工和其前后的整理、再包装以及配送等子系统组成。

1.运输子系统

运输的作用是将商品使用价值进行空间移动，物流系统依靠运输作业克服商品生产地和需要地点的空间距离，创造了商品的空间效益。

2.仓储子系统

储存、保管使商品在其流通过程中处于一种或长或短的相对停滞状态，这种停滞是完全必要的。因为，商品流通是一个由分散到集中，再由集中到分散的源源不断的流通过程。

### 3.商品检验子系统

由于国际贸易和跨国经营具有投资大、风险高、周期长等特点，使得商品检验成为国际物流系统中重要的子系统。通过商品检验，确定交货品质、数量和包装条件是否符合合同规定。

### 4.商品包装子系统

大多数消费者是根据商品的包装进行购买的，国际市场和消费者也是通过商品来认识企业的，而商品的商标和包装就是企业的面孔，它反映了一个企业的综合科技文化水平。

### 5.物流信息子系统

该子系统主要功能是采集、处理和传递物流和商流的信息情报。没有功能完善的信息系统，国际贸易和跨国经营将寸步难行。

### 三、物流系统的功能

物流系统的功能要素指的是物流系统所具有的基本能力，这些基本能力有效地组合、联结在一起，变成了物流系统的总功能，便能合理、有效地实现物流系统的总目标。

功能要素主要包括运输、仓储、包装、装卸搬运、流通加工、配送、信息服务等要素。

### 1.运输功能

运输是物流的核心业务之一，也是物流系统的一个重要功能。选择何种运输手段对于物流效率具有十分重要的意义，在决定运输手段时，必须权衡运输系统要求的运输服务和运输成本，可以将运输工具的服务特性作为判断的基准：运费，运输时间，频度，运输能力，货物的安全性，时间的准确性，适用性，伸缩性，网络性和信息等。

### 2.仓储功能

在物流系统中，仓储和运输是同样重要的构成因素。仓储功能包括了对进入物流系统的货物进行堆存、管理、保管、保养、维护等一系列活动。仓储的作用主要表现在两个方面：一是完好地保证货物的使用价值和价值；二是为将货物配送给用户，在物流中心进行必要的加工活动而进行的保存。随着经济的发展，物流由少品种、大批量物流进入到品种、小批量或多批次、小批次物流时代，仓储功能从重视保管效率逐渐变为重视如何才能顺利地发货和配送作业。流通仓库作为物流仓储功能的服务据点，在流通作业中发挥着重要的作用，它将不再以储存保管为主要目的。流通仓库包括拣选，配货，检验，分类等作业并具有多品种、小批量，多批次、小批量等收货配送功能以及附加标签，重新包装等流通加工功能。根据使用目的，仓库的形式可分为：

配送中心（流通中心）型仓库：具有发货、配送和流通加工的功能；存储中心型仓库：以存储为主的仓库；物流中心性仓库：具有存储、发货、配送、流通加工功能的仓库。

物流系统现代化仓储功能的设置，以生产支持仓库的形式，为有关企业提供稳定的零部件和材料，将企业独自承担的安全储备逐步转为社会承担的公共储备，减少企业经营的风险，降低物流成本，促使企业逐步形成零库存的生产物资管理模式。

3.包装功能

为使物流过程中的货物完好地运送到用户手中，并满足用户和服务对象的要求，需要对大多数商品进行不同方式、不同程度的包装。包装分工业包装和商品包装两种。工业包装的作用是按单位分开产品，便于运输，并保护在途货物；商品包装的目的是便于最后的销售。因此，包装的功能体现在保护商品、单位化、便利化和商品广告四个方面，前三项属物流功能，最后一项属营销功能。

4.装卸搬运功能

装卸搬运是随运输和保管而产生的必要物流活动，是对运输、保管、包装、流通加工等物流活动进行衔接的中间环节以及在保管等活动中为进行检验、维护、保养所进行的装卸活动，如货物的装上卸下、移送、拣选、分类等。装卸作业的代表形式是集装箱化和托盘化，使用的装卸机械设备有吊车、叉车、传送带和各种台车等。在物流活动的全过程中，装卸搬运活动是频繁发生的，因而是产品损坏的主要原因之一。对装卸搬运的管理，主要是对装卸搬运方式、装卸搬运机械设备的选择和合理配置与使用以及装卸搬运合理化，尽可能减少装卸搬运次数，以节约物流费用，获得较好的经济效益。

5.流通加工功能

流通加工功能是在物品从生产领域向消费领域流动的过程中，为了促进产品销售、维护产品质量和实现物流效率化，对物品进行加工处理，使物品发生物理或化学性变化的功能。这种在流通过程中对商品进行的辅助性加工，可以弥补企业、物资部门、商业部门生产过程中加工程度的不足，更有效地满足用户的需求，更好地衔接生产和需求环节，使流通过程更加合理化，是物流活动中的一项重要增值服务，也是现代物流发展的一个重要趋势。

流通加工的内容有装袋、定量化小包装、拴牌子、贴标签、配货、挑选、混装、刷标记等。流通加工功能的主要作用表现为：进行初级加工，方便用户；提高原材料利用率；提高加工效率及设备利用率；充分发挥各种运输手段的最高效率；改变品质，提高收益。

6.配送功能

配送功能的设置，可采取物流中心集中库存、共同配货的形式，使用户或服务对象实现零库存，依靠物流中心的准时配送，无需保持自己的库存或只需保持少量的保险储备，减少物流成本的投入。配送是现代物流的一个最重要的特征。

7.信息服务功能

现代物流是需要依靠信息技术来保证物流体系正常运作的。物流系统的信息服务功能，包括进行与上述各项功能有关的计划、预测、动态（如运量、收、发、存数）的情报及有关的费用情报、生产情报、市场情报活动。财物流情报活动的管理，要求建立情报系统和情报渠道，正确选定情报科目和情报的收集、汇总、统计、使用方式，以保证其可靠性和及时性。

从信息的载体及服务对象来看，该功能还可分成物流信息服务功能和商流信息服务功能。商流信息主要包括进行交易的有关信息，如货源信息、物价信息、市场信息、资金信息、合同信息、付款结算信息等。商流中交易、合同等信息，不但提供了交易的结果，也提供了物流的依据，是两种信息流主要的交汇处；物流信息主要是物流数量、物流地区、物流费用等信息。物流信息中的库存量信息不但是物流的结果，也是商流的依据。

物流系统的信息服务功能必须建立在计算机网络技术和国际通用的EDI信息技术基础之上，才能高效地实现物流活动一系列环节的准确对接，真正创造"场所效用"及"时间效用"。可以说，信息服务是物流活动的中枢神经，该功能在物流系统中处于不可或缺的重要地位。

信息服务功能的主要作用表现为：缩短从接受订货到发货的时间；库存适量化；提高搬运作业效率；提高运输效率；使接受订货和发出订货更为省力；提高订单处理的精度；防止发货、配送出现差错；调整需求和供给；提供信息咨询等。

四、物流系统工程

（一）概述

物流系统工程（Logistics System Engineering，LSE）是指在物流管理中，从物流系统整体出发，把物流和信息流融为一体，看作一个系统，把生产、流通和消费全过程看作一个整体，运用系统工程的理论和方法进行物流系统的规划、管理和控制，选择最优方案，以低的物流费用、高的物流效率、好的顾客服务，达到提高社会经济效益和企业经济效益目的的综合性组织管理活动。

（二）研究内容

1.物流系统的规划与设计

对于宏观物流系统，规划设计是指在一定区域范围内（国际或国内）对物流设施布局网络的最优化处理。如港口、码头的布局设置，工厂厂址的选择，作为物资储备或中转的大型仓库的布局设置等；对于微观物流系统（企业物流），规划设计的核心内容是工厂、车间内部的设计与平面布置、设备的布局。

2.运输与储存控制和管理

当企业内部物流网络布局形成时，就必须采用物流管理手段，优化和控制物流流程，主要包括运输、搬运和储存，使企业内部物流实现低成本、快速度、准确无误的作业过程，达到规划阶段所设定的目标。其中包括以下几方面：生产批量最优化的研究；工位储备与仓库储存的研究；仓储信息的完善；在制品的管理；搬运车辆的计划与组织方法；信息流的组织方法，信息流对物流的作用问题等。

3.运输与搬运设备管理

通过改进搬运设备，改进流动器具来提高物流效益、产品质量等，如社会物流中的集装箱、罐、散料包装，工厂企业中的工位器具、料箱、料架以及搬运设备的选择与管理等。主要包括以下内容：仓库及仓库搬运设备的研究、各种搬运车辆和设备的研究、流动和搬运器具的研究。

（三）物流系统工程的目标

服务目标：物流系统是"桥梁、纽带"作用的流通系统的一部分，它具体地连接着生产与再生产、生产与消费，因此要求有很强的服务性。物流系统采取送货、配送等形式，就是其服务性的体现。在技术方面，准时供货方式、柔性供货方式等，也是其服务性的表现。

快速、及时目标：及时性不但是服务性的延伸，也是流通对物流提出的要求。快速、及时既是一个传统目标，也是一个现代目标。随着社会大生产发展，这一要求更加强烈了。在物流领域采取的诸如直达物流、联合一贯运输、高速公路、时间表系统等管理和技术，就是这一目标的体现。

节约目标：节约是经济领域的重要规律，在物流领域中除流通时间的节约外，由于流通过程消耗大而又基本上不增加或提高商品使用价值，所以领先节约来降低投入，是提高相对产出的重要手段。

规模化目标：以物流规模作为物流系统的目标，是以此来追求"规模效益"的。生产领域的规模生产是早已为社会所承认的，但是由于物流系统比生产系统的稳定性差，所以难以形成标准的规模化格式。在物流领域以分散或集中等不同方式建立物流系统，研究物流集约化的程度，就是规模优化这一目标的体现。

库存调节目标：是服务性的延伸，也是宏观调控的要求，当然，也涉及到物流系统本身的效益。在物流领域中正确确定库存方式、库存数量、库存结构、库存分布就是这一目标的体现。

（四）物流系统设计

建立物流系统的目的主要是实现物流系统合理化，获得宏观和微观两个效益。

物流系统的宏观经济效益是指一个物流系统的建立对全社会经济效益的影响。其直接表现形式是这一物流系统如果作为一个子系统来看待，就是对整个社会流通及全部国民经济效益的影响。

物流系统的微观经济效益是指物流系统本身在运行后所获得的企业效益。其直接表现形式是通过有效地组织"物"的流动，在提高客户服务的同时，降低物流运营成本。

1.考虑的角度

设计一个物流系统来完成物流的基本目标需要从两个角度去考虑。

第一个是重新设计一个物流系统。这种现象主要是在新企业成立或者是进入新的领域或区域的时候，需要考虑的问题。

第二个是在现有基础上改善一个物流系统。现有的物流系统中存在某种缺陷，造成了局部的物流成本上升或者是客户投诉比例上升等现象的出现，企业应及时改善物流系统。

2.物流系统设计的步骤

物流系统的设计分为四个阶段：定义问题、分析数据、选择系统、完成设计。

3.建立物流系统的目标

随着计算机科学和自动化技术的发展，物流管理系统也从简单的方式迅速向自动化管理演变，其主要标志是自动物流设备，如自动导引车、自动存储、提取系统、空中单轨自动车、堆垛机等，及物流计算机管理与控制系统的出现。物流系统的主要目的在于追求时间和空间效益。具体包括：客户服务目标、快速、及时目标、节约目标、规模优化目标、库存调节目标。

（1）服务性（service），在为用户服务方面要求做到无缺货、无货物损伤和丢失等，且费用便宜。

（2）快捷性（speed），要求把货物按照用户指定的地点和时间迅速送到。

（3）有效地利用面积和空间（space saving），虽然我国土地费用比较低，但也在不断上涨，特别是对城市市区面积的有效利用必须加以充分考虑，应逐步发展立体设施和有关物流机械，求得空间的有效利用。

（4）规模适当化（scale optimization），应该考虑物流设施集中与分散的问题是否适当，机械化与自动化程度如何合理利用，情报系统的集中化所要求的计算机等设备的利用是否适当等。

（5）库存控制（stock control），库存过多则需要更多的保管场所，而且会产生库存资金积压，造成浪费。因此，必须按照生产与流通的需求变化对库存进行控制。

上述物流系统化的内容简称为"5S"。要发挥以上物流系统化的效果，就要把从生产到消费过程的货物量作为一贯流动的物流量看待，依靠缩短物流路线，使物流作业合理化、现代化，从而降低其总成本。

（五）物流系统工程成本

1.影响因素

（1）竞争关系对物流系统的影响。竞争关系对物流系统的影响主要有四个方面：订货周期的长短（订货周期=订单传送时间+订单准备时间+订单完成时间）；产品的可替代性；库存数量的调节；运输方式的改变。

改善这种影响的办法有：改善成本与服务，改变物流系统；提高物流服务，取得竞争优势；采用成本对策，改善物流服务；降低物流成本。

（2）产品关系对物流系统的影响。产品关系对物流系统的影响主要有四个方面：产品价格；产品密度；产品的易破损程度；产品的特殊搬运要求。

（3）空间关系对物流系统成本的影响、空间关系对物流系统成本影响很大，空间关系即物流系统中关于市场和供应点的定点选址。主要是由于物流功能要素之一的运输成本的上升与运输距离有很大的关系。距离因素和空间因素可能会以运输成本以外的方式影响物流成本。

2.效益背反

这里需要注意的是，物流的各项活动（运输、保管、搬运、包装、流通加工）之间存在"效益背反"（trade off），所谓"效益背反"，是指对于同一资源（如成本）的两个方面处于相互矛盾的关系之中，想要较多地达到其中一个方面的目的，必然使另一方面的目的受到部分损失。表现在：

（1）减少库存据点并尽量减少库存，势必使库存补充变得频繁，必然增加运输次数。

（2）简化包装，则包装强度降低，仓库里的货物就不能堆放过高，这就降低了保管效率。而且在装卸和运输过程中容易出现破损，以致搬运效率下降，破损率升高。

（3）将铁路运输改为航空运输，虽然运费增加了，而运输速度却大幅度提高了。不但减少了各地物流据点的库存，还大量减少了仓储费用。

由于各物流活动之间存在着"效益背反"，因而就必须研究总体效益，使物流系统化。前面我们已经指出，物流系统是为达成物流目的的有效机制。物流的各项活动如运输、保管、搬运、包装、流通加工等都各自具有提高自身效率的机制，也就是具有运输系统、保管、系统、搬运系统、包装系统、流通加工系统等分系统。因此，我们必须使各个系统以实现其最佳效益为目的。

这些系统之间存在着"效益背反"，因而物流系统就是以成本为核心，按最低成本的要求，使整个物流系统化。也就是说，物流系统就是要调节各个分系统之间的矛盾，把它们有机地联系起来使之成为一个整体，使成本变为最小，以追求和实现部门的最佳效益。

（六）物流系统的管理

系统主要指由一组功能相互关联的要素、变量、组成部分或目标组成的统一的整体。系统管理的一般原则是：不是仅关注单个变量，而是关注多个变量作为一个整体是如何相互作用的。物流系统管理的五个重要方面包括：

（1）物流系统管理的关键是关注输出的"结果"；

（2）物流系统要素之间必须按照顺序进行管理；

（3）物流系统操作和过程必须在有需要的时候；

（4）物流系统管理受空间因素的约束；

（5）物流系统各要素之间实行权衡管理。

（七）物流系统控制

1.基本内容

物流系统控制的基本内容包括库存控制、产品成本控制、工序质量控制、人员素质控制以及产品进度控制。

2.分类

物流系统控制主要可以分为反馈控制、超前控制和非预算性控制。

反馈控制是一种常见的管理控制，其特征是通过对运行过程输出的检测，将检测结果馈送回运行过程中去，并将纠正措施输入该运行过程中，以获得预期的输出。因此，这种反馈控制表现为时间的滞后（事后控制），如成本分析、质量检查控制、财务分析等。

超前控制也称前馈控制，是一种更为复杂的控制，其特点是通过对运行过程输入的监视，以确定它是否符合标准要求。不符合时为实现输出预期目标就要改变运行过程。前馈控制是在输出结果受到影响之前就做出纠正，因此这种反馈更为有效。这种控制克服了反馈控制的迟滞性，便于物流决策人员及时采取相应措施，纠正偏差，实现预定目标。

超前控制在物流控制中应用较为广泛，生产经营活动要达到超前控制的目的，主要有以下四个方法：

（1）用人超前控制。按岗位已定的职务要求选拔合格人才。

（2）存贮超前控制。根据存贮规律，按照建立的存贮模型，实施仓库超前存贮控制。

（3）投资超前控制。用投资回收期法或投资效率数学模型，对扩大企业再生产能力以及更新设备实行超前控制。

（4）财政预算超前控制。

非预算性控制是指在生产经营活动中预算外的临时矫正行为。主要有以下三种方式：

（1）物流批量控制法。指的是利用库存费和订购费的边际点原理对仓库管理进行优化控制的方法。

（2）盈亏平衡控制法。利用盈亏平衡点分析的方法对企业行为进行控制的方法。

（3）专家控制法。靠有经验的专业人员、专家对企业行为提出建议进行控制的方法。

# 第二节 电子商务物流系统设计

一、电子商务物流系统

（一）电子商务物流系统概述

电子商务物流是一整套的电子物流解决方案，就是所谓的ERP系统。

电子商务物流还要从传统物流做起。目前，国内外的各种物流配送虽然大都跨越了简单送货上门的阶段，但在层次上仍是传统意义上的物流配送。因此，在经营中存在着传统物流配送无法克服的种种弊端和问题，尚不具备或基本不具备信息化、现代化、社会化的新型物流配送的特征。

电子商务作为一种新的数字化商务方式，代表着未来的贸易、消费和服务方式。因此，要完善整体商务环境，就需要打破原有工业的传统体系，发展建立以商品代理和配送为主要特征，物流、商流、信息流有机结合的社会化物流配送体系。

电子商务物流的概念是伴随电子商务技术和社会需求的发展而出现的。它是实现电子商务真正的经济价值不可或缺的重要组成部分。

电子商务物流，也有人理解为物流企业的电子商务化。其实，可以从更广义的角度去理解这个概念，既可以理解为"电子商务时代的物流"，即电子商务对物流管理提出的新要求；也可以理解为"物流管理电子化"，即利用电子商务技术（主要是计算机技术和信息技术）对传统物流管理的改造。因此，有人称其为虚拟物流（Virtual Logistics），即以计算机网络技术进行物流运作与管理，实现企业间物流资源共享和优化配置的物流方式。

（二）电子商务物流的特点

电子商务时代的来临，给全球物流带来了新的发展，使物流具备了一系列新特点。

1.信息化

电子商务时代，物流信息化是电子商务的必然要求。物流信息化表现为物流信息的商品化、物流信息收集的数据库化和代码化、物流信息处理的电子化和计算机化、物流信息传递的标准化和实时化、物流信息存储的数字化等。因此，条码技术（Bar Code）、数据库技术（Database）、电子订货系统（Electronic Ordering System，EOS）、电子数据交换（Electronic Data Interchange，EDI）、快速反应（Quick Response，QR）及有效的客户反映（Effective Customer Response，ECR）、企业资源计划（Enterprise Resource Planning，ERP）等技术与观念在中国的物流中将会得到普遍的应用。信息化是一切的基础，没有物流的信息化，任何先进的技术设备都不可能应用于物流领域，信息技术及计算机技术在物流中的应用将会彻底改变世界物流的面貌。

2.自动化

自动化的基础是信息化，自动化的核心是机电一体化，自动化的外在表现是无人化，自动化的效果是省力化，另外，还可以扩大物流作业能力、提高劳动生产率、减少物流作业的差错等。物流自动化的设施非常多，如条码/语音/射频自动识别系统、自动分拣系统、自动存取系统、自动导向车、货物自动跟踪系统等。这些设施在发达国家已普遍用于物流作业流程中，而中国由于物流业起步晚，发展水平低，自动化技术的普及还需要相当长的时间。

3.网络化

物流领域网络化的基础也是信息化，是电子商务下物流活动主要特征之一。这里指的网络化有两层含义：

一是物流配送系统的计算机通信网络，包括物流配送中心与供应商或制造商的联系要通过计算机网络，另外，与下游顾客之间的联系也要通过计算机网络通信，比如，物流配送中心向供应商提出订单这个过程，就可以使用计算机通信方式，借助于增值网（Value Added Network，VAN）上的电子订货系统（EOS）和电子数据交换技术（EDI）来自动实现，物流配送中心通过计算机网络收集下游客户的订货的过程也可以自动完成。

二是组织的网络化，即所谓的企业内部网（Intranet）。比如，台湾的电脑业在20世纪90年代创造出了"全球运筹式产销模式"，这种模式的基本特点是按照客户定单组织生产，生产采取分散形式，即将全世界的电脑资源都利用起来，采取外包的形式将一台电脑的所有零部件、元器件、芯片外包给世界各地的制造商去生产，然后通过全球的物流网络将这些零部件、元器件和芯片发往同一个物流配送中心进行组装，由该物流配送中心将组装的电脑迅速发给订户。这一过程需要有高效的物流网络支持，因此物流网络的基础是信息、电脑网络。

物流的网络化是物流信息化的必然，是电子商务下物流活动的主要特征之一。当今世界Internet等全球网络资源的可用性及网络技术的普及为物流的网络化提供了良好的外部环境，物流网络化不可阻挡。

物流电子商务化是以互联网的形式提供物流行业相关信息，包括货运信息、空运信息、陆运信息、海运信息以及物流行业资讯和物流知识、法律法规等，还提供物流行业企业库供货源方查找，货源方也可通过物流网发布货源信息，以供物流企业合作。

物流网于2014年在全国兴起，好的物流网很多，用户可以根据所在地区找物流网，也可在综合型的物流网上查找相关信息，现在物流网数量上以地区物流网为主，主要提供该地区的物流信息。

实体物流网络的变化：

首先，仓库数目将减少，库存集中化。配送与JIT的运用已使某些企业实现了零库存生产，将来由于物流业会成为制造业的仓库与用户的实物供应者，工厂、商场等都会实现零库存，自然也不会再设仓库了。配送中心的库存将取代社会上千家万户的零散库存。

其次，将来物流节点的主要形式是配送中心。在未来的电子商务环境下，物流管理以时间为基础，货物流转更快，制造业都实现"零库存"，仓库又为第三方物流企业所经营，这些都决定了"保管仓库"进一步减少，而"流通仓库"将发展为配送中心。物流中心已成为城市功能的有机组成部分，一般来说，其选址应处于市区边缘和交通枢纽节点。

综合物流中心将与大型配送中心合而为一。

（三） 电子商务物流发展模式

随着电子商务行业竞争的白热化，物流这个电子商务中的瓶颈环节，已经成为电商巨头们决心打造的新的核心竞争力，甚至一度有人喊出"得物流者得天下"的口号。电子商务物流发展的模式如下：

1.轻公司轻资产模式

轻公司，国内最早的代表企业是PPG。它是指电子商务企业做自己最擅长的，比如，平台、数据，而把其他业务比如生产、物流等都外包给第三方专业企业去做，最终是把公司做小，把客户群体做大。

电商物流中的轻公司轻资产模式，即电商企业着重于管理好业务数据，管理好物流信息，而租赁物流中心的地盘，并把配送环节全部外包。这是传统电商企业的传统运作模式，也就是说，电商企业真正实现"归核化"和"服务外包"。

轻公司轻资产模式，减轻了电商企业在物流体系建设方面的资金压力，但对与其合作的第三方依赖度很高，如果第三方的服务出现问题，势必连累电商企业本身。曾有统计数据称，第三方物流的投诉率是电商企业自建物流的12倍。因此，这种合作模式需要具备较高的合作风险管控能力。

2.垂直一体化模式

垂直一体化，也被叫作纵向一体化，即从配送中心到运输队伍，全部由电商企业自己整体建设，这是完全不同于轻公司轻资产模式的物流模式，它将大量的资金用于物流队伍、运输车队、仓储体系建设。典型企业有京东商城、苏宁电器等。

垂直一体化模式改变了传统电子商务企业过于注重平台运营而轻视物流配送的状况，将较多的资金和精力转投物流体系建设，希望以在物流方面的优势加大在电商业务上的竞争力。

### 3.半外包模式

相对于垂直一体化的过于复杂和庞大，半外包是比较经济而且相对可控的模式，它也被称为半一体化模式，即电商企业自建物流中心和掌控核心区域物流队伍，而将非核心区物流业务进行外包。

这种半外包模式，仍然需要电商企业自己投入大量资金进行物流体系建设。垂直一体化也好、半外包也好，实际上是电商企业将业务扩展到了物流业的一亩三分地，姑且不论是被动扩张还是主动扩张。虽然对于做好顾客的物流服务有较高的保障，但是，需要电商企业投入较多的资金和精力以及需要电商企业具备较大的物流管理经验，可以说，这实际上存在很大的经营风险。

### 4.云物流云仓储模式

借鉴目前热门的云计算、云制造等概念，顾名思义，云物流模式就是指充分利用分散、不均的物流资源，通过某种体系、标准和平台进行整合，为我所用、节约资源。相关的概念还有云快递、云仓储。

从理论上讲，云物流实现了"三化"：一是社会化，快递公司、派送点、代送点等成千上万的终端都可以为我所用；二是节约化，众多社会资源集中共享一个云物流平台，实现规模效应；三是标准化，一改物流行业的散、乱，建立统一的管理平台，规范服务的各个环节。

云物流模式希望利用订单聚合的能力来推动物流体系的整合，包括信息整合、能力整合。但目前，云物流只是提供了一个信息交换的平台，解决了供给能力的调配问题，但不能从根本上改变行业配送能力的整合问题、服务质量问题、物流成本及物流效率的控制问题。如何整合和管理好云资源，这也是云计算、云制造共同面临的问题。

换个角度说，如果一个电商企业把物流服务做成全国老大，那它就可能已经不再是电商企业了。因此，合作才是电商企业和物流企业亘古不变的主题。不在合作中共同发展，就可能在竞争中相继衰落。

在电子商务时代，物流发展到集约化阶段，一体化的配送中心不仅仅提供仓储和运输服务，还必须开展配货、配送和各种提高附加值的流通加工服务项目，也可按客户的需要提供其他服务。现代供应链管理即通过从供应者到消费者供应链的综合运作，使物流达到最优化。企业追求全面的系统的综合效果，而不是单一的、孤立的片面观点。

作为一种战略概念，供应链也是一种产品，而且是可增值的产品；其目的不仅是降低成本，更重要的是为用户提供期望以外的增值服务，以产生和保持竞争优势。从某种意义上讲，供应链是物流系统的充分延伸，是产品与信息从原料到最终消费者之间的增值服务。

在经营形式上，采取合同型物流。这种配送中心与公用配送中心不同，它是通过签订合同，为一家或数家企业（客户）提供长期服务，而不是为所有客户服务。这种配送中心有由公用配送中心来进行管理的；也有自行管理的，但主要是提供服务；也有可能所有权属于生产厂家，交专门的物流公司进行管理。

供应链系统物流完全适应了流通业经营理念的全面更新。因为，以往商品经由制造、批发、仓储、零售各环节间的多层复杂途径，最终到消费者手里。而现代流通业已简化为由制造经配送中心而送到各零售点。它使未来的产业分工更加精细，产销分工日趋专业化，大大提高了社会的整体生产力和经济效益，使流通业成为整个国民经济活动的中心。

另外，在这个阶段有许多新技术，例如，准时制工作法（Just In Time）、销售时点信息管理系统（Point of Sale），商店将销售情况及时反馈给工厂的配送中心，有利于厂商按照市场调整生产以及同配送中心调整配送计划，使企业的经营效益跨上一个新台阶。

二、物流系统设计原则

对于大多数的企业来说，物流系统优化是其降低供应链运营总成本的最显著的商机所在。但是，物流系统优化过程不仅要投入大量的资源，而且是需要付出巨大努力、克服困难和精心管理的过程。

（一）目标（Objectives）

设定的目标必须是定量和可测评的。

制订目标是确定我们预期愿望的一种方法。要优化某个事情或过程，就必须确定怎样才能知道目标对象已经被优化了。使用定量的目标，计算机就可以判断一个物流计划是否比另一个更好。企业管理层就可以知道优化的过程是否能够提供一个可接受的投资回报率。

（二）模型（Models）

模型必须忠实反映实际的物流过程。

建立模型是把物流运营要求和限制条件翻译成计算机能够理解和处理的某种东西的方法。例如，我们需要一个模型来反映货物是如何通过组合装上卡车的。一个非常简单的模型，不能充分反映实际的物流情况。如果使用简单的重量或体积模型，许多计算机认为合适的载荷将无法实际装车，而实际上更好的装载方案会由于计算机认为不合适而被放弃。所以，如果模型不能忠实地反映装载过程，则由优化系统给出的装车解决方案要么无法实际执行，要么在经济上不合算。

（三）数据（Data）

数据必须准确、及时和全面。

数据驱动了物流系统的优化过程。如果数据不准确，或有关数据不能够及时地输入系统优化模型，则由此产生的物流方案就是值得怀疑的。对必须产生可操作的物流方案的物流优化过程来说，数据也必须全面和充分。例如，如果卡车的体积限制了载荷的话，使用每次发货的重量数据就是不充分的。

（四）集成（Integration）

系统集成必须全面支持数据的自动传递。

因为对物流系统优化来说，要同时考虑大量的数据，所以，系统的集成是非常重要的。比如，要优化每天从仓库向门店送货的过程就需要考虑订货、客户、卡车、驾驶员和道路条件等数据。人工输入数据的方法，哪怕是只输入很少量的数据，也会由于太花时间和太容易出错而不能对系统优化形成支持。

（五）表述（Delivery）

系统优化方案必须以一种便于执行、管理和控制的形式来表述。

由物流优化技术给出的解决方案，除非现场操作人员能够执行，管理人员能够确认预期的投资回报已经实现，否则就是不成功的。现场操作要求指令简单明了，要容易理解和执行。管理人员则要求有关优化方案及其实施效果在时间和资产利用等方面的关键标杆信息更综合、更集中。

（六）算法（Algorithms）

算法必须灵活地利用独特的问题结构。

不同物流优化技术之间最大的差别就在于算法的不同（借助于计算机的过程处理方法通常能够找到最佳物流方案）。每一种物流优化技术都具有某种特点。为了在合理的时间段内给出物流优化解决方案，就必须借助于优化的算法来进一步开发优化技术。因此，关键的问题是：①这些不同物流优化技术的特定的问题结构必须被每一个设计物流优化系统的分析人员认可和理解；②所使用的优化算法应该具有某种弹性，使得它们能够被"调整"到可以利用这些特定问题结构的状态。如果不能充分利用特定的问题结构来计算，则意味着要么算法将根据某些不可靠的近似计算给出一个方案，要么就是计算的时间极长。

（七）计算（Computing）

计算平台必须具有足够的容量在可接受的时间段内给出优化方案。

因为任何一个现实的物流问题都存在着大量可能的解决方案，所以，任何一个具有一定规模的问题都需要相当的计算能力支持。这样的计算能力应该使得优化技术既能够找到最佳物流方案，也能够在合理的时间内给出最佳方案。显然，对在日常执行环境中运行的优化技术来说，它必须在几分钟或几小时内给出物流优化方案。采取动用众多计算机同时计算的强大的集群服务和并行结构的优化算法，可以比使用单体PC机或基于工作站技术的算法更快地给出更好的物流优化解决方案。

（八）人员（People）

负责物流系统优化的人员必须具备支持建模、数据收集和优化方案所需的领导和技术专长。

优化技术是"火箭科学"，希望火箭发射后能够良好地运行而没有"火箭科学家"来保持它的状态是不可能的。这些专家必须确保数据和模型的正确，必须确保技术系统在按照设计的状态工作。现实的情况是，如果缺乏具有适当技术专长和领导经验的人的组织管理，复杂的数据模型和软件系统要正常运行并获得必要的支持是不可能的。没有他们大量的工作，物流优化系统就难以达到预期的目标。

（九）过程（Process）

商务过程必须支持优化并具有持续的改进能力。

物流优化需要应对大量的在运营过程中出现的问题。物流目标、规则和过程的改变是系统的常态。所以，不仅要求系统化的数据监测方法、模型结构和算法等能够适应变化，而且要求它们能够捕捉机遇并促使系统变革。如果不能在实际的商务运行过程中对物流优化技术实施监测、支持和持续的改进，就必然导致优化技术的潜力不能获得充分的发挥，或者只能使其成为

"摆设"。

（十）回报（ROI）

投资回报必须是可以证实的，必须考虑技术、人员和操作的总成本。

要证实物流系统优化的投资回报率，必须把握两件事情：一是诚实地估计全部的优化成本，二是将优化技术给出的解决方案逐条与标杆替代方案进行比较。

在计算成本的时候，企业对使用物流优化技术的运营成本存在着强烈的低估现象，尤其是在企业购买的是供业余爱好者自己开发使用的基于PC的软件包的情况下。这时要求企业拥有一支训练有素的使用者团队和开发支持人员在实际运行的过程中调试技术系统。在这种情况下，有效使用物流优化技术的实际年度运营成本极少有低于技术采购初始成本的（如软件使用许可费、工具费等）。如果物流优化解决方案的总成本在第二年是下降的，则很可能该解决方案的质量也会成比例的下降。

在计算回报的时候，要确定物流优化技术系统的使用效果，必须做三件事：一是在实施优化方案之前根据关键绩效指标（Key Performance Indicators）测定基准状态，二是将实施物流优化技术解决方案以后的结果与基准状态进行比较，三是对物流优化技术系统的绩效定期进行评审。

要准确地计算投资回报率必须采用良好的方法来确定基准状态，必须对所投入的技术和人力成本有透彻的了解，必须测评实际改进的程度，还必须持续地监测系统的行为绩效。但是，因为绩效数据很少直接可得，而且监测过程需要不间断地实施，所以，几乎没有哪个公司能够真正了解其物流优化方案的实际效果。

# 第三节 精益物流系统

## 一、精益物流的原理

精益物流（Lean logistics）起源于精益制造（Lean manufacturing）的概念。它产生于日本丰田汽车公司在20世纪70年代所独创的"丰田生产系统"，后经美国麻省理工学院教授的研究和总结，正式发表在1990年出版的《改变世界的机器》一书中。

精益思想是指运用多种现代管理方法和手段，以社会需求为依据，以充分发挥人的作用为根本，有效配置和合理使用企业资源，最大限度地为企业谋求经济效益的一种新型的经营管理理念。

精益物流是精益思想在物流管理中的应用，是物流发展中的必然反映。

## 二、精益物流的内涵

作为一种新型的生产组织方式，精益制造的概念给物流及供应链管理提供了一种新的思维方式。它包括以下五个方面：

（1）以客户需求为中心。要从客户的立场，而不是仅从企业的立场或一个功能系统的立场，来确定什么创造价值、什么不创造价值。

（2）对价值链中的产品设计、制造和订货等的每一个环节进行分析，找出不能提供增值的浪费所在。

（3）根据不间断、不迂回、不倒流、不等待和不出废品的原则制订创造价值流的行动方案。

（4）及时创造仅由顾客驱动的价值。

（5）一旦发现有造成浪费的环节就及时消除，努力追求完美。

所以，作为Just In Time（即时制管理）的发展，精益物流的内涵已经远远超出了Just In Time的概念。因此，所谓精益物流指的是：通过消除生产和供应过程中的非增值的浪费，以减少备货时间，提高客户满意度。

三、精益物流的特点

精益物流系统具备以下四个方面的特点：

（1）拉动型的物流系统。在精益物流系统中，顾客需求是驱动生产的源动力，是价值流的出发点。价值流的流动要靠下游客户来拉动，而不是依靠上游客户的推动，当顾客没有发出需求指令时，上游的任何部分不提供服务，而当顾客需求指令发出后，则快速提供服务。

（2）高质量的物流系统。在精益物流系统中，电子化的信息流保证了信息流动的迅速、准确无误，还可有效减少冗余信息传递，减少作业环节，消除操作延迟，这使得物流服务准时、准确、快速，具备高质量的特性。

（3）低成本的物流系统。

（4）不断完善的物流系统。

四、精益物流系统的基本框架

1.以客户需求为中心

在精益物流系统中，顾客需求是驱动生产的源动力，是价值流的出发点。价值流的流动要靠下游顾客来拉动，而不是依靠上游客户的推动，当顾客没有发出需求指令时，上游的任何部分不提供服务，而当顾客需求指令发出后，则快速提供服务。系统的生产是通过顾客需求拉动的。

2.准时

货品在流通中能够顺畅，有节奏的流动是物流系统的目标。而保证货品的顺畅流动最关键的是准时。准时的概念包括物品在流动中的各个环节按计划按时完成。物流服务的准时概念是与快速同样重要的方面，也是保证货品在流动中的各个环节以最低成本完成的必要条件，同时也是满足客户要求的重要方面之一。准时也是保证物流系统整体优化方案能得以实现的必要条件。

3.准确

准确包括：准确的信息传递、准确的库存、准确的客户需求预测、准确的送货数量等。准确是保证物流精益化的重要条件之一。

4.快速

精益物流系统的快速包括两方面含义：一方面是物流系统对客户需求反应速度，另一方面是货品在流通过程中的速度。

物流系统对客户个性需求的反应速度取决于系统的功能和流程。当客户提出需求时，系统应能对客户的需求进行快速识别，分类，并制订出与客户要求相适应的物流方案。客户历史信息的统计，积累会帮助制订快速的物流服务方案。

货品在物流链中的快速性包括，货物停留的节点最少，流通所经路径最短，仓储时间最合理，并达到整体物流的快速。速度体现在产品和服务上，是影响成本和价值的重要因素，特别是市场竞争日趋激烈的今天，速度也是竞争的强有力手段。快速的物流系统是实现货品在流通中增加价值的重要保证。

5.降低成本、提高效率

精益物流系统通过合理配置基本资源，以需定产，充分合理地运用优势和实力；通过电子化的信息流，进行快速反应、准时化生产，从而消除诸如设施设备空耗、人员冗余、操作延迟和资源等浪费，保证其物流服务的低成本。

6.系统集成

精益系统是由资源、信息流和能够使企业实现"精益"效益的决策规则组成的系统。精益物流系统则是由提供物流服务的基本资源、电子化信息和使物流系统实现"精益"效益的决策规则所组成的系统。

具有能够提供物流服务的基本资源是建立精益物流系统的基本前提。在此基础上，需要对这些资源进行最佳配置，资源配置的范围包括：设施设备共享、信息共享、利益共享等。只有这样才可以最充分地调动优势和实力，合理运用这些资源，消除浪费，最经济合理地提供满足客户要求的优质服务。

### 7.信息化

高质量的物流服务有赖于信息的电子化。物流服务是一个复杂的系统项目，涉及大量繁杂的信息。电子化的信息便于传递，这使得信息流动迅速、准确无误，保证物流服务的准时和高效；电子化信息便于存贮和统计，可以有效减少冗余信息传递，减少作业环节，减少人力浪费。此外，传统的物流运作方式已不适应全球化、知识化的物流业市场竞争，必须实现信息的电子化，不断改进传统业务项目，寻找传统物流产业与新经济的结合点，提供增值物流服务。

使系统实现"精益"效益的决策规则包括使领导者和全体员工共同理解并接受精益思想，即消除浪费和连续改善，用这种思想方法思考问题，分析问题，制定和执行能够使系统实现"精益"效益的决策。

### 五、精益物流的切入方式

作为中国企业发展精益物流，应当分步骤实施，一般分为两步：

### 1.企业系统的精益化

（1）组织结构的精益化。由于我国的大多数企业在计划经济中所形成的组织结构，制约这企业的变革。因此，企业要发展物流，应当利用精益化思想减少中间组织结构，实施扁平化管理。

（2）系统资源的精益化。我国的传统企业存在着众多计划经济下遗留的资源，但如果不进行整合、资源重组，则很难与其他大型物流企业进行竞争，将有可能把自己的优势变为劣势。

（3）信息网络的精益化。信息网络系统是实现精益物流的关键，因此，建立精益化的网络系统是先决条件。

（4）业务系统的精益化。实现精益物流的首先要对当前企业的业务流程进行重组与改造，删除不合理因素，使之适应精益物流的要求。

（5）服务内容及对象的精益化。由于物流本身的特征，即不直接创造利润，所以，在进行精益物流服务时应选择适合本企业体系及设施的对象及商品。这样才能使企业产生核心竞争力。

2.不断的完善与鼓励创新

不断完善就是不断发现问题，不断改进，寻找原因，提出改进措施，改变工作方法，使工作质量不断提高。鼓励创新是建立一种鼓励创新的机制，形成一种鼓励创新的氛围，在不断完善的基础上有一个跨越式的提高。物流在实现过程中，人的因素发挥着决定性的作用，任何先进的物流设施，物流系统都要人来完成。并且物流形式的差别，客户个性化的趋势和对物流期望越来越高的要求也必然需要物流各具体岗位的人员具有不断创新的精神。

六、中国的物流企业应该走精益物流的道路

当今时代是一个知识化特征最显著的新经济时代，信息、网络技术等知识含量的比重在产品和服务所创造的价值之中占有主要的位置，这一时代是以智力为导向，崇尚客户至上的高智能、多样化和微观服务，顺应以消费者为主导的买方市场。企业生存和发展的关键是对市场的变化作出快速反应，生产和提供拥护满意的产品和服务。面对新经济的巨大影响，我国的物流企业在新经济的巨大浪潮中应当运用现代管理思想对自身进行重新定位，用信息技术来满足客户最大的需求和利益，提供压缩时间和空间的增值物流服务，以在竞争中孕育生机。

精益物流理论的产生，为我国的传统物流企业提供了一种新的发展思路，为这些企业在新经济中生存和发展提供了机会。精益物流理论符合现代物流的发展趋势，该理论所强调的消除浪费，连续改善是传统物流企业继续生存和发展必须具备的根本思想，它使得传统物流企业的经营观念转变为以顾客需求为中心，通过准时化、自动化生产不断谋求成本节约，谋求物流服务价值增值的现代经营管理理念。可以说，基于成本和时间的精益物流服务将成为中国物流业发展的驱动力。

# 第四节 物流系统评价

## 一、概述

物流系统评价是系统分析中复杂而又重要的一个环节，它是利用模型和各种数据，从系统的整体观点出发，对系统现状进行评价。

对物流系统评价需要有一定的量化指标，这样才能衡量物流系统实际的运行状况。一般把衡量系统状态的技术经济指标称为特征值，它是系统规划与控制的信息基础。对物流系统的特征值进行研究，建立一套完整的特征值体系，有助于对物流系统进行合理的规划和有效的控制，有助于准确反映物流系统的合理化状况和评价改善的潜力与效果。

## 二、物流系统特征值

物流系统特征值主要有：

### 1.物流生产率

即以一定的劳动消耗和劳动占用（投入）完成某种预测的服务（产出）的过程。物流系统的投入包括人力资源、物质资源、能源和技术，各项投入在价值形态上统一表现为物流成本。物流系统的产出，就是为生产系统和销售系统提供的服务。衡量物流系统投入产出转换效率的指标称为物流生产率，它是物流系统特征值体系的重要组成部分。物流生产率通常包括实际生产率、利用率、行为水平、成本和库存五个方面的指标。

2.物流质量

物流质量是对物流系统产出质量的衡量，是物流系统特征值的重要组成部分。根据物流系统的产出，可将物流质量划分为物料流转质量和物流业务质量两方面。

三、物流系统评价的原则

物流系统评价评价的原则主要有：

1.客观性原则

评价的目的是为了决策，因此评价的质量影响着决策的正确性。也就是说，必须保证评价的客观性，必须弄清评价资料是否全面、可靠、正确，防止评价人员的倾向性，并注意人员的组成应具有代表性。

2.可比性原则

替代方案在保证实现系统的基本功能上要有可比性和一致性。个别方案功能突出、内容有新意，也只能说明其相关方面，并不能代替其他方面。

3.系统性原则

评价指标要包括系统目标所涉及的一切方面，而且对定性问题要有恰当的评价指标，以保证评价不出现片面性。

四、物流系统评价的步骤

物流系统评价是根据明确的目标来测定对象系统的属性，并将这种属性变为客观定量的计算值，或者主观效用的行为过程。这一过程包括三个关键步骤：一是明确评价目的，二是建立评价指标体系，三是选择评价方法并建立评价模型。

1.确定评价目的

对物流系统进行综合评价，是为了从总体上把握物流系统现状，寻找物流系统的薄弱环节，明确物流系统的改善方向。为此，应将物流系统各项评价指标的实际值与设定的基准值相比较，以显现现实系统与基准系统的差别，基准值的设定通常有下列三种方式：

（1）以物流系统运行的目标值为基准值，评价物流系统对预期目标的实现程度，寻找实际与目标的差距所在。

（2）以物流系统运行的历史值为基准值，评价物流系统的发展趋势，从中发现薄弱环节。

（3）以同行业的标准值、平均水平值或先进水平值为基准值，评价物流系统在同类系统中的地位，从而寻找出改善物流系统的方法。

2.建立评价指标体系

从系统的观点来看，系统的评价指标体系是由若干个单项评价指标组成的有机整体。它应反映出评价目的的要求，并尽量做到全面、合理、科学、实用。为此，在建立物流系统综合评价的指标体系时，应选择有代表性的物流系统特征值指标，以便从总体上反映物流系统的现状，发现存在的主要问题，明确改善方向。

3.选择评价方法并建立评价

（1）评价指标多且划分为不同层次，可通过逐级综合得出对各部分的评价及对系统的总体评价结果。

（2）由于管理基础工作等方面的原因，有些指标无法准确量化；同时由于物流系统是多属性的物流系统，评价结果用一个数值来表示不够全面和准确，对物流系统的评价一般采用综合评价方法，因此，对各指标进行等级评价具有一定的模糊性，通常采用模糊集理论评价物流系统。

五、物流系统技术

物流系统技术是先进制造技术中的重要组成部分，集机械设计、计算机科学、管理学和自动化控制技术等于一身的综合技术。

20世纪90年代末，全世界的制造者和分销商继续承受着各种压力，其中包括：产品订单更小、更频繁，产品需求不断变化且更加用户化以及服务价值升高等。经营者们必须使工厂的运行适应订单的混合、更短的订单周转时间和更高的生产能力。必须采取一定的措施来适应不断提高要求的库存管理、运行的柔性以及各种过程集成的程度。在供应链中集中对一些过程进行转移、结合或消除，使得工厂以及仓库的物流和信息流更加有效。在这些变化的要求下现代物流技术从各个方面显示出一些新的发展趋势。

从广义上讲，物流泛指物质实体及其载体的场所（或位置）的转移和时间占用，即指物质实体的物理流动过程。它是在生产和消费从时间和空间上被分离并日益扩大的形势下为有机地衔接"供"和"需"，保证社会生产顺利地进行，并取得良好的经济效益而发展起来的一门科学。物流所要解决的问题是物流活动的机械化、自动化和合理化，以实现物流系统的时间和空间效益。

物流系统是指在一定的时间和空间里，由所需输送的物料和包括有关设备、输送工具、仓储设备、人员以及通信联系等若干相互制约的动态要素构成的具有特定功能的有机整体。随着计算机科学和自动化技术的发展，物流管理系统也从简单的方式迅速向自动化管理演变，其主要标志是自动化物流设备。

发展至今，物流系统是典型的现代机械电子相结合的系统。现代物流系统由半自动化、自动化以至具有一定智能的物流设备和计算机物流管理和控制系统组成。任何一种物流设备都必须接受物流系统计算机的管理控制，接受计算机发出的指令，完成其规定的动作，反馈动作执行的情况或当前所处的状况。智能程度较高的物流设备具有一定的自主性，能更好地识别路径和环境，本身带有一定的数据处理功能。

现代物流设备是在计算机科学和电子技术的基础上，结合传统的机械学科发展来的机电一体化的设备。从物流系统的管理和控制来看，计算机网络和数据库技术的采用是整个系统得以正常运行的前提。仿真技术的应用使物流系统设计处于更高的水平。物流已经成为并行工程的基础和CIMS的组成部分。

六、物流系统分析

物流系统分析是一种仍在不断发展中的现代科学方法，虽然已在很多领域采用并取得显著成效，但是实际情况下，并不是任何物流系统都可用系统分析的方法来研究，因为要考虑到经济与时效等因素。为此，在采用物流系统分析前，要注意以下三个方面：

（1）物流系统分析是一个长期的工作，它贯穿在物流系统规划、运行评价、优化改善的全过程中。因为物流系统分析的总目标就是寻找物流系统的最优途径，而物流系统运行过程中，它所处的外界环境及其内部构成都不断地变化和运动，系统分析就要抓住这些信息，总结和归纳出这些特征，找到系统达到效益最优的途径和方法。可以说，只是有物流系统存在运行，物流系统分析工作就是时时刻刻地进行。总之，物流系统分析需要有高度能力的分析人员辛勤而时间漫长的工作。

（2）物流系统分析虽然对制定决策有很大帮助，但是它不能完全代替想象力、经验和判断力。物流系统分析只能是将研究问题运用数学的方法或模型推解出相对优化的备选方案。在将现实问题归纳成数字模型的过程中，必然舍去了一些无法运用数学方法分析的因素，而这些因素可能对系统的实际运行产生影响，因此当管理者进行选择或决策时，必然要运用自己的经验、想象或直觉进行综合判断。

（3）物流系统分析基本上是考虑经济、效益等目标，或者说是以经济学的方法来解决问题。对任何问题，通常均有不同的解决方案，应用物流系统分析研究问题，应对各种解决问题的方案计算出全部费用，然后再比较。但在决策时又要注意，费用最少的方案不一定是最佳选择，因为选择最佳方案的着眼点不在"省钱"，而是"有效"。

# 本章小结

本章第一节介绍了物流系统的概念、一般规律、基本模式、特点、要素，分析了物流系统的组成、功能；详细介绍了物流系统工程内容、目标、设计；概述了物流系统工程的成本、管理、控制。

所谓物流系统是指在一定的时间和空间里，由所需输送的物料和包括有关设备、输送工具、仓储设备、人员以及通信联系等若干相互制约的动态要素构成的具有特定功能的有机整体。物流系统基本模式和一般系统一样，具有输入、转换及输出三大功能，通过输入和输出使系统与社会环境进行交换，使系统和环境相依而存，而转换则是这个系统带有特点的系统功能。物流系统的特点有：①物流系统具有客观存在性。②物流系统是一个大跨度系统，这反映在两个方面：一是地域跨度大；二是时间跨度大。③物流系统稳定性较差而动态性较强。④物流系统属于中间层次系统范围，本身具有可分性，可以分解成若干个子系统。⑤物流系统具有复杂性。⑥物流系统的复杂性使系统结构要素间有非常强的"效益背反"现象。物流系统是由物流各要素所组成的，物流各要素之间是存在有机联系的综合体。一般要素包括人的要素，资金要素，物的要素，信息要素。物流系统的功能要素一般包括运输、储存保管、包装；装卸搬运、流通加工、配送、物流信息等。支撑要素主要包括体制、制度；法律、规章；行政、命令和标准化系统。物流系统是由商品的包装、储存、运输、检验、流通加工及其前后的整理、再包装以及配送等子系统组成。

物流系统工程，是指在物流管理中，从物流系统整体出发，把物流和信息流融为一体，看作一个系统，把生产、流通和消费全过程看作一个整体，运用系统工程的理论和方法进行物流系统的规划、管理和控制，选择最优方案，以最低的物流费用、高的物流效率、好的顾客服务，达到提高社会经济效益和企业经济效益目的的综合性组织管理活动。

物流系统工程研究的内容有：①物流系统的规划与设计；②运输与储存控制和管理；③运输与搬运设备管理。物流系统工程的目标包括服务目标；快速、及时目标；节约目标；规模化目标；库存调节目标。物流系统的设计分为四个阶段：定义问题、分析数据、选择系统、完成设计。物流系统的主要目标在于追求时间和空间效益。具体包括：客户服务目标、快速、及时目标、节约目标、规模优化目标、库存调节目标。影响物流系统工程成本的因素主要有：竞争关系对物流系统的影响；产品关系对物流系统的影响；空间关系对物流系统成本影响。所谓"效益背反"，是指对于同一资源（如成本）的两个方面处于相互矛盾的关系之中，想要较多地达到其中一个方面的目的，必然使另一方面的目的受到部分损失。

物流系统管理的关键是关注输出的"结果"。物流系统要素之间必须按照顺序进行管理。物流系统操作和过程必须在有需要的时候。物流系统管理受空间因素的约束。物流系统各要素之间实行权衡管理。

物流系统控制的基本内容包括库存控制、产品成本控制、工序质量控制、人员素质控制以及产品进度控制。物流系统控制主要可以分为反馈控制、超前控制和非预算性控制。

第二节介绍了电子商务物流系统的特点和发展模式，指出了物流系统设计的原则。

电子商务物流是一整套的电子物流解决方案，就是俗话说的ERP系统。电子商务时代的来临，给全球物流带来了新的发展，使物流具备了一系列新特点，包括：信息化、自动化、网络化。电子商务物流发展模式有：轻公司轻资产模式、垂直一体化模式、半外包模式、云物流云仓储模式。物流系统设计的原则分为以下十个方面：目标、模型、数据、集成、表述、算法、计算、人员、过程、回报。

第三节介绍了精益物流的原理、内涵、特点，阐述了精益物流系统的基本框架，分析了精益物流的切入方式以及我国物流企业在精益物流道路上的发展情况。

精益思想是指运用多种现代管理方法和手段，以社会需求为依据，以充分发挥人的作用为根本，有效配置和合理使用企业资源，最大限度地为企业谋求经济效益的一种新型的经营管理理念。

精益物流则是精益思想在物流管理中的应用。是物流发展中的必然反映。作为一种新型的生产组织方式，精益制造的概念给物流及供应链管理提供了一种新的思维方式。精益物流指的是：通过消除生产和供应过程中的非增值的浪费，以减少备货时间，提高客户满意度。精益物流系统具备如下四方面的特点：①拉动型的物流系统；②高质量的物流系统；③低成本的物流系统；④不断完善的物流系统。精益物流系统的基本框架包括：以客户需求为中心，准时，准确，快速，降低成本、提高效率，系统集成，信息化。作为中国企业发展精益物流，应当分步骤实施，一般应分为两步：①企业系统的精益化；②不断地完善与鼓励创新。中国的物流企业应该走精益物流的道路。

第四节概括地介绍了物流系统评价，物流系统特征值，指出了物流系统评价的原则和步骤，阐述了物流系统技术和物流系统分析。

物流系统评价是系统分析中复杂而又重要的一个环节，它是利用模型和各种数据，从系统的整体观点出发，对系统现状进行评价。物流系统特征值主要有：物流生产率和物流质量。物流系统评价的原则包括客观性原则、可比性原则、系统性原则。物流系统评价的步骤包括：①明确评价目的；②建立评价指标体系；③选择评价方法并建立评价模型。物流系统技术是先进制造技术中的重要组成部分，集机械设计、计算机科学、管理学和自动化控制技术等于一身的综合技术。物流系统分析是一种仍在不断发展中的现代科学方法，虽然已在很多领域采用并取得显著成效，但是实际情况下，并不是任何物流系统都可用系统分析的方法来研究，因为要考虑到经济与时效等因素。

# 第九章

## 电子商务物流服务与成本管理

# 第一节 物流服务与成本管理的关系

## 一、物流服务

物流服务是指物流企业或企业的物流部门从处理客户订货开始，直至商品送至客户手中，为满足客户需求，有效地完成商品供应、减轻客户物流作业负荷所进行的全部活动。

物流服务的目的就是提供更多能满足客户要求的服务，扩大与竞争对手之间的差距，通过销售额的增加来获得或增加企业的利润。包括以下三个方面：

（1）有效地完成商品的供应；

（2）减轻客户的物流作业负担，提高作业效率；

（3）为客户节省更多的流动资金来研发企业的核心技术。

## 二、企业物流成本分析

### （一）物流成本

物流活动是商品的生产和流通过程中不可或缺的基本活动，具有生产活动的属性。物流活动需要人员、设施设备和资金等要素的投入，这些投入便构成了物流成本。物流成本的高低，直接关系到企业经济效益和国民经济发展质量，因此，物流成本管理是一个永恒的课题。如果说"物流是第三利润源"过去还只是停留在理论层面上，那么，当我国经济发展进入新常态后，降低物流成本就真正成为企业获取利润的重要源泉，成为降本增效的重要途径。降低物流成本的意义可以从微观和宏观两个层面加以阐述。

从微观层面看：首先，降低物流成本意味着扩大企业的利润空间，提高利润水平。当某企业的物流效率高于所属行业的平均物流效率、物流费用低于所属行业平均物流费用水平时，该企业就能够获得超额利润，物流成本的降低部分则就转化为企业的"第三利润"，反之则会降低利润空间。正是这种与降低物流成本相关的超额利润的存在，引导企业积极关注物流领域的成本管理，致力于降低物流成本。其次，降低物流成本有助于增强企业在产品价格方面的竞争优势，使企业以相对低廉的价格在市场上出售商品，从而提高商品的价格竞争优势，促进商品销售，为企业带来更多的利润。

从宏观层面看：首先，如果通过提高物流效率实现全社会物流总费用水平的下降，就意味着创造同等数量的财富在物流领域所消耗的物化劳动和活劳动的节约，从而实现以尽可能少的资源投入创造出尽可能多的物质财富的经济效果。其次，某地区、某行业物流总费用水平的下降，可以提升该地区、该行业在全国市场中的竞争力。同理，如果我们国家的某个产业物流运作水平高、成本低，则该产业在国际上的竞争力也会相应提高。最后，如果全行业物流效率普遍提高，则意味着同样数量的物流活动所耗费的社会必要劳动减少，商品价格会随之下降，这有利于保持物价的稳定，提高国民的实际购买力。

（二）物流成本具有差异性、关联性和支撑性的特性

1.物流服务多样性带来的差异性

物流成本的差异性源于物流服务的多样性。物流成本是物流活动中投入的费用，物流活动过程也是物流服务的产出和消费过程，不同品质和不同方式的物流服务消耗的物流费用是不一样的。物流服务虽然属于无形产品，但可以细分。同样重量的包裹和送达距离，当日达和次日达的单位成本不同。同样的物品、同样的运输规模（吨千米），由于运输频次不同、批量不同、门到门程度不同、增值服务需求不同，物流成本上也存在差异。因此，评价物流成本需要与服务内容和服务水准联系起来。

2.物流活动的系统性带来的关联性

构成物流系统的功能活动之间存在着效益背反（trade-offs）的关系，即一个部门的高成本会因另一个部门成本的降低或效益的提高而相互抵消的这样一种相关活动之间的相互作用关系，物流管理追求的不是单项物流活动费用的最低，而是总成本最低。例如，大批量运输可以节约运输费用，却加大了库存规模，导致存货费用和保管费用上升；而小批量多频次运输虽然运费高，但由于存货规模小，存货费用和保管费用得到节约。

3.因物流作为派生需求而具有的支撑性

在判断物流成本是否合理时，应看其所提供的物流服务是否可以很好地支撑上位目标的达成，例如，一项物流活动促进了销售收入的增长，且由此获得的收益可以弥补物流费用支出，那么，即使相关物流费用较高，该物流活动也有其合理性。以上分析表明，判断物流费用水平是高还是低，需要在一定服务水准和相关物流综合服务基础上去全盘考虑；物流费用的高低是否合理，必须考虑物流服务对其活动目标达成所起的支撑作用。

（三）影响物流成本的因素分析

物流需求作为派生需求的属性决定了物流成本规模和水平受多种因素影响，既包括物流以外的因素，又包括物流内部的因素。比较物流成本时，必须考虑各种因素的影响。

1.外部因素

所谓外部因素，是指物流以外的因素，这些影响因素属于物流系统上一层的因素，难以靠物流自身的努力去改变，但对物流成本会产生重大影响。

（1）经济规模。社会物流总费用首先与一国的经济发展规模密切相关，一般而言，经济规模越大则社会物流总费用就越多。因为企业的物流费用会转化为物流专业企业的经营收入，因此，根据社会物流总费用也可以判断物流服务市场的规模。

（2）产业结构（业态、产品结构）。社会物流总费用占GDP比率的高低与一个国家的产业结构密切相关。一般来说，越是附加价值高、比重小、入出库批量小的产品，相应的单位物流成本就会越高，反之则低。

（3）资源环境。像我们中国这样的国家，国土面积广阔，东西南北距离长，资源多分布于西部和北部，而产业发达于东部和南部，西煤东运，西气东输，资源流动范围广、运距长，因而造成货物在途时间长，导致运输费用以及库存环节的存货和保管费用高。

（4）统计口径。物流成本统计口径不同也会带来成本上的差异。以道路使用费为例，我国高速公路发展迅速，目前已超过12万千米，而且基本上都是收费道路，过路过桥费构成物流费用的基本部分。其他国家有的高速公路不收费，有的道路使用费用含在燃油的价格中。这种差异会导致物流费用统计口径的不同。但是，无论道路收费与否，道路的建设和使用过程总是要有费用投入的，这些投入即使不计入物流费用，也要计入其他类别的费用中。

2.内部因素

所谓内部因素，是指物流系统内部的因素，属于物流同级因素，是靠物流部门（领域）自身的努力可以改变的因素。外部因素相对稳定，物流部门（领域）难以改变，因此，我们更应关注内部影响因素，只有从这些方面入手，才能真正降低物流成本。

（1）物流运作效率。物流运作效率是单位时间完成物流活动的能力，是影响物流费用水平的最重要因素。通过规模化、高速化、信息化、网络化、机械化、自动化等物流运作方式，可以大幅度提高物流效率，从而降低物流成本。

（2）物流管理水平。在企业层面，物流管理水平体现在物流系统规划设计能力、物流系统活动运行管理能力、物流成本控制能力等方面；在宏观层面，物流管理水平表现为政府部门的政策制定水平和管理协调能力。目前，我国部分企业的物流管理处于混沌状态，仅停留在运输管理阶段，无法准确把握物流综合成本，缺乏清晰的物流管理思路和有效的物流管理手段。宏观层面的物流管理存在部门分割、综合协调能力弱、物流产业政策制定水平低等问题。低水平的物流管理水平制约着物流合理化和效率化的推进，对物流成本产生重要影响。

（3）物流服务水准。物流服务包括物流企业提供给市场的物流服务产品和货主企业在产品销售过程中提供给客户的物流客户服务，前者表现为运输服务、保管服务、装卸搬运服务等具体的功能性服务，后者表现为商品供应保障的可靠性、购买的便利性、商品送达的及时性和准确性以及产品退换的便利性等，高水准的物流服务需要较高的物流费用来支撑。从物流服务产品提供的角度看，速度、批量、频次等方面的服务标准不同，物流费用水平也不同。例如，使用公路门到门运输服务的费用要高于铁路运输费用，当日达快递服务比次日达费用高，货物小批量多批次出库比大批量少批次出库的物流费用高。从物流客户服务提供的角度看，商品供应保障的可靠性等各项服务水准越高，则物流费用支出越多。例如，95%的供应保障率比85%的供货保障率所支付的存货费用要高许多。便利店的便利化程度高，这种便利性源于便利店接近客户的节点布局以及获得新鲜商品的保障程度，因此，在网络节点布局以及配送系统建设和运行方面投入的物流费用也较多。

（4）物流需求特点。生产经营过程中的物流服务需求属于派生性需求，物流服务需求的特点取决于生产经营方式。例如，日本制造业的生产经营方式具有即时化生产以及少库存或无库存经营的特点，这就决定了物流服务以小批量多频次运输和入出库为主。小批量多频次的运输和入出库，必然比大批量运输和一次性入出库支出的费用高。日本的公路运输价格是美国的5倍、中国的10倍，这与小批量多频次运输有直接关系。考虑到物流费用支出水平，维持一个合适水准的物流需求是有必要的。

（5）物流服务价格。物流服务价格是货主企业在市场上购买物流服务的单价。例如，每吨千米运费、每平方米仓储费等。物流服务价格对服务提供商来说是收入，对货主企业来说是成本。服务价格的高低直接影响货主企业的物流成本水平。如果社会物流服务价格低，则有利于货主企业以较低的物流成本完成产品的生产和流通活动。由于我国的人工费用相对低廉，加之市场竞争激烈，运输、仓储等物流服务价格长期在低位徘徊。物流服务价格低，有利于企业降低物流成本，但也给物流企业带来经营压力。我国公路运输企业的运价基本上仍维持在20年前的水平，长期过低的服务价格既不利于服务企业获得合理的利润，也不利于服务的改进，最终会影响货主企业在市场上获得优质的物流服务。虽然低廉的物流服务价格能降低企业物流成本，但是，从长远考虑，合适的价格对物流服务市场的健康发展极其重要。

三、企业物流服务与物流成本的关系

物流服务的不断提升导致物流成本的急速增长，所以物流服务和物流成本之间是"效益背反"的关系，也可称为"二律背反"。二律背反是由德国哲学家康德提出的，认为同一个对象或问题所形成的两种理论或学说虽然各自成立但却相互矛盾的现象。

在物流领域里，二律背反是一个极为常见的现象，墨菲和伍德(2009)在当代物流学一书中是这样来定义的"对某一个物流活动的改变可能会导致一部分物流成本增加、另外一部分物流成本降低"。

最典型的二律背反就是物流服务和物流成本之间的效益背反。但它们之间的关系不能简简单单地说成是此消彼长，因为在服务水平比较低时，投入单位成本带来的效益要远远高于在服务水平比较高时投入单位成本带来的效益。所以随着服务水平的提高，单位成本投入带来的服务水平的提高会越来越少。当服务水平达到一定高度之后，单纯的成本投入已经无法实现服务的大幅度提高。所以，物流服务和物流成本之间的二律背反关系并不是一成不变的，而是随着服务水平的提高呈现越来越弱的特点。

四、确定企业物流服务与物流成本平衡点的策略

在物流领域，不管是物流服务还是物流成本，都是我们不能忽视的方

面。高端的物流服务会给企业带来并且留住客户。低廉的产品价格又可以保证企业在市场中具有竞争优势，那么，对于企业来讲到底应如何来抉择，是选择高端的物流服务还是保证低廉的物流成本?要想解决这个问题，企业需要考虑以下几方面：

1.明确企业服务的目标群体

所谓目标群体是指企业所选择的目标客户。只有明确了目标客户的需求之后，企业才能确定自己的竞争战略是什么。企业到底是选择低成本战略，差异化战略还是集中化战略完全取决于企业所选择的目标客户。低成本战略一般针对的是普通大众消费者；差异化战略一般针对的是高端消费者；集中化战略一般针对某一个特定的消费群体。

不同的目标群体决定了企业不同的竞争战略，进一步决定了企业对于成本和服务不同的侧重点，但需要注意的是，成本和服务对于企业来讲都是很重要的，关注成本并不意味着完全摒弃服务，关注服务也不意味着可以无限制地提高成本。

2.产品属性

企业的产品属性也会影响物流服务和成本之间的权衡。墨菲和伍德（2009）在当代物流学一书中把供应链分成了两个类别：快速供应链（fast supply chain）和敏捷供应链（aisle supply chain）。

快速供应链强调产品生产周期短，投放市场速度快，规模效应大，因为此类产品需求量很大，多数是日常用品，消费者对此类产品没有所谓的个性化要求。

敏捷供应链则对于消费者需求的变化以及个性化需求有着很高的反应速度，比如，当今的电子产品日新月异，消费者对于此类产品的个性化要求很高，包括售前服务和售后服务，那么，此类产品对于服务的考量就会高于成本。

还有一类特殊的产品就是具有时效性的产品，包括易腐烂的新鲜水果蔬菜以及具有季节性的一些产品，比如，月饼。具有时效性的产品对于服务的要求在某种程度上也会高于成本。

所以当产品的属性不同时，企业对于成本和服务的考量程度也是不一样的。只有当产品的属性和成本或者是服务准确呼应，或者说只有当产品的属性准确地反映在了服务或者是成本上时，才能给企业带来更多的顾客和更大的利润。

3.建立合理的考核指标

在当前的物流企业，不管是以服务为主还是以成本为主都有相应的考核指标，但这些目标多数不再适合当前的物流环境。以订单周期为例，企业都以订单周期的长短来作为考核的指标，而往往忽视了订单周期的稳定性。在当前的物流环境中，稳定的订单周期比短的订单周期更为重要。再以运输周期为例子，大多数企业都以运输周期的长短作为考核目标，却忽略了运输过程中产品的损坏率。可是对于顾客来讲，运输周期固然重要，可产品是否破损也是顾客关心的一大问题。

合理的考核指标能更好地分析出物流服务和物流成本的平衡点，因为如果考核指标不合理，那么，就意味着考核结果也会不准确，进而导致无法判断企业当前的战略是否合适。所以，合理的考核目标对于在确定服务和成本的平衡点时是至关重要的。

4.建立信息共享机制

之前的几条建议都是从单个企业为出发点，而建立信息共享机制是以供应链为基础的。将供应商、生产企业、分销商以及顾客看成是一个有机的整体，用总成本分析法和系统法去实现整体的最优化，进而使单个企业受益。如果只单纯关注某一个企业的成本或者是服务，在短期之内，可能会给该企业带来效益，但长期关注自身利益，甚至危害其他企业的利益的话，一定会导致整个供应链的效率低下。通过建立信息共享机制，加强企业的沟通合作，实现集成化管理，确保每个节点的库存最小化。同时，企业可以对市场做出快速的反应，提高整个系统对客户需求快速反应的能力。提高服务的同时，也可以使成本保持在一个较低的水平。

当前，物流企业之间的竞争已经趋于白热化，成本的高低决定了企业能否生存，而服务水平的高低决定了企业的生存状况或者是市场份额的多少。所以，二者之间的权衡对于物流企业来讲至关重要。在提供良好服务的同时兼顾成本的投入，才能真正提高企业的竞争力，使企业立于不败之地。

五、第三方物流企业的服务与成本

（一）第三方物流

第三方物流是指独立于商品或劳务供方和需方之外的物流服务方，以合同协议的形式，通过自有物流资源或其他物流服务方向服务需求方提供个性化物流服务的一种交易形式。因其属于生产经营企业的物流外包活动，又被称为"物流代理""合同物流"或"外协物流"。整合仓储、运输、加工包装、装卸搬运、货代、配送、报关报检等一系列物流环节，实行一体化运作，一站式服务，是第三方物流企业区别于传统运输、仓储和货代企业的根本特点，也是提高社会资源利用效率、方便用户的主要手段。与企业自营物流业务相比，第三方物流拥有更加完善的服务网络和分销网络，可以更加专业、快捷地完成物流外包业务，降低社会物流总费用。

近年来，受国家物流业发展规划提拔以及"八项政策"和"九条建议"等政策措施的影响，我国物流业获得了长足发展，作为现代物流重要组成部分的第三方物流也已初具规模，大型国企如中国远洋海运集团、中国外运长航集团都成立独立的物流公司，外企如马士基、联邦快递、TNT 等也都纷纷进入中国，第三方物流业呈不断发展态势。第三方物流企业如何通过有效管控降低运营成本、提高自身核心竞争力，已成为亟待解决的问题。

（二）第三方物流企业成本管控存在的难点

第三方物流企业成本管理的内容，不仅涉及仓储、运输、加工包装、装卸搬运、货代、配送、报关报检等主要外包环节的物流服务成本，还包括自身的信息技术投入、业务研发等方面的成本，其中，物流服务成本在总成本中占据较大比重，也是最具降本潜力的部分。但长期以来，第三方物流企业对物流服务成本的管控缺乏有效的破解之道，主要困难在于以下五个方面。

1.成本核算方法制约了对成本的管控力度

第三方物流企业的居间代理业务特点决定了其财务核算以代收代付为主要特征，将应收应付账款的差额确认为营业收入。这种处理方式主要是为了适应原营业税体系下物流业务可以"差额纳税"的政策，避免产生不必要的税务争端，同时，也是因为《企业会计准则》并未对收入全净额确认明确具体的标准。在差额核算方式下，管理层更为关注净额收入的增减变动，物流服务成本则被简化为应付账款处理，在业务类供应商的选择、定价等方面也主要由业务部门自主决定，无形中削弱了企业层面对物流服务成本的管控力度。

2.信息技术投入不足

第三方物流企业点多、面广、线长、业务量大的特点决定了信息技术的应用和推广在生产经营各环节的重要作用，但当前市场主体在信息技术的投入上严重不足，除了少数规模较大的企业实现了业务、财务的互联和集成，大多数企业要么还是处于手工状态，要么各类信息管理系统处于孤岛状态。即使已经实现业财系统融合的企业，其非主干信息系统也难以与主系统实现高度集成和无缝衔接。信息技术普及程度不高、发展不平衡以及网络技术建设相对滞后，严重影响了企业运作效率，造成第三方物流企业成本普遍偏高。

3.难以获得规模生产优势

由于第三方物流市场竞争的加剧，客户的要求越来越多样化，物流服务的个性化特征日益明显，导致物流服务难以形成规范化、标准化的运作流程，规模效应不明显。第三方物流企业较为普遍地存在"大而全，小而全"的问题，业务经营同质化，什么都能做，什么也做不好，本质上是专业化不强，难以形成个性化服务特色，在市场竞争方式上主要以价格竞争为主，直接对经营成本构成很大压力。

4.集中统一采购难度大

集中统一的物流资源采购是降低第三方物流经营成本的有效方式，因为物流过程涉及包装、运输、装卸、仓储、配送等一系列环节，任一环节资源的零散化、碎片化都会成倍增加第三方物流的整合成本。但是，当前物流各环节供应商实力参差不齐，鱼龙混杂，特别是在运输环节，运输资源的提供者多为个体私营公司，实力弱、规模小，难以实现集中采购，这无形中增加了第三方物流的整合成本和管理成本。

5.强势供应商议价难度大

在第三方物流供应链中，报关报验、商品检验检疫、引水、港口码头等是必不可少、绕不过去的环节，相关单位也是第三方物流企业的重要供应商，只是这类资源的供应方或为国家公共资源，或为垄断经营，仍有很强的计划经济特征，服务价格无法撼动，没有讨价还价的余地。第三方物流企业在这个环节上完全处于弱势地位，几乎不存在成本降低的主动权，这也给其成本管控增加了难度。

（三）第三方物流企业成本管控建议

由以上分析可知，第三方物流企业要想降低运营成本，除了充分利用国家优惠政策外（如近年国家对国际货运代理业务实行免征增值税政策，对国际运输业务实行零税率，大大减轻了物流行业的税负，促进了企业经济结构转型升级），还必须苦练内功，以成本的网络化、规模化和科学化管理为基础，加强专业化经营和精细化管理，整合全链条的物流服务能力，不断提高运营效率。

1.建立科学的成本核算和控制体系

加大信息技术投入，不断优化升级信息系统。借助业务、财务一体的物流业务管理系统和财务系统进行成本管理，对物流服务过程中各项费用的产生过程进行计划、控制、归集、核算、查询和分析，通过信息系统网络将各个独立环节联结起来，将业务过程管控和财务精准核算紧密结合起来，实现准确的全额成本核算。建立科学的成本费用管控体系，把成本管理和控制作为实现稳定持续发展的关键因素，运用大数据技术加强各环节成本费用分析，及时堵塞"跑冒滴漏"，设定降本目标并定期量化考核，使经营成本既能保证公司的发展所需，又能明显低于行业平均水平或主要竞争对手，取得竞争优势。

2.运用互联网＋形成规模效应

以协同和共享的理念，对企业的营销网络资源进行有效整合、利用，做大集装箱货运在线订舱业务，统一平台、统一订舱、统一运价、统一服务，形成规模效应，增强对船公司、车队及仓储场站等供应商的议价能力，实行集约采购，降低采购成本。

3.利用优势，降低成本

充分利用散杂货运港际竞争激烈的特点，通过加大对重点客户的营销力度，优化服务方案，增加客户在目标港口的操作量，以全链条整合物流服务商身份参与客户对港口码头、铁路等部门的议价，对供应商实施"货比三家"，实现港口费、拖轮费、理货费、铁路运费等服务成本的下调，既为企业降低物流成本，也为客户创造价值，实现多方共赢。

4.优化生产组织，提高作业效率

一些大型第三方物流企业除经营代理业务外，还拥有自己的车队及仓储场站等基础资源和设施，生产组织相对于单纯的物流代理更具复杂性，高企的资源成本使成本管控难度进一步加大。生产型第三方物流企业要通过持续的技术创新，优化生产组织，完善流程，简化操作，协调装卸、运输、仓储、配送等各个环节，减少差错率与货损率，提高作业效率，降低消耗。

5.减少中间环节，提供增值服务

因资质差异而不具备相关业务操作能力或为降低自身操作成本，第三方物流企业间的业务分包非常普遍，二次、三次乃至多次业务外包屡见不鲜。

每多一次分包操作成本就会相应增加，增值环节相应减少。因此，要尽可能减少中间环节，提高直接客户（终端客户）比例，全方位、多环节为客户提供增值服务，降低服务成本，扩大利润空间。总之，由于外包成本和自有物流资源成本在第三方物流企业成本中所占比重较高，相对其他企业而言，第三方物流企业想要获得利润，加强对成本的管控就显得尤为重要。但成本管控是一项系统、长期的工作，不仅需要管理层有正确的成本控制理念和方法，优质的全链条的整合物流服务能力以及信息化系统的持续有效支持也缺一不可。只有不断锤炼内功，持续提升服务能力，才能有效降低成本，提升核心竞争力，为企业带来利润、创造价值。

# 第二节 物流服务管理

一、物流服务职能流程

1.订单

该流程包括订单获取、格式化数据、订单录入、订单确认、交易处理（借记卡或贷记卡处理与授权）。订单管理活动逐渐需要成熟的软件对顾客订单在供应链中移动时进行转化、路由和管理。

2.退货

退货管理也称为逆向物流，处理产品回收，包括被退回产品的合适服务、包装和会计处理。

3.运输

包括运输的采购、计划、优化和执行。特殊的活动有：和核心运输者进行合同谈判，建立行程安排指导，管理运输者合同，计划订单/交货的最优出货，优化出货，跟踪运输中的货物，审计和支付处理，运输者绩效监控，出货后的交货确认。

4.履行

订单经过路由后，合适的仓库或履行中心会负责该订单的提货、包装和出货。这方面的服务包括采购订单管理、发票生成、提货、包装、出货服务等。库存管理涉及监控库存水平、根据需要补货、将完成的产品送到合适的地点。

二、物流服务理念

1.以客户为核心的物流服务

以客户为核心的增值服务，包括向买卖双方提供利用第三方专业人员来配送产品的各种可供选择的方式。处理客户向制造商的订货、直接送货到商店或客户家中以及按照零售店货架储备所需的明细货品规格持续提供递送服务。这类专门化的增值服务可以被有效地用来支持新产品的引入以及基于当地市场的季节性配送。

2.以促销为核心的物流服务

以促销为核心的增值服务，涉及独特的销售点和展销人的配置，以及旨在刺激销售的其他范围很广的各种服务。销售点展销可以包含来自不同供应商的多种产品，组成一个多节点的展销单元，以便于适合特定的零售商店。在有选择的情况下，以促销为核心的增值服务还对储备产品的样品提供特别介绍，甚至进行直接邮寄促销。许多以促销为核心的增值服务包括了销售点广告宣传和促销材料的物流支持等。

3.以制造为核心的物流服务

以制造为核心的增值服务，是通过独特的产品分类和递送来支持制造活动的。既然每一位客户的实际设施和制造装配都是独特的，那么，从理想上来说，递送和引入内向流动的材料和部件应进行客户定制化。以制造为核心的服务，与其说是在预测基础上生产独特的产品，还不如说是对基本产品进行了修正，以适应特定的客户需求，其结果是改善了服务。

4.以时间为核心的物流服务

以时间为核心的增值服务涉及使用专业人员在递送以前对存货进行分类、组合排序，主要采用准时化形式来最大限度地满足物流服务对象的各种时间需要。以时间为核心的服务，就是排除不必要的仓库设施和重复劳动，以期最大限度地提高服务速度。

三、物流服务的重要意义

（1）物流是企业生产和销售的重要环节，是保证企业高效经营的重要方面。对于一个制造型企业来说，物流包括从采购、生产到销售这一供应链环节中所涉及的仓储、运输、搬运、包装等各项物流活动，它是贯穿企业活动始终的。只有物流的顺畅，才能保证企业的正常运行。同时，物流服务还是提高企业竞争力的重要方面，及时准确地为客户提供产品和服务，已成为企业之间除了价格以外的重要竞争因素。

（2）物流服务水平是构建物流系统的前提条件。物流服务水平不同，物流的形式将随之而变化，因此，物流服务水平是构建物流系统的前提条件。企业的物流网络如何规划，物流设施如何设置，物流战略怎样制定，都必须建立在一定的物流服务水平之上。不确定一定的物流服务水平而空谈物流，是"无源之水，无本之木"。

（3）物流服务水平是降低物流成本的依据。物流在降低成本方面起着重要的作用，而物流成本的降低必须首先考虑物流服务水平，在保证一定物流服务水平的前提下尽量降低物流成本。从这个意义上说，物流服务水平是降低物流成本的依据。

（4）物流服务起着连接厂家、批发商和消费者的作用，是国民经济不可缺少的部分。

四、物流服务质量

物流服务质量是指以物流服务固有的特性满足物流顾客和其他相关要求

的程度。

（一）物流服务质量指标

（1）人员沟通质量。人员沟通质量指负责沟通的物流企业服务人员是否能通过与顾客的良好接触提供个性化的服务。一般来说，服务人员相关知识丰富与否、是否体谅顾客处境、帮助解决顾客的问题会影响顾客对物流服务质量的评价。这种评价形成于服务过程之中。因此，加强服务人员与顾客的沟通是提升物流服务质量的重要方面。

（2）订单释放数量。订单释放数量与前面提到的三要素中的货物可用性概念相关。一般情况下，物流企业会按实际情况释放（减少）部分订单的订量（出于供货、存货或其他原因）。对于这一点，尽管很多顾客都有一定的心理准备，但是，不能按时完成顾客要求的订量会对顾客的满意度造成影响。

（3）信息质量。指物流企业从顾客角度出发提供产品相关信息的多少。这些信息包含了产品目录、产品特征等。如果有足够多的可用信息，顾客就容易作出较有效的决策，从而减少决策风险。

（4）订购过程。指物流企业在接受顾客的订单、处理订购过程时的效率和成功率。调查表明，顾客认为订购过程中的有效性和程序及手续的简易性非常重要。

（5）货品精确率。指实际配送的商品和订单描述的商品相一致的程度。货品精确率应包括货品种类、型号、规格准确及相应的数量正确。

（6）货品完好程度。指货品在配送过程中受损坏的程度。如果有所损坏，那么物流企业应及时寻找原因并及时进行补救。

（7）货品质量。指货品的使用质量，包括产品功能与消费者的需求相吻合的程度。货品精确率与运输程序（如货品数量、种类）有关，货品完好程度反映损坏程度及事后处理方式，货品质量则与产品生产过程有关。

（8）误差处理。指订单执行出现错误后的处理。如果顾客收到错误的货品，或货品的质量有问题，都会向物流供应商追索更正。物流企业对这类错误的处理方式直接影响顾客对物流服务质量的评价。

（9）时间性。指货品是否如期到达指定地点。它包括从顾客落订到订单完成的时间长度，受运输时间、误差处理时间及重置订单的时间等因素的影响。

以上9个因素包括了PDS的三个指标，也包括了其他文献中的一些指标。9个指标中的3个指标—货品精确率、货品完好程度、货品质量描述了订单完成的完整性，它们与其他6个指标共同建立了从顾客角度衡量物流服务质量的指标。

（二）物流服务质量现状及存在的问题

随着我国国家地位的不断提升，国内很多物流企业也取得了巨大的进步，尤其是我国老牌邮政EMS物流企业，步入了稳定发展的成熟时期，经过不断的经验总结，迅速成为了被群众熟知和认可的物流企业，做到了全国各省份、自治区、直辖市。商品物流的垄断，其主要运营模式是以快递运输为主，随着邮递物品的增加，邮政网络也得到了迅速发展，覆盖全国的城镇、农村。但是随着自身具备先进管理经验的外来物流跨国企业的成立，物流市场的竞争不断加剧；同时，我国民营物流企业的建立也给邮政物流企业带来了很大的压力，使其原本垄断的快递市场，目前只有约50%左右的资源市场；国际业务市场份额只占25%左右。明显地看出，企业的竞争力、物流服务，是贯穿于整个物流服务质量水平中的关键因素，同时也是提升物流企业市场竞争力的关键。随着社会经济的不断发展，人们生活水平的不断提高，更在意行业服务。因此，加强此方面的研究，针对存在的问题，进行及时、有效的解决，是非常有必要的。物流服务质量存在的问题主要表现在以下三个方面：

1.市场定位不合理

随着我国市场经济不断地发展，物流企业也应当积极转变的管理观念，进行改革从而在激烈的市场竞争中脱颖而出。但实际上，管理观念的更新完善并不是一个简单的过程，而邮政快递物流公司，仍然使用以往的管理体系，使其国内市场业务与国际业务，采用相同的管理体制，邮件通达方式的采用不仅形式落后、低效，同时也增加了工作人员的工作量。这种不合理的市场定位导致物流服务功能得不到有效的发挥和提升，直接影响物流服务质量停滞不前。

2.缺乏技术支持

像德国敦豪、美国联邦快递等物流企业，能够快速地占据国内快速物流市场，是因为其具备先进的管理技术、经验、设备等，在提高工作效率的同时，有效地保证服务质量，再如一些国内民营物流企业，具有高效率的信息采集、物品称量、物品装卸等设备，有效地缩短了物流商品交付的期限，保证了服务的质量；同时工作人员的工作量，也是非常合理和科学的。但是邮政EMS与其相比之下，可以直观地看出其存在的弊端，如工作的流程，包括物品信息采集、分类、处理等，同时缺乏网络技术的应用，使得很多客户不能收到在特定期限内，应该得到的物流货物；同时也不能针对于物流的信息进行查询，这是一个非常严重的问题。随着网络技术的普及，邮政EMS也逐渐的认识到了自身的不足，虽然应用PDA，提高了工作的效率，但是技术设备硬件方面，与其他物流企业相比，仍存在一定的差距。

3.作业成本较高

邮政速递与圆通，申通、宅急送等竞争对手相比，价格都要高很多，主要的原因是由于工作环节的成本高，其构架主要以物流集散、分撒、集中灵活自由，虽然操作简单，但是集散方式，在实际的应用上，并不能像其他的物流企业，实现点对点物流商品的输送，导致市场业务逐渐下降，使其物流服务质量得不到保证。

（三）物流企业提高物流服务质量的对策

邮政EMS，要想通过物流服务质量的提升，提高企业的市场竞争力，就要注重考虑市场定位、服务范围、运营模式、运递业务目标等方面的问题，充分地考虑物流对象质量、物流工作质量、物流客户服务质量、物流工程质量等方面的内容，从而更好地促进经济利益的发展，为其区域性邮政EMS股份公司的组建，奠定良好的经济基础。

### 1.注重物流服务技术的提升

随着我国物流产业的不断发展，使其物流企业之间的竞争力以及对于物流服务的标准在不断的增加，对此物流企业就要积极地使用先进的技术，从而更好地满足物流服务的要求。先进的物流技术，主要体现在物流机械设备，此时就需要邮政EMS增加对于基础设施的管理、投资，改善传统的物流工作环境、条件，有效地提高物流商品的监控管理、查询能力、物流服务能力以及企业物流效率、服务质量。

### 2.调整运递价格差距

邮政运递要比其他快递公司价格高的问题，主要的原因在于生产成本高，同时这一因素，也使得邮政的业务逐渐降低，而要想改善这一局面，除了科学合理包装、加工流通，减少不必要包装资源浪费，提高运输的效率、扩大货物存储的空间、物流服务信息的及时性之外，也要注重整体的策划，尽量缩小与其他竞争对手的价格差距，虽然价格是促进企业经济效益，占据市场份额的直接手段，但是针对物流行业，这一理念并不是很有效，只有灵活、自然地利用价格优势，才能更好地增加市场业务，展示自己的经济实力。像一些民营物流公司，采取该种价格方式，迅速地在发展市场上，占据大量的份额；由此可见，采用以往价格模式的邮政EMS，并不能在当今社会价格机制趋势下得到稳定的发展。

### 3.构建完善的管理体系

以往的管理模式，是不利于物流企业的运营以及物流服务质量提升的；对此积极转变以往的管理模式是非常有必要的，从而更好地促进邮政EMS质量管理体系的构建，除了采用奖惩制度外，还要将其质量管理思想充分地落实到工作人员、工作流程以及整个企业的管理，充分地发挥国企的功能、作用；真正地做到以客户为主、服务第一等思想内容，落实到企业的管理中。

五、企业物流服务的有效性管理

企业物流服务的直接目标是为客户提供服务，满足客户需求；最终目标则是通过给客户提供服务从而获得相应的利润。因此，企业的物流服务不仅要考虑客户的需求和感受，同时，企业所付出的成本、服务所获得的利润也是企业所必须考虑的问题。如果企业为客户提供的物流服务需要投入大量的成本，但是在利润回报上却不能形成正向反馈或回报过少，那么就说明企业物流服务的投入和回报不成比例，企业物流服务的有效性管理需要改善。因此，企业在一定平均水平上为客户提供的物流服务所获得的收益越大、客户满意度越高，则说明企业物流服务的有效性管理越有成效。

根据企业物流服务与客户服务、成本与利润等因素的关系，企业物流服务有效性可以理解为企业通过一定的物力、财力、人力等成本投入为客户提供一定的物流服务，如物流仓储、物流配送、包装等。从而使客户的需求得以满足，在企业投入有限的状况下，通过企业的有效管理，使企业的成本投入、利润回报、客户满意度等方面维持一个相对高值，且三者都处于一个相对均衡的态势。企业物流服务有效性达成并不是一种放任自流的发展状态，而是企业主动管理下取得的结果。企业物流服务有效性管理从根本上反映了企业在运作发展中对客户、成本、利润、管理四个关键要素上的处理原则和处理措施，也是企业保持稳健发展态势的根本。

1.物流服务内容

企业物流服务内容是物流服务有效性管理的基础内容，企业为客户所提供的物流服务多种多样，从配送、仓储等基本物流服务到附加值较高的物流信息、物流方案设计等业务，企业给客户所提供的不同的物流服务需要有不同的方法来管理和控制，合理的管理方法将使物流服务内容缩短时间、提高效率、保质保量完成，不科学的管理方法则会降低物流效率、延长物流时间，耗费更多的管理成本。为了达成物流服务的有效性，必须对物流服务内容进行斟酌管理，严格控制服务过程，对物流过程中的每个环节进行把关，从而使物流服务内容保质保量完成。

2.物流服务成本

企业物流服务成本主要分为两个方面，一方面是指企业在为客户提供物流服务时直接耗费的人力、物力和财力以及设备损耗等，如运输配送、仓储方面的人工费用，运输中的汽油消耗等；另一方面是指企业日常运作的固定成本在单项物流活动方面的分摊，如水电消耗、办公费用、广告费用等杂项费用。对于企业的物流服务而言，不管是直接费用的消耗还是固定费用的分摊，都是企业提供物流服务所付出的成本，因此，对企业物流成本得中的直接成本管理在于企业严控物流服务过程，减少物料损耗，包括在条件许可状况下尽可能选择机械化操作，减少人工费用等；固定成本管理方面则是企业所有部门整体所要面对的问题，通过企业对各个部门相关开支的有效管理，从整体上缩减企业开支，从而使物流服务上所分摊的成本降低。

3.物流服务利润

物流服务效益是企业给客户提供物流服务而从客户方面获得的经济回报，这是企业物流服务利润的直接来源。由于企业提供物流服务付出了一定成本，因此，企业提供物流服务真正所获得的利润应该是企业从客户方面获得经济效益减去物流成本投入。在企业投入成本一定的情况下，企业从客户方所获得的效益越高，则企业物流服务的利润越高，反之则利润越低。因此，企业往往会对客户提出较高的服务费用来提高自身的利润。物流服务利润管理主要来源于物流服务成本的管理和客户支付费用的管理，对于客户支付费用的管理主要是企业在综合衡量了客户关系、物流成本、同业竞争水平、企业发展战略等因素的基础上所提出的服务费用。对于相关方面关系的平衡考虑是利润管理的重要内容。

4.客户满意度

企业物流服务最终的服务对象是客户，客户的需求满足是企业利润达成的前提。客户的满意度建立在两个方面，一方面是其需求的物流服务如其所预料一样达成目标；另一方面，则是客户为实现自身物流需求所提供给企业的物流费用在客户意识中达成一个较为公平合理的认识，即客户需求和客户费用的双重满意最终形成了客户的满意度。无论是哪一方面的满意度不够，都会直接影响客户总体对物流服务的感知。因此从客户角度而言，企业提供物流服务所要收取的费用并不是无限制的，而是在同业竞争水平上达成客户共识的才是一个较为合理的水平。客户满意度关系着企业的客户关系管理，即企业与客户的后期合作问题，因此，对客户满意度管理是物流服务有效性中的一个重点内容。客户满意度的管理可以从需求满足、沟通交流、费用适当等方面着手。随着市场竞争越来越激烈，客户满意度问题即客户关系管理问题在企业物流有效性管理中的地位越来越突出。

六、物流服务的可靠性管理

（一）物流服务可靠性管理的必要性

物流系统是经济系统的后勤保障系统，提供的物流服务有运输、物流仓储、流通加工、包装、配送、信息管理等。物流企业提供物流服务的环境都是复杂多变的，可能会受到企业内外部因素的影响导致物流服务的故障，还可能会造成物流需求任务的无法完成或部分无法完成，给物流需求企业带来生产经营的影响甚至是破产等严重后果。物流企业提供物流服务的安全稳定性问题就成为了物流服务管理中的关键问题。可靠性理论是研究产品或一个系统的质量稳定程度的理论。由于物流行业本身就是服务业之一，提供的物流就是一种服务，由于物流服务具有无形性、异质性、不可储存性以及生产与消费的同时性等特性，因此与实体产品相比，物流服务的质量管理有着不同的内涵和特性。其次，物流服务范围复杂，包含不同环节的具体服务，如运输服务、仓储服务、流通加工服务等，跨越的地域范围可能较广。正是物流服务的特点，使得可靠性成为物流服务质量的核心。我国物流业中长期规划（2014—2020 年）中提出要大力发展专业化的大型物流企业。物流企业能否提供性能稳定的物流服务是其中最关键的问题。对于顾客来说，一个经营组织是否能持续提供一致性的服务质量，体现了该组织遵守其服务承诺的能力。

（二）物流服务可靠性管理策略

1.建立可靠性组织保证体系

建立可靠性保证体系是为了把一切与可靠性相关的活动和资源包括人力及物力资源组织起来，协调合作，共同保证物流服务供应链系统的可靠性。只有这样，才能从组织上保证可靠性工作的开展。可以在原有的服务质量管理部门增加可靠性管理工作。可靠性保证体系包括：高层管理者、中层管理者、主管部门、一线员工。

（1）高层管理者一般不直接负责物流服务质量和服务可靠性保证工作，但其在动员和领导企业员工保证物流服务质量和可靠性方面起着决定性的作用。高层管理者的职责有：对企业物流服务可靠性保证工作应多支持、多了解，真正了解企业物流服务可靠性工作的实际情况；应加强监督、定时性检查物流服务可靠性管理计划以及贯彻执行情况；决定本企业基本的物流服务可靠性方针政策；推动并抓住可靠性教育，促进员工的全员可靠性意识；鼓励员工总结物流服务可靠性保证的经验，多参与物流服务可靠性学术讨论会。此外，经验表明，在提高物流服务质量的努力中，从企业文化方面入手，让员工感到被重视，增强企业凝聚力，让员工尽心尽力地为企业提供稳定的可靠的物流服务。

（2）中层管理者直接负责物流服务质量和可靠性保证工作，工作中一定要落实推动企业可靠性工作的开展，具体职责有：尊重科学，带领下属员工学习并能将可靠性相关理论运用到物流服务过程中，提升物流服务可靠性；建立物流服务可靠性管理和保证体系，健全可靠性保证奖惩制度，让物流服务可靠性工作与薪酬挂钩，并监督实施奖惩制度的落实；考虑长期和短期的需要，明确不同流程中物流服务可靠性工作的职责和权限，为可靠性管理和保证分配必需的资源（包括人力、财力、物力）重视可靠性思想意识的提高。

（3）主管部门，即由企业的服务质量管理主管部门，负责可靠性管理和保证工作，其主要任务为：负责完成定量的企业物流服务可靠性分析，评定当前的可靠性水平，发现物流服务过程中的薄弱环节，及时查找潜在的问题参与物流企业生产经营部门的物流服务产品设计与可靠性设计评审，分析当前物流服务可靠性状况和存在的问题，并提出相应的建议，一起讨论和决策；监视物流服务故障报告、分析与纠正措施系统的工作，检查物流服务故障趋势和存在问题，必要时提出纠正措施的建议。

（4）一线员工应认真学习和运用可靠性管理知识，与具体的物流业务相结合；明确具体的可靠性工作的职责和权限，落实可靠性工作；重视可靠性思想意识的提高；总结可靠性保证的经验，多参与可靠性学术讨论会。

可靠性保证是可靠性管理的组织措施和保证。保证可靠性组织机构或规章制度能有效运行，关键在于企业管理者能明确可靠性工作对创造稳定的、高可靠性的服务产品的意义，并从实际工作中满足可靠性管理的需要，最终保证物流服务产品能满足物流顾客的需求。

2. 引入物流服务可靠性管理机制

物流服务可靠性管理机制是保障物流服务供应链的正常稳定运行，提高物流服务可靠性的重要措施之一。在物流服务供应链系统内部引入可靠性管理机制，将物流服务的可靠性管理纳入物流服务质量的统一管理。

（1）树立全员可靠性意识。在员工业务培训和质量考核过程中，增加物流服务可靠性的相关知识，让员工树立起"物流服务可靠性是服务质量的核心"的意识，从思想源头上重视物流服务可靠性，从行为上按照规范流程操作，提升整个系统的服务可靠性。

（2）建立可靠性管理数据库。在物流服务质量数据统计的基础上，能实现可靠性数据的采集、分析、上报会商制度，建立或加强可靠性管理的数据库。通过数据库能识别物流服务供应链中各个成员企业内部、外部潜在的可靠性影响因素，捕捉征兆性的信号，将归纳的潜在的导致可靠性异常的信息归类编号，及时掌握物流服务供应链系统可靠性指标的完成情况，能对物流服务可靠性存在问题及时进行分析，为可靠性管理提供决策依据。

比如，在物流服务供应链可靠性数据库中，曾发现有运输过程中因天气原因导致货物使用价值下降，运输服务可靠性降低的情况。那么物流服务集成商就可以针对影响物流服务可靠性的天气因素进行管理，假如天气预报有雨，可以对运输过程中的货物进行防湿处理，保证运输过程中服务质量的稳定性。

（3）建立可靠性管理机制。根据可靠性数据库进行分析之后的结果，得到物流服务运作过程中的薄弱环节或容易出现故障的事件，能针对这些信息提出对应的措施，确保物流服务质量的稳定性，实现可靠性管理机制化、常态化。

3.建立规范的物流服务流程

物流企业提供物流服务的过程中，物流环节较多，可能会涉及运输、仓储、配送、装卸搬运、物流信息管理等，如果没有标准规范的物流服务流程，提供给最终客户的物流服务质量得不到保证，物流服务可靠性水平就会受到影响，进而影响到物流企业的竞争力。比如快递行业在检货流程中出现粗暴分拣的现象，忽视了物流服务质量，更谈不上可靠性管理。在物流服务企业内部建立规范的物流服务流程，能实现不同物流企业的业务标准化，能实现不同企业提供相对稳定的物流服务，可以进一步保证或提升物流服务供应链系统的运营可靠性水平。

4.物流服务过程的监控

由于物流服务的运作过程是一个动态的过程，这个过程会受到来自环境的影响，只有加强对物流服务过程的监控，可靠性管理者才能根据突发的、意外的环境影响及时作出调整，确保物流服务故障能在最短的时间内得到修复，实现对可靠性管理的快速应急处理，减少整个系统不可靠性的传递与蔓延，进而减少整个系统的损失。物流服务可靠性管理工作是质量管理工作中的最核心部分，只有加强可靠性管理工作，才能保证系统提供的物流服务具有稳定的可靠度，保证系统的核心竞争力，进而保证企业的核心利益。

### 七、一体化物流服务流程管理

#### （一）一体化物流服务流程概述

物流是通过物流活动来实现的。根据流程理论，物流服务流程是指为完成某一目标（或任务）而进行的一系列逻辑相关的物流活动的有序的集合。按物流的活动范围，可分为微观物流过程（即企业物流，流程一般包括供应物流、生产物流、销售物流、回收物流及废弃物流等五个流程）和宏观物流过程（即社会物流）。一体化物流服务流程明显属于微观物流的范畴，且是一种基于动态联盟的跨组织流程，其流程具有以下三个特点：

1.动态性

一体化物流服务流程的动态性体现在组织与资源两个方面：

（1）动态地调整其组织结构。物流服务联盟在其地理上的分散性和合作的不确定性，要求它的组织结构必须能根据目标和环境的变化进行组合，即动态地调整其组织结构，实现组织的柔性化。在这个柔性系统中，组织不再是封闭稳定的紧凑结构，而是开放式的动态结构体系，它可随时根据联盟状况动态地调整组织结构，又必须高效地满足企业组织、管理、调度的职能。

（2）资源灵活的共享。市场需求是多样的、多变的，物流服务动态联盟对企业资源的需求同样具有多样性和不确定性。动态联盟要求企业在对其自身拥有的资源正确识别、分类的基础上，建立资源与资源间松散、灵活的映射、解耦机制，并最终利用这种映射、解耦机制与企业的组织结构、流程联系起来形成资源能力；物流企业还要把这种资源能力以正确的方式准确地向外界表达，以便其他企业通过网络方便地查询、评估和利用。

2.复杂性

一体化物流服务流程运作的复杂性主要体现在主体和结构层次两个方面：

（1）主体的复杂性。在面向供应链物流的一体化物流服务体系中，联盟中的各个企业并非是一个企业对另一个企业进行控制和支配的纵向从属关系，而是以协商产生的契约或协定为基础的一种合作关系。其实质就是企业之间基于竞争——合作关系的非股份联合，各个企业是相互独立的主体。这样在物流服务流程体系中就存在着多个决策主体，造成一体化物流服务流程运作的复杂性。

（2）结构层次的复杂性。完整的物流服务流程包括各个组织内部流程和跨组织流程，而后者不仅包含发生在企业之间以及企业与其他机构之间的流程，还包含企业与顾客的交互。这样就存在多层次和可能交错的流程，使得流程的结构变得复杂，给具体物流业务流程运作提出了较高的要求。

3.集成性

一体化物流服务流程结构的集成性是指流程的构造要从为面向供应链物流提供一体化物流服务的角度出发提供整体的解决方案，尤其是集成多个服务来匹配某一特定的服务需求。

（二）一体化物流服务流程的管理

一般来说，一体化物流服务流程管理包含以下三个层面：流程规范、流程优化和流程再造。

1.流程规范

对于已经比较优秀而且符合卓越流程观点的物流服务流程，可能原先没有完全规范，可以进行规范工作。具体的流程规范就是提供相对稳定、可以预测、可以期待的运作流程，从而为系统成员之间、系统与外部的协作提供基础。

流程规范化管理着重研究了一类特殊的规范，即管理工作规范的研究制定和推行。其目标就是建立管理工作规范体系。规范化管理理论依据系统组织结构形态和业务中的点（交叉点，即岗位）、线（主线业务）、块（部门、组织）及整个系统，提出了一整套完整的规范体系，包括岗位工作规范、部门（组织）工作规范、主线业务工作规范以及系统工作规范。每一类规范又包括三个组成部分，即概述、工作过程规范、工作绩效考核规范。

2.流程优化

如果流程中有一些问题，存在一些冗余的环节，我们可以采用优化流程的方法。流程优化的目标就是要实现流程的同步（指流程在质量、数量、时间和地域方面，准确地满足客户需求的能力）与高效（用尽可能低的成本完成物流的各项环节的运作）。

要进行优化，首先必须明确什么是一次流程改进，这样可以做到有的放矢。这取决于对三个问题的回答：①在不增加库存或流程成本的情况下，流程的吞吐量（销量）是否增加？②在不减少吞吐量或不增加流程成本的情况下，流程的库存是否减少？③在不减少吞吐量或不增加库存的情况下，流程成本是否增加？前两个问题相当于在不增加流程成本的情况下，流程时间是否缩短；后一个问题则是强调流程成本的控制。下面将从物流服务流程绩效评价指标方面（由于库存周转率和流转时间成反比，所以可以通过缩短流程的流转时间来提高库存周转率，由此只是从流转时间和流转率两个方面来论述）具体地讨论如何对流程进行改进和优化。

（1）管理流程流转时间的方法。理论流转时间和等待时间影响了流程的整体流转时间。因此，缩短流转时间的关键性管理方法是：

①缩短等待时间。

②缩短理论流转时间。

A.减少关键路径上工序的工作量：

a.减少工序的非增值部分（巧妙的工作）。确认并删除那些不必要的、非增值的活动，如等待、移动、检查和各种管理行为。

b.提高工序的速度（快速的工作）。可以通过获取快速工作的设备、改善资源配置或提出增加产量的激励措施。

c.减少重复工序的数量（一次成功）。可以通过对问题的来源提早发现、方便运作的服务流程设计来实现。

d.改变产品的组合。物流企业可以采取不同货主货物的配载或是同一货主货物进行多种服务的组合。

B.从关键路径上移走工作：

a.移动工作到非关键工序。即利用并行工程来实现。

b.移动工作到外部循环。这意味着把一些工作移到流程边界界定的流程开始前或结束后的一小段时间内进行。

（2）管理流转率的方法。一个给定流程的流转率取决于理论产能、资源的可用和闲置以及外部瓶颈。从财务方面讲，下面提出的方法将极其有力地提高瓶颈产能。

①管理供应和需求以提高吞吐量。一项流程的吞吐量，是在一段给定的时间内所处理的流程单元的平均数，较低的流出率（由于较低的需求速度）和较低的流入率（由于较低的供应速度）都影响着吞吐量，所以拥有可靠的、专业的物流供应商和准确的需求预测将是十分重要的。

②减少资源闲置以提高流程产能。流程的产能被定义为一项流程最大的可维持的吞吐量，是通过假设在入口处有足够的投入和假设所有流程单元在完成活动时退出流程试验地计算出来的。物流企业可以通过使流程中的各种流同步以减少"饥饿"（实现必要的投入）来实现流程产能的提高。

③提高资源的净可用时间以提高有效产能。一个资源单位的有效产能为在其净可用时间被充分利用的最大流转率。而一项流程的有效产能是其最慢资源集合的有效产能。其中一个资源的净可用时间是其可用于加工（操作）流程单元的真实时间，资源的不可用是影响净可用时间的主要因素。所以可以从以下三方面考虑：

A.改进维修政策，在规划可用时间（一个资源单位被安排在总时间段上的一段时间）之外安排预防性维修，实施有效措施可以减少出现故障的频率和持续期。

B.建立激励机制以减少缺勤并提高员工士气。

C. 减少或改变既定物流服务组合的转换时间。

④提高理论产能。一个资源单位的理论产能是指在其规划可用时间内被充分利用的最大可维持产能或流转率，而一项流程的理论产能定义为其最慢资源集合（资源单位之和）。可以通过以下四个方面来提高理论产能：

A.减少瓶颈资源集合的单位工作量，既快速工作、巧妙工作又一次成功、改变产品组合，转包或外购，投资于灵活性资源。

B.提高瓶颈资源集合中的资源的工作批量（提高资源规模）。

C.提高瓶颈资源集合中的单位数量（提高流程规模）。

D.提高瓶颈资源集合的规划可用时间（工作更长的时间）。

3.流程再造

与流程优化和持续性改进相比，流程再造强调流程根本性、彻底性、戏剧性的改善。

"根本性"就是要突破原有的思维定式、打破原有的管理规范。以回归零点的新观念和思考方式，对现有流程与系统进行综合分析与统筹考虑。避免将思维局限于现有的作业流程、系统结构与知识框架中去，以取得目标流程设计的最优。

"彻底性"就是要在根本性思考的前提下，摆脱现行系统的束缚，对流程进行设计，从而获取管理思想的重大突破和管理方式的革命性变化：不是在以往基础上的修修补补，而是彻底性的变革，追求问题的根本解决。

"戏剧性"是指通过对流程的根本思考，找到限制企业整体绩效提高的各个环节和因素，通过彻底性的重新设计来降低成本、节约时间、增强企业竞争力，从而使得企业的管理方式与手段、企业的整体运作效果达到一个质的飞跃，体现效益与高回报。

流程再造适应于一些积重难返，完全无法适应现实需要的流程。其根本驱动力一般是外界因素（而不是流程的某一部分），往往是因为物流链上需求企业期望的重大变化或技术变革。

（三）一体化物流服务流程的评价与管理

有效的、可以控制的一体化物流服务流程绩效评价指标应满足这样三个条件：①它们必须与客户认为重要的外部评价（客户满意度）联系起来；②它们必须能够反映物流企业的相应财务指标；③它们必须可以由经理们直接控制。经过考量，流程流转时间、流转率、库存这三个方面的指标作为一体化物流服务流程的绩效评价指标。这三个方面的指标评价是一种事中评价，相对于结果性的评价得到的是更具体的、更有意义的指导数据。

在完成对一体化物流服务流程运作有效的、可靠的评价之后，对于不同评价结果的物流服务流程，可以采取不同的流程管理策略。对于已经比较优秀，而且符合卓越流程观点的物流服务流程，可能原先没有完全规范，可以进行规范工作；如果流程中有一些问题，存在一些冗余的环节，我们可以采用优化流程的方法。流程再造适应于一些积重难返，完全无法适应现实需要的流程。其根本驱动力一般是外界因素（而不是流程的某一部分），往往是因为客户期望的重大变化或技术变革。

（四）一体化物流服务的管理创新

1.物流企业一体化创新模式

按照市场竞争机制，物流企业的管理创新也要面向整个物流市场，在现有业务的基础上重新调整和组合，实现物流企业内部和外部资源的优化配置。在基本的物流企业业务服务内容上，增加适应第三产业发展的新兴业务服务，比如，重新整合物流业务，转变传统的物流服务，增加物流管理业务服务内容的价值，使只有功能性的服务成为名副其实的物流管理业务服务。这样，物流企业除了具有传统物流功能服务外，还提高了市场服务需求和服务层次化。

（1）物流业发展趋势与一体化的形式。随着市场经济的发展，物流企业服务管理创新必定会朝一体化的服务模式转型和革新。所谓管理创新，就是较之前的传统物流管理不同并且带来服务管理增值，使服务目标差异化、服务性质多元化、物流企业与客户关系更加融洽化，并融合更多物流企业服务的更多功能，综合物流企业的业务服务内容，将货物原料供应到成品配送的链条变成统一的单个基本流程单元。这种流程单元系统化管理不再是传统的分散式管理，它注重对功能性服务的调整，在此基础上进行系统设计和统一管理，是一种物流企业服务管理创新的一体化管理。

（2）一体化服务对于价值的提升。进行物流企业服务管理创新，就是要降低物流服务成本，实现利益最大化，这是每一个企业管理创新的最终目的。增加利益的根本是让顾客获得更大的客户价值，因此，传统机械式的降低物流业务服务费用的方式并非长久之计，要注重物流服务的价值，通过与客户的有效沟通，让客户知道物流服务的价值所在。

（3）一体化与长期合作。在新的一体化物流服务管理模式下，物流企业需要摆脱机械式降低物流服务费价格的模式，与客户建立长期合作关系，提高客户价值，这是物流服务管理的目标，所以要把功能性收费提升为管理服务增值化收费。

2.一体化创新模式及其机制

从物流行业现有的管理模式和物流行业一体化的发展趋势来看，应该以市场的实际需求作为导向，充分发挥物流企业的优势，向具有物流服务需求的客户提供不同的服务，促进物流行业一体化发展。具体可从以下三个方面来进行：

（1）高附加值物流服务产品开发。物流行业实现一体化的关键就是变革传统的功能性的物流方式，使其向新的领域拓展和延伸，从而拥有更高的价值。传统的物流服务比如仓储、运输配送等主要的作用就是根据客户需求实现物品的时空转移，为消费者的消费提供时间和空间上的保障。从这个角度来看，所有的物流服务提供商之间没有根本的差异。由于市场需求的有限性与竞争的激烈性使得单个物流企业难以创造较大的价值，传统的物流形式所提供的单一功能也难以满足客户的需求，这就对物流行业提出了更高的要求。所以物流企业要实现一体化的物流服务，就必须面向客户的需求进行变革，不断拓展新的业务形式。

（2）管理型物流服务及其对于物流服务一体化的作用。物流企业进行一体化管理模式创新的目的就是要将物流企业所具有的传统的基本物流功能向物流服务管理模式进行转变。满足客户需求是最简单的一个管理式物流方向的体现，其根本目的是强调客户参与在管理型物流服务模式中的重要的作用，让客户参与到物流服务中来，就可以实现物流服务各个环节之间的有效衔接，这种有机结合可以使得整个物流服务系统高效运作，可以为客户的采购提供技术支撑，为客户的生产提供高效的物流服务，为客户的商品销售甚至是售后提供有力的支撑。这就要求在物流企业提供物流服务的整个过程中都有客户的全程参与。

（3）让信息流以及资金流在物流服务一体化过程中发挥作用。在进行物流行业一体化服务管理创新的过程中，服务对象也应发生相应的变化，不仅包括传统方式中的物资货物，还应包括物流过程中的信息以及资源和资金的流向。物流相关信息是控制物流过程的基础。如果要对传统的物流方式进行创新，就必须依靠物流过程中的物流信息。通过对物流信息的综合和处理，可以提前向客户发送消息告知已经准备发货，货物送达的时候可以进行电子签收，并在第一时间共享签收信息，还可以实现库存盘点、物流过程中的货物跟踪以及绩效监控等。

3. 实现物流企业一体化服务方式的策略

与传统的物流方式相比，物流企业一体化服务模式的创新必须具有一定的灵活性，各个环节之间必须建立良好的交互机制。根据上文的论述以及国外进行物流一体化创新的经验，下面提出促进我国物流企业一体化服务模式创新的措施。

（1）传统的短期行为向长期合作方式发展。物流企业与客户之间的合作方式应从常见的短期行为向长期合作的方式进行转变。传统的物流企业与客户之间的交易采用单结的方式，而物流企业为客户所提供的一体化物流服务应是长期的，应将这种合作方式以合同的方式进行规范，将其作为企业合作的主流方式。

（2）注重客户的作用并让其参与到整个物流过程中。在对物流企业一体化服务模式进行创新的过程中，要注重从传统的根据客户指令进行物流工作的方式向物流企业为主导、客户参与的方式转变，从而完善一体化的物流服务。传统的物流方式都是按照客户的需求指令来完成相应的物流过程，而一体化的方式让客户参与到整个物流过程中来，参与物流方案的制定，所以在这个过程中要有效加强企业和客户之间的信息沟通，实现二者之间的协调。这在很大程度上有利于实现物流企业一体化服务标准的实现，在帮助客户降低物流成本的同时也提高了物流企业的效益。

（3）交互式物流产品的开发。在进行物流企业一体化模式创新的过程中，应通过客户和物流企业合作的方式来实现一体化的服务。一般来讲，传统的物流方式是物流企业凭借自身所有的物流资源向市场提供一定的物流服务，而一体化的物流服务方式不仅强调物流企业向市场提供物流服务，而且还要实现物流企业和客户之间的互动，从而产生一种更有价值的物流服务方式。

（4）整合物流服务供应链各个环节的资源。对物流企业一体化的物流服务模式进行创新，应以物流企业自身的资源和业务模式为基础，对企业上下所涉及的供应链上的资源进行有效整合与管理。这种整合可以提高整个物流供应链的服务能力，同时也提高了整个物流供应链创造价值的能力，有利于快速反应机制的建立。

八、物流服务精细化管理

（一）国内物流服务的发展现状

据国内物流服务的调查研究，物流随着电子产品的发展，其巨大的运输作用在各个领域都取得一定的发展成就。而随着国内庞大的物流服务市场需求的不断发展，物流服务成为地区经济和人均经济增长的重要纽带，但由于物流服务的发展诸多因素，目前物流服务的发展现状主要体现在以下四点：第一，物流基地布局规划不合理。由于缺乏对物流市场的需求调研，没有实际的数据支撑，从而出现区域内物流系统供过于求或供不应求等状况，从而使得物流系统不利于管理，从而降低物流服务效率。第二，大部分物流企业缺乏竞争优势。由于物流企业缺乏管理模式或制度，使得其整体运作不规范、战略思路不明晰、人力资源不合理等，很难为顾客做到贴心的服务，所以各大物流很难有市场竞争优势。第三，物流教育发展较慢。由于物流行业近几年的发展较快，各大高校对目前物流方面的研究与物流市场的发展存在差距，从而导致具有物流专业知识的人员较为稀缺，物流服务效率低下，不利于物流服务的发展。第四，物流的装备设施较差。由于我国物流发展历程较短，国内对物流服务行业的发展投资少，行业没有形成规范的设备标准，使得各物流企业的运输设备参差不齐，从而为顾客带来许多的问题。总体来看，目前物流服务发展速度突飞猛进，而发展方式较为粗放，从而产生管理上的诸多问题，这值得引起物流服务的高层管理者的重视。

（二）目前物流服务管理存在的问题

1.物流服务管理人才稀缺

由于我国物流服务发展起步较晚，专业教育速度较慢，造成物流承包企业职工和管理人员专业知识较为欠缺，并且差距较大。调研发现，我国物流服务企业人员除少数管理者经过专业学习外，其余大部分物流从业者都为本科以下学历，由于对物流知识学习不够，实践水平和业务技能仅依靠经验积累，从而造成物流行业人员知识水平参差不齐。为了使物流服务更好地满足国际化和现代化社会的市场需求，物流服务人员应参与专业的理论知识学习和技能培训，提高管理人员的综合素质。

2.物流管理技术较为落后

通过对物流服务人群的调查发现，由于物流服务企业对相应软件的开发和使用还达不到先进的市场需求，较落后的物流管理技术造成物流运作速度慢、物流信息更新不及时，致使许多货物不能按时送到客户手里。为了更新物流服务行业的落后面貌，急需提高物流服务业对技术软件的开发能力，改进物流管理技术，增强物流服务对物流流通速度、信息更换和库存的管理水平，提升物流服务方面的档次，为顾客提供较规范的物流服务。

3.物流服务承包企业管理理念滞后

物流服务涵盖范围较多，其服务流程从理念、设计、内容、方式、制度及细节质量等多方面都与顾客需求相关，现今物流承包的许多企业管理理念较落后，服务水平不到位，造成物流企业服务质量不理想。

（三）精细化管理的原理

1.精细化管理的含义

精细化管理，即将管理内容及责任具体明确化，落实管理的每一个细部责任，使每一个岗位的管理者都尽责尽职做好其本职工作。

2.精细化管理的特点

精细化管理主要是以认真做好每一件事为目的，使每一个细节都做到最好，所以，精细化管理的基本特征主要表现在明确细化过程、注重具体细节、落实管理制度、提高服务质量等多方面，以达到并提高整体的管理效果。

3.精细化管理的意义

精细化管理作为一种具有较强实践性的理念，其主要有两层含义：首先，精细化管理使企业内部各部门与相关机构、消费者之间的衔接起到协调作用，使每个环节都具有更为精密的可实施方案，是每一个行业的企业管理者都需要学习的管理理念。其次，精细化管理可提升企业的执行效率，使企业的整体实施方案能有效贯彻到每个部门，充分发挥每个部门的管理作用，让每个分解的细节都能很好地得到落实。

（四）物流业对精细化管理理念的运用

1. 货物运输中的精细化管理理念运用

货物运输虽是一件平凡的事，但是把一件平凡的事做到最好就是一件不平凡的事。在货物运输较激烈的市场竞争中，把精细化管理理念运用到货物运输中，注重货物装卸的过程，规范操作各种机械设备，确保每一件物品的完整性。除此，还可加强货物每到一个中转站的管理，建立较精确的信息更新系统，引用 GPS、POS 和 RF 等定位软件技术，做好对货物流通、订单管理、配送管理等各项细部操作，为顾客提供实际照片，提高物流运输系统的安全性，降低送货时间和运输成本。

2. 物流业务分包中精细化管理理念的运用

由于物流业务范围的不断发展，物流企业需接受顾客和下游物流企业的业务外包，使整个物流服务链成本降低，在互惠互利中加快效率。分包是一种长期的、相互渗透的具有明显地域优势的合约业务委托的一种强有力的执行方式。由于物流服务的复杂性和责任心，需要进一步把精细化管理理念运用到各个承包公司，不断细化和管理每一个货物的分包，加强对分包商的监督和管理，减少物流链条出现脱节和崩溃的概率，使物流服务得到顾客更好的信任。

在网上购物盛行的时代，随着家家户户的网络电子产品的普及，互联网对带动地区经济的发展起着重要作用，所以，物流服务与整个地区的经济发展有着密切的联系。而国内目前物流发展水平很难满足国内上亿人的市场需求，为了强化物流服务的整体力量，运用精细化的管理理念，提高物流管理人员的知识水平，改善物流运输设备，细化每一个管理环节，综合提高物流服务的质量，让整个物流行业在有效的管理方式下持续发展，提高国内经济消费水平，提升人均物质和精神生活档次。

九、电子商务物流服务管理

（一）电商物流服务现状

电商是以网络为媒介的虚拟交易，但大部分交易的达成还需要实物的转移，也就是需要物流服务的参与。随着电商的发展，电商物流服务也需要不断改进和提升。电商物流服务的关键指标不仅包括成本、效率，还应包括客户对电商物流服务的满意度。电商物流服务的好坏直接影响电商的发展，目前电商物流服务仍存在不足。一方面，电商的发展依托于物流发展，电商物流作为电商的关键性要素，能帮助电商发展，亦能阻碍电商发展；另一方面，电子商务也是物流的重要业务，电商的发展改善和提高了物流服务。电商物流服务的模式主要包括两类，分别是自营物流和外包物流。下面将对这两类电商物流服务分别进行分析，研究其发展中存在的问题，并提出相应的改进策略，为我国电商发展提供一些指导。

综观我国电商物流发展现状，主要呈现以下三个特点：

一是电商物流服务的数量多、频率高、灵活性强。尤其是电商中零散的网上购物业务，物流服务尤为频繁。由于电商的品类较多，电商物流服务的客户也随之增多。不同的客户对电商物流服务的需求也不同，导致电商物流服务呈现较强的灵活性。如有些上班族接受快递的时间一般选择周末、节假日等，也有些上班族对电商物流服务较为放心，安排物业、周边便利店等人代收。一些家庭主妇希望物流的速度越快越好，且希望物流服务到家。由此可见，电商物流服务不仅具有数量多、频率高的特点，还具有较强的灵活性。

二是电商物流服务具有较强的时效性和跨地域性。相对于美国而言，我国网络消费者对于快递的要求更多。在美国，快递并不是非常快，配送周期也较长。而在我国，消费者对于网络商品的消费比较着急，希望付款后马上能收到商品，尤其是女性消费者。这样的业务需求有利于优化我国电商物流配送服务水平，促进物流行业的创新发展。与此同时，我国网络消费者购买商品不受地域范围的限制，可跨地域进行购物，比如，有些消费者喜爱海淘，通过国外的购物网站进行购物，可见，电商物流服务具有较强的跨地域性。

三是电商物流服务存在逆向性。消费者通过互联网购买商品，由于信息不对称性，消费者可能对商品不满意，从而选择退货，而退货则产生了逆向物流。一般而言，电商客服通过订单信息进行发货，由于供应链的链条较长，消费者无法第一时间掌握商品信息，当网购商品与消费者需求不符合时，就产生了电商的逆向物流服务。为了吸引更多的消费者，促进电商的发展，很多电商为客户提供七天无理由退换货服务，而逆向物流产生的服务费用也是消费者与电商关注的热点，一般买卖双方可协商单方或双方共同承担，也可通过买家购买运费险或者卖家赠送运费险的方式来获得赔偿。

上述特点是电商物流服务中共有的特点，而电商自营物流服务与外包物流服务还存在一些不同，相对而言，客户对于自营物流服务的评价要优于外包物流服务。通过对自营物流服务与外包物流服务的比较可知，客户对于自营物流服务的满意度要高于外包物流服务。自营物流服务能有效降低商品在运输途中的损耗，电商可直接控制物流服务，从而促使电商与客户保持长期稳定的合作关系。但是自营物流服务的运输成本较高，而且配送路线较为单一，无法进行拼单，无疑增加了自营物流的投入。因此，一般只有大型的电商才会采用自营物流模式，主要的代表有易讯、天猫超市以及苏宁易购等。外包物流服务的主要优势在于成本较低和投入较少，但是其缺点也较多，电商无法控制物流服务，当物流出现问题时也无法及时处理，无法保证第三方物流的服务质量。采用这类外包物流服务的电商主要有淘宝、天猫网站的零散零售商，这些电商自身没有能力进行物流配送，且物流配送成本较高。综观我国电商物流服务，无论是自营物流服务还是外包物流服务，在服务过程中仍存在很多不足。虽然网络消费者对于物流服务的评价较高，但仍有很多问题。

（二）电商物流服务中存在的问题

针对电商物流服务的现状，结合消费者对于电商物流的评价，从自营物流服务与外包物流服务的共性进行分析。

（1）电商物流服务基础设施落后。电商物流基础设施直接影响物流服务的质量。相对而言，自营物流服务的基础设施较好，一般采取统一的包装，但由于送货车的装载率低，为了节省成本，有些电商采用电动三轮或二轮摩托进行配送。在配送过程中，缺乏统一的管理，送货模式也单一，这些都增加了电商的物流成本。为了降低物流成本，还有些电商将物流业务外包给小物流企业，这些物流企业的基础设施落后，没有统一的包装，且缺乏供应链管理。这一方面降低了电商物流的时效性；另一方面也增加了商品损坏的可能性。

（2）电商物流服务的配送准时性差。对于自营电商物流服务而言，电商对于物流服务的控制性较强，能减少中间环节，配送货物的准时性也相对较强。但对于外包物流服务的电商而言，其无法控制物流服务，配送货物的时间完全由物流企业掌控，受外力影响较多，也导致了电商物流服务的配送准时性差。虽然外包物流服务的配送准时性差，但是其具有成本低的优势。一些中小型电商没有雄厚的资金进行自营物流配送，也只能将电商物流服务外包。但这些小公司的物流服务从业人员职业素质及职业技能都不高，无法准时快速完成配送任务，从而导致电商物流服务的配送准时性差。

（3）逆向物流纠纷频繁。逆向物流纠纷可谓是电商物流服务中的重点问题之一。逆向物流的产生必然会增加物流成本，而逆向物流的费用应由买家、卖家、还是共同承担的问题一直难以解决。虽然卖家承诺由于商品质量问题所产生的运费全部由卖家承担，但买家个人因素导致的退换货则由买家承担，很多买家对于逆向物流存在不满，尤其是实物与个人期望不符合、买家认为卖家侵害消费者权利以及由于信息不对称而产生的逆向物流的运费应由卖家承担。虽然保险公司也加入了逆向物流的行业，可以通过购买运费险的方式来赔偿逆向物流所产生的费用，但有些运费险太高，而且赔偿的金额较低，买家不愿意购买，进而导致了运费险的失灵。

（三）电商物流服务改进策略

电商物流服务是消费者网络购物的重要环节，商品由仓库运送到最终消费者手中的经济活动也是电商物流的任务。良好的电商物流服务是电商发展的前提和基础。针对电商物流服务中出现的问题，提出以下改进策略：

（1）完善电商物流服务的基础设施。完善电商物流服务的基础设施是改善物流服务的基本前提，没有良好的物流服务基础设施就不可能提供良好的物流服务。电商物流服务基础设施应从以下三个方面进行改进：一是提高物流运输设备质量，减少摩托和电动三轮的使用，尽量根据配送量选择有仓储功能的货车或面包车，防止恶劣自然环境造成商品的损坏；二是优化物流运输网络，提高物流的时效性；三是提高物流服务从业人员素质，提升买方的满意度。

（2）改善电商物流运作模式。无论是自营物流还是第三方物流，都应设计优化配送路线，建立以运营管理为中心的物流管理机制，改善电商物流的运作模式。改善电商物流运作模式的重点在于缩短配送货周期、提高运输车载率、提高到货准时率以及降低物流成本。应根据电商物流的数量多、频率高、灵活性强等特点，设计柔性的物流运作模式，满足消费者的物流服务需求。

（3）建立逆向物流管理平台。逆向物流的关键在于运费的承担。逆向物流管理平台的建立有利于了解商品基本信息、买方以及卖方信息，通过现实情况来进行决策。逆向物流管理平台中主要涉及卖方、买方、物流公司以及保险公司等主体，当买方对于商品不满意而退货产生的逆向物流费用应由买方承担；对于免邮的商品，退货的运费由买方承担；对于非免邮商品，买方不仅要承担退回的运费，还要承担寄来的运费。而由于商品质量问题所产生的运费全部由卖家承担，但是由于到付的邮费较贵，很多电商拒绝接受到付邮件。虽然卖方愿意承担逆向物流费用，但要求买方先行垫付，然后卖方再支付逆向物流费用。若买方收到的商品在未拆封时就出现破损，且可能是在物流运输中出现的损坏时，买方应拒收，此时产生的逆向物流纠纷涉及的主体主要有卖方和物流公司等。

上述逆向物流产生的费用是在不购买运费险情况下的支付方式。目前电商为了赢得更多的客户，很多卖方为商品投保运费险，一方面可以提高买方对商家的信赖度，减少信息不对称造成的逆向物流成本；另一方面卖方在赢得更多客户的同时，可以通过走量来减少物流成本，进而获得更多的销售收益。当然，也有不少买方自行投保，无论是买方还是卖方购买运费险，若产生退换货，保险公司都应赔偿。在建立逆向物流体系时，电商网络管理平台还应对保险公司进行管理。运费险是针对退换货而产生的理赔，如果保费太高，而且赔偿力度不大，则无法满足消费者的理赔需求。由于退换货是个别现象，当大部分买方或卖方都购买运费险时，保险公司应控制保费金额，充分保护网络消费者的合法权利，避免运费险失灵现象，同时有效减少逆向物流纠纷。

# 第三节 物流成本管理

## 一、物流成本管理

物流成本管理（logistics cost control）是对物流相关费用进行的计划、协调与控制。物流成本管理是通过成本去管理物流，即管理的对象是物流而不是成本。物流成本管理可以说是以成本为手段的物流管理方法。

## 二、物流成本的特点

国外的物流管理协会确定物流的概念是为满足消费者的需求而发生的将原材料、中间库存、最终产品和有关信息从开始至结束进行流动、储存安排、运用、控制管理的过程。由此，物流成本可定义为完成上述物流活动所发生的费用。

仅从物流成本的定义的角度看，物流成本相对简单，但是实际上物流成本是一个很复杂的概念，它包含的因素众多。它的特点可以总结为以下五点：

（1）物流成本可以真正地反应物流活动的效果，可以作为评价所有物流活动的标准，这也是所有成本的共同特性。

（2）物流成本的构成和分类的种类很多。物流成本的构成和物流过程中的所有环节，包括所有的料、工、费的费用。

（3）二律背反是物流成本独有的特点。例如，存储成本和运输成本；这两者与客户满意度间均存在"二律背反"的现象，因此，物流成本应该从整体的角度出发，找到平衡两方面的方法，从而加大了物流成本管理和控制的难度。

（4）物流成本的"冰山说"。西泽修教授提出了物流成本的现实中核算的部分只是真实的物流成本的"冰山一角"的理论。据统计数据显示，实际可看见的外部物流成本只占真实的物流成本的三分之一。

（5）物流成本削减的"乘数效应"。例如，销售额为 1000 万元，物流成本占销售额的 10%，即 100 万元。利润增加的幅度取决于成本降低的多少。假设，企业的销售利润率为 5%，则创造 10 万元的利润就需要增加 200 万元的销售额。即，降低 10%的物流成本就等于增加 20 万元的销售额。

三、物流成本的要素

物流成本的降低为企业带来了第三利润源，物流成本的管理与控制就变成企业增加利润的有效途径。影响物流成本的因素很多并且很复杂，要想研究物流成本对于企业成本和利润的影响就必须先对物流成本的组成要素进行分析和归类。

物流成本又称物流费用，主要是指商品在进行空间移动时所消耗的活劳动和物化劳动的货币支出。具体来讲，它是指商品在仓储、包装、运输、装卸、加工等环节所消耗的人力、物力、财力之和，主要涉及：

（1）相关工作人员工资、薪酬及各种补贴、津贴。

（2）物流活动中各种物质消耗，比如：电、燃油的耗费，固定资产的折旧等。

（3）产品在仓储、运输等过程中的合理损失。

（4）物流管理过程中涉及的费用，如物流活动中相关人员的差旅费、办公费等。

物流活动主要涉及八个主要环节：运输、存储、装卸、搬运、配送、包装、加工和售后信息服务。物流服务是一种无形的产品，因此，物流成本的管理和控制就相对困难很多。物流成本一般分两类：营运成本和非营运成本。其中，与物流活动直接相关的是营运成本，在产生时直接计入物流成本，主要涵盖直接相关的材料、直接耗费的人工和间接支出的费用；与物流活动间接有关的费用是非营运成本，包括管理费用、销售费用及其他费用等。

（1）直接材料。直接材料是指物流活动的环节中所需要的材料。由于物流服务的"无形"的特点，所以，物流活动的直接材料很少。物流活动中损耗的直接材料都是在物流环节中，为了使操作便利而使用的辅助材料。由于直接材料很少，可以利用实地考察的方法确定它的实际使用量，然后将它的成本直接计入物流服务环节的成本。例如，包装物、包扎带、记录商品或货物的各种单证所使用的纸张等，都可以归纳为直接材料。

（2）直接人工。直接人工是指提供实际物流服务时所支付的人工费用。如专门为某种商品录入、稽核、凭证的跟单人员的人工费用。

（3）间接费用。间接费用是指去除直接材料和直接人工以外的成本总和。物流活动的间接费用占掉物流成本的绝大部分，它包含的范畴很广，种类较多。

（4）管理费用。物流活动的管理费用主要包含研究、开发等与管理相关的费用。例如，库存的优化管理、运输方式和运输路线的优化等。

（5）销售费用。物流活动的销售费用主要是与订单的获得和处理有关的成本。销售费用还囊括了销售人员的工资、广告宣传费用和售后服务费。

（6）其他费用。其他费用主要是指：

①支付给别的物流企业的费用，如存储费、装卸费、委托加工费等。

②用于提供物流服务的资本，包括利息、保险费、租金支出等。

③用于企业经营的税金支出等。

四、我国物流成本管理现状分析

我国物流成本管理还处在起步阶段，存在的主要问题是：

（1）物流成本核算没有精确的物流成本信息，无法得到准确的信息来帮助物流成本管理，主要表现：

①企业无法精确地提供物流成本信息。

②严重缺乏成本意识，核算目标不确切。

③物流成本管理不能有效展开，大多数还停滞在财会上，管理会计的重要性得不到重视。

（2）很多管理方法还缺乏验证，主要表现在：

①只在乎单个成本，没有从总体上考虑。

②大多数物流成本控制方法都存在一些假设，而事实上不存在那么多假设，所以增加了预测的难度。

③物流成本控制的关键点仍然在降低物流成本上，还没有转换到物流成本效益方面。

（3）物流成本管理信息化程度较低，妨碍了物流成本现代化管理的发展。体现在：

①不存在独立核算的系统软件。

②大部分手工操作不会造成很大的误差，而且工作量也比较大，自动化缺乏，增加了深入研究的困难。

虽然我国的物流成本管理在当前阶段仍存在缺憾，但许多领域也在试着试验先进的成本管理方法。即使处在探索阶段，只要勇敢地迈出创新的第一步，就标志着向物流成本管理水平提高又更近了一步。

五、企业物流成本管理方法

做好物流成本管理，必须掌握物流成本管理方法，可以从以下四方面进行：

1. 比较分析

横向比较：把企业的供应物流、生产物流、销售物流、退货物流和废弃物物流（有时包括流通加工和配送）等各部分物流费，分别计算出来，然后进行横向比较，看哪部分发生的物流费用最多。如果是供应物流费用最多或者异常多，则详细查明原因，堵住漏洞，改进管理方法，以便降低物流成本。

纵向比较：把企业历年的各项物流费用与当年的物流费用加以比较，如果增加了，再分析一下为什么增加，在哪个地方增加了，增加的原因是什么？假若增加的是无效物流费，则立即改正。

计划与实际比较：把企业当年实际开支的物流费与原来编制的物流预算进行比较，如果超支了，分析一下超支的原因，在什么地方超支?这样便能掌握企业物流管理中的问题和薄弱环节。

2.综合评价

比如，采用集装箱运输，一可以简化包装，节约包装费；二可以防雨、防晒，保证运输途中物品质量；三可以起仓库作用，防盗、防火。但是，如果由于包装简化而降低了包装强度，货物在仓库保管时则不能往高堆码，浪费库房空间，降低仓库保管能力；由于简化包装，可能还影响货物的装卸搬运效率，等等。那么，利用集装箱运输是好还是坏，就要用物流成本计算这一统一的尺度来综合评价。分别算出上述各环节物流活动的费用，经过全面分析后得出结论，这就是物流成本管理。即通过物流成本的综合效益研究分析，发现问题，解决问题，从而加强物流管理。

3.排除法

在物流成本管理中有一种方法叫活动标准管理(activiey based management，英文简称ABM )。其中一种做法就是把物流相关的活动划分为两类，一类是有附加价值的活动，如出入库、包装、装卸等与货主直接相关的活动；另一类是非附加价值的活动，如开会、改变工序、维修机械设备等与货主没有直接关系的活动。其实，在商品流通过程中，如果能采用直达送货的话，则不必设立仓库或配送中心，实现零库存，等于避免了物流中的非附加价值活动。如果将上述非附加价值的活动加以排除或尽量减少，就能节约物流费用，达到物流管理的目的。

4.责任划分

在生产企业里，物流的责任究竟在哪个部门?是物流部门还是销售部门?客观地讲，物流本身的责任在物流部门，但责任的源头却是销售部门或生产部门。以销售物流为例，一般情况下，由销售部门制订销售物流计划，包括订货后几天之内送货，接受订货的最小批量是多少等均由企业的销售部门提出方案，定出原则。假若该企业过于强调销售的重要性，则可能决定当天订货，次日送达。这样的话订货批量大时，物流部门的送货成本少，订货批量小时，送货成本就增大，甚至过分频繁、过少数量送货造成的物流费用增加，大大超过了扩大销售产生的价值，这种浪费和损失，应由销售部门负责。分清类似的责任有利于控制物流总成本，防止销售部门随意改变配送计划，堵住无意义、不产生任何附加价值的物流活动。

六、物流成本核算方法

（一）常用计算法

1.按支付形态计算物流成本

把物流成本分别按运费、保管费、包装材料费、自家配送费（企业内部配送费）、人事费、物流管理费、物流利息等支付形态记账。从中可以了解物流成本总额，也可以了解什么经费项目花费最多。这对认识物流成本合理化的重要性以及考虑在物流成本管理上应以什么为重点，十分有效。

2.按功能计算物流成本

分别按包装、配送、保管、搬运、信息、物流管理等功能计算物流费用。从这种方法可以看出哪种功能更耗费成本，比按形态计算成本的方法能更进一步找出实现物流合理化的症结。而且可以计算出标准物流成本（单位个数、重量、容器的成本），进行作业管理，设定合理化目标。

按功能计算物流成本，可以从功能的角度掌握；按形态计算出来的物流成本，在将物流部门费用按不同的功能详细划分的时候，其分配基准比例由于行业和企业情况的不同而不同。因此，根据本企业的实际情况找出分配基准是很重要的。

还可以按单位（配送一件或拣选一个）计算功能物流成本。再就各个功能物流成本的构成比例或金额与上一年度进行比较，弄清增减原因，研究制定整改方案。

3.按适用对象计算物流成本

按适用对象计算物流成本，可以分析出物流成本都用在哪一种对象上。如可以分别把商品、地区、顾客或营业单位作为适用对象来进行计算。

按支店或营业所计算物流成本，就是要算出各营业单位物流成本与销售金额或毛收入的对比，用来了解各营业单位物流成本中存在的问题，以加强管理。

按顾客计算物流成本的方法，又可分按标准单价计算和按实际单价计算两种计算方式。按顾客计算物流成本，可用来作为选定顾客、确定物流服务水平等制订顾客战略的参考。

按商品计算物流成本是指通过把按功能计算出来的物流费，用以各自不同的基准，分配给各类商品的办法计算出来的物流成本。这种方法可以用来分析各类商品的盈亏，在实际运用时，要考虑进货和出货差额的毛收入与商品周转率之积的交叉比率。

（二）应用现状

目前，国际和国内关于物流成本管理的方法的应用大概包括传统的物流成本核算方法和作业成本法。传统的成本核算方法比较简单，就是将物流成本汇总，然后以"数量为基础"进行分配，这种方法会导致提供的信息失去真实性并导致决策失误。传统的成本核算方法存在许多弊端：

（1）它的分摊基础是单个的工时或者是数量，容易曲解物流成本。

（2）在确定划分物流成本和非物流成本的标准时，主观性发挥了更大的作用，缺乏科学性。

（3）外部物流成本更能引起重视，比如，存储、运输、采购等成本，而内部物流成本管理和核算存在疏忽，如，搬运费、管理人员工资、折旧费等。

（4）关于物流成本的管理主要集中到控制上，没有在划分、核算、决策和评价方面付诸精力。

（5）传统方法并没有考虑部门之间的关系，只是将分配对象集中在生产部门或流通部门，更加忽略了作业种类的区分，加大了物流成本管理深入的难度。

针对上述传统方法的弊端，出现了相对更加有效的方法——作业成本法。作业成本法已经获得了国际上的认可，并且很多发达国家的企业已经开始将其运用在成本管理方面并取得了很好的效果。由于物流成本分摊的困难性决定了作业成本法在物流企业中使用的必要性，作业成本法具有很强的操作性，能够克服原有会计制度的缺陷。

（三）作业成本法

作业成本法，它的中心是作业，通过确认和计量作业成本来跟踪作业的动态活动，为最大限度地去除"不增值作业"，提高"可增值作业"快速的供应可用信息，将损失和浪费控制在最低限度，提高决策的有用性和科学性，使企业管理水平进一步提高的一种成本管理方法。

1.作业成本法定义的三个要点

（1）作业成本法是管理会计的部分内容，也是一种成本核算方法。

（2）作业成本法的原理：产品消耗作业，作业消耗成本，以作业为桥梁进行成本分摊。

（3）作业成本法的定义展示了作业成本法的一种趋势——作业管理，即用作业管理成本。

2.作业成本法涵盖的基本要素

作业成本法的基本要素有：资源（resources）、作业（activity）、作业中心（activity centre）、成本对象（cost objects）、资源动因（resources driver）、作业动因（activity driver）、作业成本池（activity cost pool）和成本要素（cost element）。

3.作业成本法的三类成本动因

（1）资源动因：将资源根据需求的强度和次数分配到各项作业或产品中去。

（2）作业动因：将作业按照消耗作业的产品中去。

（3）成本对象动因：其他的成本对象根据消耗成本的原理找到标准并进行分配。

4.作业成本法核算的分配路径

作业成本法定义了很多对象，例如，资源、作业、成本对象等，还定义了很多成本动因，而把这些联系起来的就是分配路径。举例来说，人工工资按照每项作业所需的人数分配到各项作业中，例如，加工作业、装配作业、检验作业，加工作业根据不同的产品型号的加工所耗费的时间分配到相应的型号，成本从工资到了型号，这就是分配路径。

5.作业成本法的基本原理

作业成本法是为了更加精确地分配制造费用、核算成本而发展出来的。它的基本思想就是在资源和产品之间建立一座桥梁，这座桥梁就是作业，而成功使用作业成本法的关键就是确定成本动因和成本动因率。

6.作业成本法的基本原理

（1）产品在消耗作业的同一时间作业也在消耗资源。

（2）成本发生的起因在于作业，作业发生的起因在于生产，所以，作业就在产品和成本之间建立了桥梁。

作业成本法发展至今，已经拥有了二维观念，即成本分配观和过程分配观。成本分配观将成本分配分为两段，即资源分配到作业与作业分配到产品；过程分析观是指，基于整个生产过程，更好地梳理成本和作业之间的关系。

7.作业成本法的优越性

随着时代的发展，物流也随之变得复杂多样，但万变不离其宗，关于物流的管理仍然注重在物流成本管理上。相较于传统的成本管理方法，国际上流行的作业成本法在发达国家的物流企业中得到了广泛的应用，并得到了一致好评。由此可以表明，作业成本法与传统的成本核算方法相比具有一定优越性。

传统成本理论认为：成本就是将费用对象化，总结为生产过程中所支出资金的综合，传统成本理论只显示了价值耗费和货币资金两种形式，并没有反映出成本形成的过程，也就是说这是一种比较静态的反映成本形成的方法，作业成本法恰巧在这方面做得很好，它成功地将成本形成的过程描绘了出来，通过"作业"这样的概念，将成本的形成过程进行具体化和形象化，使成本的形成过程变得更加透明。有人通过作业将费用和产品紧密的连接起来，使其形成的过程变得动态化。

与传统成本核算方法相比，作业成本法具有更明显的优越性，表现在：

（1）以作业构成的作业链而非业务量为基础来计算成本，拓宽了成本核算的范围。

（2）采用多元化并非单一的分摊标准，使成本信息更加客观、真实、精确。

（3）通过成本动因分析，揭示了成本形成的动态过程及真实原因，据此可以去除不增值作业，改善增值作业，不断优化企业价值链。

（4）通过资源动因分析，能够合理有效地分配企业资源，减少资源浪费，优化资源配置。

（5）改变了成本固定的划分方式，将企业成本区分为固定成本、短期变动成本与长期变动成本，长期变动成本为企业制订长期计划和决策（如产品定价、引入新产品、接受长期订单、产品组合等）提供重要根据。

（6）能够对资源耗费和作业成本在各个作业环节进行追踪，有利于企业改进预算控制。

（7）将作业成本反映到企业各个部门乃至每个人，方便企业进行业绩考核与评价。

（8）主观因素对成本的影响力度变小，责任会计管理不断完善。

作业成本法计算成本采用的是比较合理的方式分配间接费用。该方法首先汇集各作业中心消耗的各种资源，再将各作业中心的成本按各自的成本动因分配到各成本计算对象。归根到底，它是采用多种标准分配间接费用，是对不同的作业中心采用不同的成本动因来分配间接费用。而传统的成本计算方法只采用单一的标准进行间接费用的分配，无法正确反映不同产品生产中不同技术因素对费用产生的不同影响。作业成本法将直接费用和间接费用都视为产品消耗作业所付出的代价来同等对待。对直接费用的确认和分配，与传统成本计算方法并无差别；对间接费用的分配则依据作业成本动因，采用多样化分配标准，从而使成本的可归属性大大提高。因此，从间接费用的分配准确性来说，作业成本法计算的成本信息比较客观、真实、准确。从成本管理的角度讲，作业成本管理把着眼点放在成本发生的前因后果上，通过对所有作业活动进行跟踪动态反映，可以更好地发挥决策、计划和控制作用，以促进作业管理的不断提高。作业成本法是一个过程，它超越了传统成本会计的界限，将企业的直接成本与间接成本分配到各个主要活动中去，然后将这些活动分配给相关的产品或服务。通过把企业主要活动和特定的产品或服务联系起来，帮助管理者了解耗费资源的真正原因和每项产品与服务的真实成本。

七、电子商务物流成本管理

（一）电子商物流成本管理的必要性

成本控制是企业盈利和发展的关键因素，目前，电子商务市场正在逐年扩大，要想获得更多的盈利以确保他的龙头行业的地位，那就必须要做好相应的成本管理与控制。相对于传统企业而言，电子商务行业的物流成本控制尤为重要，这是由其自身的行业特点所决定的。因为电子商务行业一般都是奉行薄利多销的营销模式，所以提高商品价格的方法是不可取的；并且电子商务企业实质上采用的经营方式是"厂家直销"，缩减了中间环节，其所销售的产品没有代理商、经销商，所以想要通过控制中间环节的成本来提高效益也是不可行的。总的来说，做好物流成本管理与控制这个方法最可行，也是当下值得电商行业重视的。然而对于传统企业的那套成本控制模式我们并不能完全照搬应用到电商行业中来，必须找出适合该行业发展的物流成本控制方法，这对电商行业的持续发展具有重要意义。

（二）电子商务的基本特点

第一，电子商务具有普遍性的特点。作为一种新兴的贸易手段，通过互联网环境，电子商务将制造业、物流业、销售行业、消费者及政府一同带进了一个网络化、数字化的新境界。由于互联网的普及，电子商务也随之渗入到了各个交易活动中，具有了一定的普遍性。

第二，电子商务具有方便性的特点。因为电子商务是以互联网为电子媒介进行商务交易的活动，所以人们能够很快速便捷地完成以前较为复杂的交易过程，也不用再考虑地域等方面的因素。例如，通过一些网络购物平台，客户可以足不出户就能买到自己想要购买的产品，不管是产品的性能还是外观都能方便地通过网络购物平台了解到。所以，人们告别了以往现场办理各种事宜的旧时代，利用电子商务，能很便捷地解决很多问题。

第三，电子商务具有整体性的特点。为了能使人力和物力等资源能高效充分地使用，电子商务可以对交易活动的实施程序加以规范，这样就能使人工操作环节与电子信息处理环节结合成一个密不可分的整体，继而有利于系统严密地运行。

第四，电子商务具有安全性的特点。在电子商务环境中，各种贸易活动的成功完成是以电子商务的安全机制为基础的。比如，在电子商务中有加密机制保证了用户信息的安全不被泄露；签名机制保证了交易双方的利益受到保护；防火墙、防病毒保护保证了交易的环境不被病毒所侵害以致数据丢失等情况。电子商务的这些安全机制能为各种交易活动提供安全保证。

第五，电子商务具有协调性的特点。一个完整的交易活动需要的是整条供应链上每一个成员的相互协调，所以交易活动实际上就是一个协调的过程。而在电子商务环境中进行商品交易则更需要各个部门的协力合作，这样才能保证电子商务全过程能够一气呵成的完成。

第六，电子商务具有集成性的特点。电子商务的主要交易媒介是因特网，其确保自身高效率的前提就是确保其自身的高度集成性。因此，电子商务既对其产品贸易活动的作用进行了集成，也对所有产品贸易活动的主体进行了集成。

（三）电商物流成本管控

1.物流成本的含义

物流成本是指产品在空间移动的过程中或者在其时间占有中所需花费的各种活劳动和物化劳动的货币表现。物流成本是在物流活动过程中发生的费用，是指产品在空间移动的过程中或者在其时间占有中所需花费的各种活劳动和物化劳动的货币表现。具体来说，物流成本是指产品实物在生产、加工、运输、装卸、包装、转移、储存等过程中支出的所有人力、物力和财力。

2.物流成本的决定因素

（1）产品特征主要有产品的价格、密度以及易损性，还有是否需要特殊搬运。首先是产品价格，通常情况下库存成本还有运输成本都是与产品的价值成正比的。因为产品的价值越高，就会导致库存商品的价值随之变大，成本也就相应增加；并且对运输过程中所使用的运输工具的要求也会大大提高，所以运输成本也会随产品价值的增加而增加。 其次是产品密度，一般来说，库存成本还有运输成本与产品的密度成反比。因为产品密度越大，那么相同的仓储空间所能存放的货物就会大大增加；同样的道理，相同的运输空间所能装载的货物也会增加。所以库存成本以及运输成本是与产品密度成反比的。 再者是易损性，易损性顾名思义容易损坏的物品，那么对其所进行的一系列物流流程操作，比如，包装、仓配、运输等都要提出相对更高的要求。 最后是特殊搬运，对于某些需要特殊搬运的产品，比如，搬运海鲜之类的产品需要在搬运过程中对其进行制冷；又比如搬运大型的机器设备就需要特殊的搬运工具等。这些需要特殊搬运的物品都会使物流的成本大大增加。

（2）空间因素是指物流中心与目标市场或是供货点的距离远近。通常情况下，运输成本或者包装成本于这个距离的远近成正比，如果企业距离目标市场越远那么运输或者包装的成本就会越高。尽管对于距离较远的目标市场可以采取建立或者租用仓库的方法，但是这会使得库存的成本相应增加。

（3）客户的服务水平。客户的服务水平对物流成本的影响主要来自于以下三个方面：首先是订货周期，顾客的库存成本实际上是与订货周期成正比的，订货周期越短则库存成本就越低，那么顾客服务水平也就越高，当然想要缩短订货周期还是要以高效的物流系统为基础的。其次是库存水平，企业的缺货成本与库存成本是成反比的，库存成本越低那么缺货成本就越高，客户服务水平也会降低，反之，虽然缺货成本降低，客户服务水平能得到提高，但是库存成本却增加了。所以，合理的控制库存水平使得总成本达到最低，这样才能使得物流成本得到有效控制。最后是运输，企业可以通过选择快捷的运输方式来保证运输质量，缩短运输时间，从而提高客户服务水平。但是这样却大大增加了运输成本，所以企业应该综合考虑自身的成本与客户的服务水平来决定采用何种运输方式。

3.物流成本的分类

（1）按照物流活动发生的领域来分类。可分为采购物流费、工厂物流费、销售物流费和返品物流费。采购物流费即从原材料（包括空容器、包装材料）的采购到送达到购入者为止的物流活动所发生的费用。厂内物流费用即从产品成品包装时点开始到确定向顾客销售为止的物流活动发生的费用。售物流费即确定向顾客销售之后，到出库送达到顾客为止的物流活动发生的费用。返品物流费即伴随着销售产品的返品物流活动发生的费用。废弃物物流费即为了处理已经成为废弃物的产品、包装物以及运输用容器、材料等物品所进行的物流活动发生的费用。

（2）按照物流费用的支付形态来分类。可分为材料费、人工费、水电费、维持费、管理费用、特别经费和委托物流费。材料费即包装材料费、燃料费、消耗工具材料等物品消耗生成的费用。人工费即支付给物流从业人员的费用，如工资、奖金、退休金、福利费等。水电费即水电、燃气费等。维持费即维修费、消耗材料费、房租、保险费。管理费用即组织物流过程花费的各种费用。特别经费包括差旅费、会议费、教育费等。委托物流费包括包装费、运输费、管理费、出入库费、手续费等。

（3）按照物流功能来分类。可分为物流活动成本、信息处理成本、物流管理成本。物流活动成本是指在整个物流活动中产生的成本费用，该成本包括包装费、运输费、保管费、装卸搬运费、流通加工费。信息处理成本是指识别使用者的信息需要，对数据进行收集、存储和检索，将数据转换成信息，以信息的传输加以计划，并将这些信息提供给使用者产生的成本费用。物流管理成本有广义和狭义之分。

4.物流成本管理

物流成本管理是通过成本来管理物流的一种行为，是对物流产生的相关成本进行计划、协调与控制的活动。其管理对象为物流而非成本，可以理解为是以成本为手段的一种管理方法。

（1）物流成本管理的内容包括以下几点：

第一，物流成本预测，是指以已有的相关成本数据和企业的实际发展状况为依据，采用一些技术手段，对企业未来的物流成本以及成本变动的趋势作出一个科学合理的估计。包括库存预测、加工预测、货物周转量预测等。

第二，物流成本决策，是指在众多方案中选择一种最为合理的方案的过程。具体包括配送服务中心的新建、改建还有扩建；装卸搬运设备、设施；流通加工合理下料；物流服务与物流成本。

第三，物流成本计划，是指以货币形式规定计划期内物流各个环节的耗费水平和成本水平。物流成本计划有周度、月度、季度、年度之分。或者分为短期计划（半年或一年）、中期计划（三年）、长期计划（五年或十年）。

第四，物流成本控制，是指在物流活动中，企业按照规定的标准，将各项耗费保持在一定范围内的成本控制行为。通常情况下人们对于物流成本控制的理解有狭义和广义之分。狭义层次的物流成本控制是指企业在物流活动中，通过多种成本控制方法，缩减物流成本费用，降低物流成本的行为。而广义层次的物流成本控制可理解为物流成本管理，具体来说则包括事前、事中和事后的成本预测、计划、计算、分析的全过程。

事前控制被认为是整个成本控制程序中的首要环节，对以后各环节的成本的高低有着直接的影响。具体来说，成本事前控制的内容主要包括物流配送中心的建设控制，物流设施、设备的配备控制，物流作业过程改进控制等。

事中控制是对物流作业过程中的实际耗费控制，具体包括设备耗费的控制、人工耗费的控制、劳动工具耗费和其他费用支出的控制等方面。事后控制则是在商品生产过程结束后，定期对产品成本进行总结、分析、计算的反馈活动。

第五，物流成本核算，是指在企业已明确的成本核算对象的基础上，运用与之相对应的成本核算方法，按照已定的成本核算项目，再经过整体物流费用的归集与分配，继而核算出总的物流活动成本以及各项物流活动的单位成本。

第六，物流成本分析，是指根据已经核算出的成本和其他相关的资料，采用一定的方法，分析物流成本的变动趋势；然后做出更全面的调查，分析出何种原因对该物流成本的变动产生影响。

（2）物流成本管理的目标。总体来说，物流成本管理的目标是通过成本控制有效提升企业的物流成本竞争力，从而进一步提高企业物流活动的效率。其宏观目标是在固定物流收益水平下，追求最小化的成本，亦或是在固定成本水平下，追求最大化的收益。微观目标则在于追求既定总成本下的最优服务。

（3）物流成本管理的原则。

①管理有用原则，是指核算出的物流成本要有利于企业管理层作出科学的管理决策以及业绩考评等。

②经济可行原则，是指企业要以成本效益为其宗旨，选择出与之相对应的物流成本核算模式。换言之，就是企业在取得与管理方面相关的信息时应该要衡量其在经济方面的可行性。

③相容性原则，是指物流成本应该被看作是企业生产过程中的要素。企业应该充分地将物流成本这项资源利用起来，促进销售争取更多的顾客，在收入的提高与物流成本的增加之间，企业应该权衡利益作出抉择，这才能保证实现利润最大化。

④协调性原则，是指企业应该妥善协调好各个部门之间的利益关系，以达到追求企业最佳利益的目的。这是因为物流的各个环节的活动经常是相互矛盾的状态，即物流效益背反是真实存在的。所以，企业只有遵循协调性原则才能实现其管理目标，即成本最小化、效益最大化。

5.物流成本管理控制的相关理论基础

（1）"黑大陆"学说。 物流的重要程度通常不能为所有人了解，是因为在传统财务核算制度里，物流成本被分别计入到不同的会计科目当中。世界著名现代管理学父彼得·德鲁克曾经说过："流动是经济领域的黑暗大陆"。黑暗大陆有可能是贫瘠的，也有可能是一个宝藏，物流成本便是一个宝藏。

一般情况下，为什么物流成本的重要性不易为人们所重视是因为在财务会计核算中会将物流成本分别计入到生产成本、管理费用、营业费用、财务费用和营业外支出等项目中，使得损益表中所列示的物流成本占比总销售金额很小。这就解释了为什么物流成本会被称为"黑大陆"。

（2）物流成本"冰山"理论。日本早稻田大学的西泽修教授认为，采用传统的财务会计制度核算出来的物流费用只包括了运输费用和仓储费用

（把对外支付的委托物流费用比作成冰山露在水面上的部分），这只是全部物流费用的其中一小部分，而大部分的物流成本并没有在物流费用中反映出来，就好比冰山的大部分都在水面下（如下图所示）。

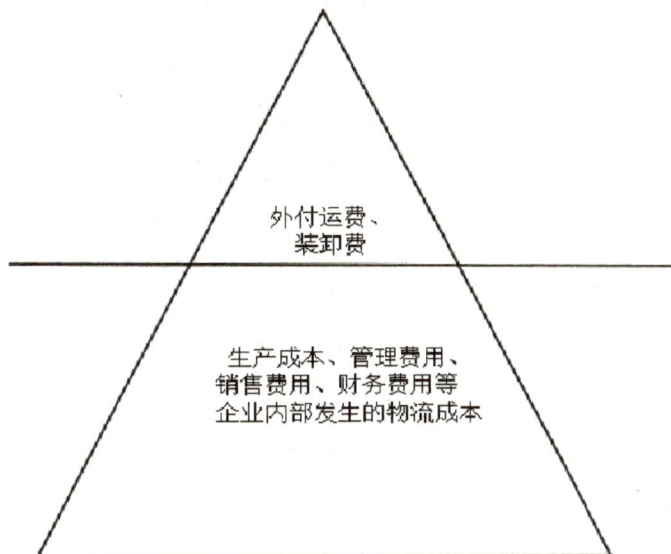

通常情况下，在企业账务数据的统计中，很多物流成本不能得到有效的反映，能反映出的只有支付给外部的运输费用以及将物流外包给第三方的委托费用。但这只是整个物流成本的一部分，许多其他的物流费用，比如，企业内部的仓管费用、内部车辆的运输费用、内部包装及装卸费用、企业自身物流基础设施的折旧费用等，在实际的财务计算中都分散到了管理费用、生产成本、制造费用、销售费用和财务费用等科目中。所以就出现了企业消耗的物流成本不能全部反映出来的现象。当前的会计制度以及科目设置并不能准确地反映出物流成本的全部内容。

（3）"第三利润源"学说。"第三利润源"学说最早是由日本早稻田大学的西泽修教授于 1970 年提出的。在人类历史的发展历程中，曾经出现过两个大量提供利润的领域。在早期的历史阶段，社会生产力相对落后，社会产品供不应求，厂商无论生产多少产品都能一售而空。于是，人类便致力于对生产设备进行更新改造，以达到扩大生产的目的，力求通过增加产品数量、降低生产成本的方式来创造更多的剩余价值，即为"第一利润源"。

社会生产力快速发展，产品产量也随之大幅上升，市场产品开始处于供过于求的状态，产品销售变得越发困难。至此，第一利润源已经达到了饱和，难以持续发展，人类就试图以增加销售的方式寻求新的利润源。在人力领域，最初，厂商依靠廉价劳动力来追求利润，随着第一利润源的饱和，进而将生产理念转变为依靠科学进步提高生产率，即通过机械化、自动化的生产方式来使得人力资源的消耗得到降低，从而实现利润的最大化。这个领域就是所谓的"第二利润源"。随着经济社会的进一步发展，前两个利润的来源越来越小，利润源的开拓也越来越困难，物流领域便开始逐渐得到人们的重视，于是，"第三利润源"学说便应运而生。

（4）服务中心说。欧美的一部分学者于20世纪60年代提出了服务中心说，该学说认为，企业应以提高和改善服务水平为基础，寻求物流成本与服务之间的平衡点，从而保持企业优势，增强企业的综合实力，而非仅在表面上通过节约消耗实现降低成本、增加利润的管理目标。

（5）理论基础评述。关于物流成本管理与控制的理论有很多，本文只选取"黑大陆"学说、物流成本"冰山"理论、"第三利润源"学说以及服务中心说作为本文的理论基础，其目的就是为了揭示为什么当今电商企业发展过程中不能忽视物流成本的管理与控制，以及在整个物流成本管控的过程中，可能会因为服务水平、成本的核算方法等原因影响电商行业物流成本管理与控制的实施效果。

6.关于我国电商企业物流成本管控的建议

（1）合理选择物流模式，整合供应链管理。大多数企业选择将物流服务部分外包给专业的第三方物流公司，原本的目的是想要降低物流成本，但是由于目前电商企业供应链管理还并不完善，反而选择第三方物流模式会适得其反。电商企业所包含的大多是批发零售业，它的特点就是比较零散，不管是供应商还是消费者的分布都是比较广泛的。电商企业只有不断地提高自己的竞争力，才能保证自己在激烈的市场竞争中崭露头角。其中，整合供应链管理对于电商企业打造核心竞争力来说是重中之重的。因为电商企业的供应链的强弱直接决定了他在市场中竞争力的高低。遍观当今电商行业的发展状况，那些没有考虑与自身发展密切相关的其他方面状况而只注重自身企业发展的电商企业，大多在这优胜劣汰的市场竞争中被淘汰了。所以，为了能在这激烈的市场竞争中存活下来，电商企业应加强构建企业自身的供应链，并且做好供应链的整合管理，以此来打造一条超强的产业链，从而保证从供应商到消费者这一整条供应链能密切配合，发挥其规模效应，避免一些不必要的流程，这样有利于物流成本的降低。

另外，选择第三方物流的委托成本偏高还有可能是所选的物流模式并不适合企业自身发展的特点导致的。目前，电商企业主要的物流模式除了第三方物流模式，还有自建物流模式和物流联盟这两种。我国电商企业的业务发展比较迅速，所以在较短时间内不易找到适合其业务发展特点的第三方物流，如果盲目选择反而会使物流成本增加。那么此时电商可以考虑的物流模式还可以是自建物流，因为这种模式对于电商企业来说可控性比较强，能够提高物流的及时性和准确性，当然也会存在一定的缺陷，比如投资风险较大，而且覆盖范围也会受到限制等。综上所述，电商企业在选择物流模式时一定要结合企业自身的发展特点，比如，企业物流成本占总成本的比重、企业的实力与规模、企业对物流的管理与控制能力等。这样才能使得电子商务企业能够更快更好的发展。

（2）改善产品质量，提高服务水平。退货率日益增长，这是一个不容忽视的问题，电子商务企业应重视起来。这是因为退货所产生的一些物流费用使得退货成本增加，又因为退货成本是电商企业物流成本的构成部分之一，所以退货率的居高不下容易导致物流成本随之大大提高。那么为了降低退货率，电商企业应找出原因的根本所在，从而使问题得到解决。由于高退货成本是产品质量与服务水平不高导致的，所以企业应该改善产品质量，提高服务水平。首先，电商企业在通过互联网等电子工具进行商品贸易时不能纯粹地以提高产品销量为目的，还要以实事求是为原则，求真务实，切勿在做产品宣传时夸大其词，所做的描述要符合商品的实际特征，这样消费者才能了解到商品的真正信息。其次，电商企业应确保商品在流出企业前是不存在任何质量上的问题的，并且要详细地比对客户所下订单的内容，保证不存在错发、漏发等现象。此外，电商企业还应该定期组织员工培训，提高他们的职业素养，并且要时刻灌输顾客至上的服务理念，这有利于提高消费者对企业的信任度与满意度，从而有利于降低退货率，也能使得物流成本得到一定的降低。

（3）注重专业物流管理人才的培养，提高管理水平。一个企业的发展必须要有人才，只有当企业储备足够的人才，企业才能保证持续发展。对于电商企业物流来说，专业物流管理人才的培养是必要的，服务质量的确保、物流运作效率的提高、企业竞争力的增强都是要以物流管理人才的高素质为前提的。至于怎样培养物流管理专业人才可以从以下几个方面着手，首先，作为我国人才培养的基地，各大高校在培养物流管理专业的人才时应以社会的需求为根据，为他们的学生制订培养计划，及时地改进物流专业的相关课程安排。当然，也需要教师能够提高他们的职业素养，这样才能保证高校能为社会培养出高素质的物流管理专业型人才。其次，对于各大电商企业来说，他们应注重对物流管理人才的后期培养。可以通过引进国外先进技术和人才的方式，也可以通过组织内部员工去国外进行相关培训的方式，让企业内物流管理专业的人才吸取国外先进的管理理念，学习和掌握国外的先进技术，从而培养出有利于电商物流发展的高素质专业型人才。最后，从政府方面来说，政府部门可采取相关措施辅助高校或者企业完成高素质物流管理人才的培养。比如，对高校在增加有关于物流管理的专业时进行引导，同时适当地增加有关物流管理专业教师编制；或者制定一些与国外进行人才交流的政策，鼓励企业吸收引进国外的先进技术与管理理念等。

（4）企业注重提高效率，政府积极整顿不合理收费现象。电子商务企业应重视效率化的管理，以便降低占比物流成本最大的运输成本。怎样提高效率，企业可将信息化和国外先进的管理理念结合起来，这样就能打造出所谓的智能物流。例如，电商企业可以利用配送管理系统很好地完成运输行程的安排，合理选择车辆的运输路线，完成车辆的配载计划，从而改善了车辆的运行管理，也提高了车辆的利用率与装载率。再者，利用配送管理系统，企业也可以结合生产商的生产计划与配车计划，使得批发商的配车计划与进货计划相对应，这样就能有效地避免无效配送，从而就能提高物流的配送效率，降低了物流的运输成本。再比如，电商企业还可利用物流信息管理系统，使得各个工作部门能共享企业内部物流信息，这有利于他们更好地完成合作，提高各自的工作效率，从而降低物流成本。

（5）制定统一的物流核算标准。从纵向来看，为了使物流成本在不同的时期具有一定的可比性，电商企业应根据企业实际情况制定出适合自身的物流成本核算标准；从横向来看，为了使行业中各个企业之间的物流成本可以相互之间进行比较，应尽快制定出统一的物流核算标准，这样有利于电子商务企业管理层做出有利于企业发展的决策。因为统一的物流核算标准能保证物流成本得到更好的监督与控制，继而使得企业披露的成本信息也更加真实，不会再出现低估或高估企业物流成本这样的情况，这都是有利于电商物流的控制与管理的。

（6）逐步完善物流管理的法律法规，加强政府支持与引导。目前，在电子商务环境下，物流业的发展应给与其统一的规范，我国应加强物流业的立法制度，使得各职能管理部门分工明确，确保各管理部门协调一致，不会在行使职能时，相互推诿。当然，在立法过程中也应使所立法规达到规范、专业、系统的要求，做到不被行政所干预，使网络交易市场得到有效规范，合法的电子商务行为得到法律保护，继而遏制住电商物流的不正当竞争现象，这有利于电商企业与国民经济得到更快更好的发展。电商企业物流的发展还需要政府提供政策和资金方面的支持，正确的政策和行业发展战略的制定都能有利于系统的管理和指导我国电商物流的发展，从而有利于解决整体布局不合理、对公共设施低效利用等问题。比如，在利用水路、公路、航空、铁路时给予一定的优惠政策，使商品的运送更加畅通无阻，从而有利于物流的发展。再者，政府在提供资金支持的同时还可以引导企业加大对电子商务企业物流的投资力度，确保电商物流的发展能有充足的经济基础。

# 本章小结

本章第一节介绍了物流服务，分析了企业物流成本，指出了物流成本的特性及影响物流成本的因素；讨论了企业物流服务与物流成本的关系以及确定企业物流服务与物流成本平衡点的策略；详细介绍了第三方物流企业的服务与成本，给出了第三方物流企业成本管控建议。

物流服务是指物流企业或是企业的物流部门从处理客户订货开始，直至商品送至客户手中，为满足客户需求，有效地完成商品供应、减轻客户物流作业负荷所进行的全部活动。

物流活动是商品的生产和流通过程中不可或缺的基本活动，具有生产活动的属性。物流活动需要人员、设施设备和资金等要素的投入，这些投入便构成了物流成本。物流成本具有差异性、关联性和支撑性的特性。影响物流成本的因素分为外部因素和内部因素。外部因素包括经济规模、产业结构、资源环境、统计口径。内部因素包括物流运作效率、物流管理水平、物流服务水准、物流需求特点、物流服务价格。物流服务的不断提升导致了物流成本的急速增长，所以物流服务和物流成本之间是效益背反的关系，也可以被称为二律背反。确定企业物流服务与物流成本平衡点，首先，明确企业服务的目标群体；其次，要明确产品属性；再次，建立合理的考核指标；最后，建立信息共享机制。

第三方物流是指独立于商品或劳务供方和需方之外的物流服务方，以合同协议的形式，通过自有物流资源或其他物流服务方向服务需求方提供个性化物流服务的一种交易形式。第三方物流企业成本管控存在的难点包括：成本核算方法制约了对成本的管控力度；信息技术投入不足；难以获得规模生产优势；集中统一采购难度大；强势供应商议价难度大。第三方物流企业成本管控建议：建立科学的成本核算和控制体系；运用互联网＋形成规模效应；提升整合物流服务能力；优化生产组织，提高作业效率；减少中间环节，提供增值服务。

第二节介绍了物流服务职能流程、服务理念、重要意义；详细阐述了物流服务质量的标准，我国物流服务质量现状及存在的问题，并指出了物流企业提高物流服务质量的对策；介绍了企业物流服务的有效性管理、物流服务的可靠性管理、一体化物流服务流程管理以及物流服务精细化管理；最后详细介绍了电子商务物流服务管理。

物流服务职能流程包括订单、退货、运输、履行。物流服务理念有：以客户为核心的物流服务；以促销为核心的物流服务；以制造为核心的物流服务；以时间为核心的物流服务。物流是企业生产和销售的重要环节，是保证企业高效经营的重要方面；物流服务水平是构建物流系统的前提条件；物流服务水平是降低物流成本的依据；物流服务起着连接厂家、批发商和消费者的作用，是国民经济不可缺少的部分。物流服务质量是指以物流服务固有的特性满足物流顾客和其他相关要求的程度。

物流服务质量指标有：人员沟通质量、订单释放数量、信息质量、订购过程、货品精确率、货品完好程度、货品质量、误差处理、时间性。我国物流服务质量存在的问题有：市场定位不合理、缺乏技术支持、作业成本较高。物流企业提高物流服务质量的对策有：注重物流服务技术的提升，调整运递价格差距，构建完善的管理体系。

企业物流服务的直接目标是为客户提供服务，满足客户需求；最终目标则是通过给客户提供服务从而获得相应的利润。因此，企业在一定平均水平上为客户提供的物流服务所获得的收益越大、客户满意度越高，则说明企业物流服务的有效性管理越有成效。

物流服务可靠性管理策略有：建立可靠性组织保证体系，引入物流服务可靠性管理机制，建立规范的物流服务流程，物流服务过程的监控。

一体化物流服务流程具有动态性、复杂性、集成性的特点。一般来说，一体化物流服务流程管理可包含以下三个层面：规范流程、优化流程和再造流程。实现物流企业一体化服务方式的策略有：传统的短期行为向长期合作方式发展，注重客户的作用并让其参与到整个物流过程中，交互式物流产品的开发，整合物流服务供应链各个环节的资源。

精细化管理即将管理内容及责任具体明确化，落实管理的每一个细部责任，使每一个岗位的管理者都尽责尽职做好其本职工作。

我国电商物流发展现状主要呈现以下三个特点：电商物流服务的数量多、频率高、灵活性强；电商物流服务具有较强的时效性和跨地域性；电商物流服务存在逆向性。电商物流服务中存在的问题有：电商物流服务基础设施落后；电商物流服务的配送准时性差；逆向物流纠纷频繁。电商物流服务改进策略有：完善电商物流服务的基础设施；改善电商物流运作模式；建立逆向物流管理平台。

第三节主要阐述了物流成本管理的相关知识，包括物流成本管理的概念，物流成本的特点，物流成本的要素；介绍了我国物流成本管理的现状，企业物流成本管理方法，物流成本核算方法。最后重点介绍了电子商务物流成本管理。指出了电商物流成本管理的必要性，电商的特点。描述了物流成本的含义，物流成本的决定因素，物流成本的分类。指出了物流成本管理的内容，物流成本管理的目标，物流成本管理的原则。介绍了物流成本管理控制的相关理论基础，并对我国电商企业物流成本管控提出了相应的建议。

物流成本管理是对物流相关费用进行的计划、协调与控制。物流成本管理是通过成本去管理物流，即管理的对象是物流而不是成本。物流成本管理可以说是以成本为手段的物流管理方法。

物流成本的特点有：物流成本可以真正地反映物流活动的效果，物流成本的构成和种类很多，二律背反是物流成本独有的特点，物流成本的"冰山"说，物流成本削减的"乘数效应"。物流成本又称物流费用，主要是指商品在进行空间移动时所消耗的活劳动和物化劳动的货币支出。具体来讲，它是指商品在仓储、包装、运输、装卸、加工等环节所消耗的人力、物力、财力之和。我国物流成本管理还处在起步阶段，主要存在问题是：物流成本核算没有精确的物流成本信息，无法得到准确的信息来帮助物流成本管理；很多管理方法还缺乏验证，物流成本管理信息化程度较低，妨碍了物流成本现代化管理的发展。

做好物流成本管理，必须掌握物流成本管理方法：比较分析（包括横向比较、纵向比较、计划与实际比较），综合评价，排除法，责任划分。物流成本核算方法较多，可以按支付形态计算物流成本，按功能计算物流成本，按适用对象计算物流成本，目前，国际和国内关于物流成本管理的方法的应用大概包括传统的物流成本核算方法和作业成本法。传统的成本核算方法比较简单，就是将物流成本汇总，然后以"数量为基础"进行分配，这种方法会导致提供的信息失去真实性并导致决策失误。作业成本法，它的中心是作业，通过确认和计量作业成本来跟踪作业的动态活动，为最大限度地去除"不增值作业"，提高"可增值作业"快速的供应可用信息，将损失和浪费控制在最低限度，提高决策的有用性和科学性，使企业管理水平进一步提高的一种成本管理方法。作业成本法正处于发展阶段，其被广泛接受还需要一定的时间。

电子商务物流成本的管理，要先了解以下内容：

首先，要了解电子商务的特点。电子商务具有普遍性、方便性、整体性、安全性、协调性、集成性的特点。

其次，要理解物流成本的管控。物流成本的决定因素包括产品特征、空间因素、客户的服务水平。物流成本管理是通过成本来管理物流的一种行为，是对物流产生的相关成本进行计划、协调与控制的活动。其管理对象为物流而非成本，可以理解为是以成本为手段的一种管理方法。物流成本管理的内容包括以下几点：物流成本预测、物流成本决策、物流成本计划、物流成本控制、物流成本核算、物流成本分析。总体来说，物流成本管理的目标是通过成本控制有效提升企业的物流成本竞争力，从而进一步提高企业物流活动的效率。其宏观目标是在固定物流收益水平下，追求最小化的成本，或是在固定成本水平下追求收益的最大化。微观目标则在于追求既定总成本下的最优服务。物流成本管理的原则有：管理有用原则、经济可行原则、相容性原则、协调性原则。物流成本管理控制的相关理论基础包括："黑大陆"学说、物流成本"冰山"理论、"第三利润源"学说、服务中心说、理论基础评述。

对于我国电商企业物流成本管控提出建议：合理选择物流模式，整合供应链管理；改善产品质量，提高服务水平；注重专业物流管理人才的培养，提高管理水平；企业注重提高效率，政府积极整顿不合理收费现象；制定统一的物流核算标准；逐步完善物流管理的法律法规，加强政府支持与引导。

# 第十章

## 供应链管理

# 第一节 供应链与供应链管理概述

一、供应链的概念

供应链是指商品到达消费者手中之前各相关者的连接或业务的衔接，是围绕核心企业，通过对信息流、物流、资金流的控制，从采购原材料开始，制成中间产品以及最终产品，最后由销售网络把产品送到消费者手中的将供应商、制造商、分销商、零售商，直到最终用户连成一个整体的功能网链结构。

我们可以把供应链描绘成一棵枝叶茂盛的大树：生产企业构成树根，独家代理商则是主干，分销商是树枝和树梢，满树的绿叶红花是最终用户，在根与主干、枝与干的一个个节点，蕴藏着一次次的流通，遍体相通的脉络便是信息管理系统。

供应链上各企业之间的关系与生物学中的食物链类似。在"草—兔子—狼—狮子"这样一个简单的食物链中（为便于论述，假设在这一自然环境中只生存这四种生物），如果我们把兔子全部杀掉，那么草就会疯长起来，狼也会因兔子的灭绝而饿死，连最厉害的狮子也会因狼的死亡而慢慢饿死。可见，食物链中的每一种生物之间是相互依存的，破坏食物链中的任何一种生物，势必导致这条食物链失去平衡，最终破坏人类赖以生存的生态环境。

同样的道理，在供应链"企业A—企业B—企业C"中，企业A是企业B的原材料供应商，企业C是企业B的产品销售商。如果企业B忽视了供应链中各要素的相互依存关系，而过分注重自身的内部发展，生产产品的能力不断提高，但如果企业A不能及时向他提供生产原材料，或者企业C的销售能力跟不上企业B产品生产能力的发展，那么我们可以得出这样的结论：企业B生产力的发展不适应这条供应链的整体效率。

随着3G移动网络的部署，供应链已经进入了移动时代。移动供应链，是利用无线网络实现供应链的技术。它将原有供应链系统上的客户关系管理功能迁移到手机。移动供应链系统具有传统供应链系统无法比拟的优越性。移动供应链系统使业务摆脱时间和场所局限，随时随地与公司进行业务平台沟通，有效提高管理效率，推动企业效益增长。数码星辰的移动供应链系统就是一个集3G移动技术、智能移动终端、VPN、身份认证、地理信息系统（GIS）、Webservice、商业智能等技术于一体的移动供应链产品。

二、供应链的四个流程

供应链一般包括物资流通、商业流通、信息流通、资金流通四个流程。四个流程有各自不同的功能以及不同的流通方向。

1.物资流通

这个流程主要是物资（商品）的流通过程，这是一个发送货物的程序。该流程的方向是由供货商经由厂家、批发与物流、零售商等指向消费者。由于长期以来企业理论都是围绕产品实物展开的，因此，物资流程被人们广泛重视。许多物流理论都涉及如何在物资流通过程中在短时间内以低成本将货物送出去。

2.商业流通

这个流程主要是买卖的流通过程，这是接受订货、签订合同等的商业流程。该流程的方向是在供货商与消费者之间双向流动的。商业流通形式趋于多元化：既有传统的店铺销售、上门销售、邮购的方式，又有通过互联网等新兴媒体进行购物的电子商务形式。

3.信息流通

这个流程是商品及交易信息的流程。该流程的方向也是在供货商与消费者之间双向流动的。过去人们往往把重点放在看得到的实物上，因而信息流通一直被忽视。甚至有人认为，国家的物流落后同它们把资金过分投入物质流程而延误对信息的把握不无关系。

### 4.资金流通

这个流程就是货币的流通，为了保障企业的正常运作，必须确保资金的及时回收，否则企业就无法建立完善的经营体系。该流程的方向是由消费者经由零售商、批发与物流、厂家等指向供货商。

### 三、供应链管理概念

供应链管理，使供应链运作达到最优化，以最少的成本，令供应链从采购开始，到满足最终客户的所有过程，包括工作流、实物流、资金流和信息流等均能高效率地操作，把合适的产品、以合理的价格，及时准确地送达消费者手上。

供应链管理就是协调企业内外资源来共同满足消费者需求，当我们把供应链上各环节的企业看作为一个虚拟企业同盟，而把任一企业看作这个虚拟企业同盟中的一个部门时，同盟的内部管理就是供应链管理。只不过同盟的组成是动态的，根据市场需要随时在发生变化。

有效的供应链管理可以帮助实现四项目标：缩短现金周转时间、降低企业面临的风险、实现盈利增长、提供可预测收入。

供应链管理的七项原则：根据客户所需的服务特性来划分客户群；根据客户需求和企业可获利情况，设计企业的后勤网络；倾听市场的需求信息，设计更贴近客户的产品；时间延迟；策略性的确定货源和采购与供应商建立双赢的合作策略；在整个供应链领域建立信息系统；建立整个供应链的绩效考核准则等。

### 四、供应链管理的意义

企业采用供应链管理的最终目的有三个：

（1）提升客户满意度（提高交货的可靠性和灵活性）。

（2）降低公司的成本（降低库存、减少生产及分销的费用）。

（3）企业整体"流程品质"最优化（错误成本去除，异常事件消弭）。

通过建立供应商与制造商之间的战略合作关系，可以达到以上目标。

五、供应链管理的特点

供应链管理是一种先进的管理理念，它的先进性体现在是以顾客和最终消费者为经营导向的，以满足顾客和消费者的最终期望来生产和供应的。除此之外，供应链管理还有以下四种特点：

1.供应链管理把所有节点企业看作一个整体，实现全过程的战略管理

传统的管理模式往往以企业的职能部门为基础，但由于各企业之间以及企业内部职能部门之间的性质、目标不同，造成相互的矛盾和利益冲突，各企业之间以及企业内部职能部门之间无法完全发挥其职能效率。因而很难实现整体目标化。

供应链是由供应商、制造商、分销商、销售商、客户和服务商组成的网状结构。链中各环节不是彼此分割的，而是环环相扣的一个有机整体。供应链管理把物流、信息流、资金流、业务流和价值流的管理贯穿于供应链的全过程。它覆盖了整个物流，从原材料和零部件的采购与供应、产品制造、运输与仓储到销售各种职能领域。它要求各节点企业之间实现信息共享、风险共担、利益共存、并从战略的高度来认识供应链管理的重要性和必要性，从而真正实现整体的有效管理。

2.供应链管理是一种集成化的管理模式

供应链管理的关键是采用集成的思想和方法。它是一种从供应商开始，经由制造商、分销商、零售商直到最终客户的全要素、全过程的集成化管理模式，是一种新的管理策略，它把不同的企业集成起来以增加整个供应链的效率，注重的是企业之间的合作，以达到全局最优。

3.供应链管理提出了全新的库存观念

传统的库存思想认为：库存是维系生产与销售的必要措施，是一种必要的成本。因此，供应链管理使企业与其上下游企业之间在不同的市场环境下

实现了库存的转移，降低了企业的库存成本。这也要求供应链上的各个企业成员建立战略合作关系，通过快速反应降低库存总成本。

4.供应链管理以最终客户为中心

无论构成供应链的节点的企业数量有多少，也无论供应链节点企业的类型、层次有多少，供应链的形成都是以客户和最终消费者的需求为导向的，这也是供应链管理的经营导向。正是由于有了客户和最终消费者的需求，才有了供应链的存在。而且，也只有让客户和最终消费者的需求得到满足，才能有供应链的更大发展，这也是供应链管理的经营导向。

通过对供应链管理的概念与特点的分析，我们可以知道：相对于旧的依赖自然资源、资金和新产品技术的传统管理模式，以最终客户为中心、将客户服务、客户满意、客户成功作为管理出发点的供应链管理的确具有多方面的优势。但是由于供应链是一种网状结构，一旦某一局部出现问题，它会马上扩散到全局的，所以在供应链管理的运作过程中就要求各个企业成员对市场信息的收集与反馈要及时、准确，以做到快速反应，降低企业损失。而要做到这些，供应链管理还要有先进的信息系统和强大的信息技术作为支撑。

# 第二节 供应链管理方法

一、供应链管理方法

供应链管理理论的产生远远落后于具体的技术与方法。供应链管理最早多是以一些具体的方法出现的。常见的供应链管理方法有：快速反应（QR）、有效客户反应（ECR）、电子订货系统（EOS）、企业资源计划系统（ERP）、供应商管理库存（VMI）、联合管理库存（JMI）、协同规划、预测和连续补货（CPFR）等。这里重点介绍一下快速反应和有效客户反应。

1.快速反应

快速反应是指物流企业面对多品种、小批量的买方市场，不是储备了"产品"，而是准备了各种"要素"，在用户提出要求时，能以最快速度抽取"要素"，及时"组装"，提供所需服务或产品。这是美国纺织服装业发展起来的一种供应链管理方法。

2.有效客户反应

有效客户反应是1992年从美国的食品杂货业发展起来的一种供应链管理策略。也是一个由生产厂家、批发商和零售商等供应链成员组成的，各方相互协调和合作，更好、更快并以更低的成本满足消费者需要为目的的供应链管理解决方案。有效客户反应是以满足顾客要求和最大限度降低物流过程费用为原则，能及时做出准确反应，使提供的物品供应或服务流程最佳化的一种供应链管理战略。

3.快速反应与有效客户反应的差异

有效客户反应主要以食品行业为对象，其主要目标是降低供应链各环节的成本，提高效率。快速反应主要集中在一般商品和纺织行业，其主要目标是对客户的需求作出快速反应，并快速补货。这是因为食品杂货业与纺织服装行业经营的产品的特点不同：杂货业经营的产品多数是一些功能型产品，每一种产品的寿命相对较长（生鲜食品除外），因此，订购数量过多（或过少）的损失相对较小。纺织服装业经营的产品多属创新型产品，每种产品的寿命相对较短，因此，订购数量过多（或过少）造成的损失相对较大。

（1）侧重点不同。快速反应侧重于缩短交货提前期，快速响应客户需求；有效客户反应侧重于减少和消除供应链的浪费，提高供应链运行的有效性。

（2）管理方法的差别。快速反应主要借助信息技术实现快速补发，通过联合产品开发缩短产品上市时间；有效客户反应除新产品快速有效引入外，还实行有效商品管理、有效促滚动。

（3）适用的行业不同。快速反应适用于单位价值高，季节性强，可替代性差，购买频率低的行业；有效客户反应适用于产品单位价值低，库存周转率高，毛利少，可替代性强，购买频率高的行业。

（4）改革的重点不同。快速反应改革的重点是补货和订货的速度，目的是最大程度地消除缺货，并且只在商品需求时才去采购。有效客户反应改革的重点是效率和成本。

二者的共同特征表现为超越企业之间的界限，通过合作追求物流效率化。具体表现在如下三个方面：①贸易伙伴间商业信息的共享；②商品供应方进一步涉足零售业，提供高质量的物流服务；③企业间订货、发货业务全部通过EDI来进行，实现订货数据或出货数据的传送无纸化。

二、供应链管理的关键

1.以顾客为中心，以市场需求的拉动为原动力。

2.强调企业应专注于核心业务，建立核心竞争力，在供应链上明确定位，将非核心业务外包。

3.各企业紧密合作，共担风险，共享利益。

4.对工作流程、实物流程、信息流程和资金流程进行设计、执行、修正和不断改进。

5.利用信息系统优化供应链的运作。

6.缩短产品完成时间，使生产尽量贴近实时需求。

7.减少采购、库存、运输等环节的成本。

三、供应链管理流程

（1）交付：包括订单管理、仓储/执行、定制化/延迟、交付设施、运输、电子商务交付、管理客户/客户伙伴关系、售后技术支持、客户数据管理。

（2）退货：包括收货和仓储、运输、修理和翻新、沟通、管理客户预期。

（3）执行：包括战略和领导、竞争力标杆、产品/服务创新、产品/服务数据管理、流程存在和控制、测量、技术、商务管理、质量、安全、行业标准。

# 第三节 供应链设计

一、基本思想

（一）供应链设计与物流系统设计

物流系统是供应链的物流通道，是供应链管理的重要内容。物流系统设计是指原材料和外购件所经历的采购入厂—存储—投料—加工制造—装配—包装—运输—分销—零售等一系列物流过程的设计。物流系统设计也称通道设计（channel designing），是供应链系统设计中最主要的工作之一。设计一个结构合理的物流通道对于降低库存、减少成本、缩短提前期、实施JIT生产与供销、提高供应链的整体运作效率都是很重要的。但供应链设计却不等同于物流系统设计，（集成化）供应链设计是企业模型的设计，它从更广泛的思维空间—企业整体角度去勾画企业蓝图，是扩展的企业模型。它既包括物流系统，还包括信息和组织以及价值流和相应的服务体系建设。在供应链的设计（建设）中创新性的管理思维和观念极为重要，要把供应链的整体思维观融入到供应链的构思和建设中，企业之间要有并行的设计才能实现并行的运作模式，这是供应链设计中最为重要的思想。

（二）供应链设计与环境因素的考虑

一个设计精良的供应链在实际运行中并不一定能按照预想的那样，甚至无法达到设想的要求，这是主观设想与实际效果的差距，原因并不一定是设计或构想得不完美，而是环境因素在起作用。因此，构建和设计一个供应链，一方面要考虑供应链的运行环境（地区、政治、文化、经济等因素）；另一方面还应考虑未来环境的变化对实施供应链的影响。因此，我们要用发展的、变化的眼光来设计供应链，无论是信息系统的构建还是物流通道设计都应具有较高的柔性，以提高供应链对环境的适应能力。

（三）供应链设计与企业再造工程

从企业的角度来看，供应链的设计是一个企业的改造问题，供应链所涉及的内容任何企业或多或少在进行。供应链的设计或重构不是要推翻现有的企业模型，而是要从管理思想革新的角度，以创新的观念武装企业（比如动态联盟与虚拟企业，精细生产），这种基于系统进化的企业再造思想是符合人类演进式的思维逻辑的，尽管BPR教父哈默和钱贝一再强调其彻底的、剧变式的企业重构思想，但实践证明，实施BPR的企业最终还是走向改良道路，所谓无源之水、无本之木的企业再造是不存在的。因此，在实施供应链的设计与重建时，并不在于是否打碎那个瓷娃娃（M.C.杰克逊透过新潮管理法看系统管理学），需要的是新的观念、新的思维和新的手段，这是我们实施供应链管理所要明确的。

（四）供应链设计与先进制造模式的关系

供应链设计既是从管理新思维的角度去改造企业，也是先进制造模式的客观要求和推动的结果。如果没有全球制造、虚拟制造这些先进的制造模式的出现，集成化供应链的管理思想是很难得以实现的。正是先进制造模式的资源配置沿着劳动密集—设备密集—信息密集—知识密集的方向发展才使得企业的组织模式和管理模式发生相应的变化，从制造技术的技术集成演变为组织和信息等相关资源的集成。供应链管理适应了这种趋势，因此，供应链的设计应把握这种内在的联系，使供应链管理成为适应先进制造模式发展的先进管理思想。

二、设计原则

在供应链的设计过程中，应遵循一些基本的原则，以保证供应链的设计和重建能满足供应链管理思想得以实施和贯彻的要求。下面从宏观和微观两个方面来讨论。

（一）总的原则

从宏观角度来把握供应链的设计应遵循以下七条原则。

1.自顶向下和自底向上相结合的设计原则

在系统建模设计方法中，存在两种设计方法，即自顶向下和自底向上的方法。自顶向下的方法是从全局走向局部的方法，自底向上的方法是从局部走向全局的方法；自上而下是系统分解的过程，而自下而上则是一种集成的过程。在设计一个供应链系统时，往往是先有主管高层作出战略规划与决策，规划与决策的依据来自市场需求和企业发展规划，然后由下层部门实施决策，因此，供应链的设计是自顶向下和自底向上的综合。

2.简洁性原则

简洁性是供应链的一个重要原则，为了能使供应链具有灵活快速响应市场的能力，供应链的每个节点都应是精洁的、具有活力的、能实现业务流程的快速组合。比如，供应商的选择就应以少而精的原则，通过和少数的供应商建立战略伙伴关系，在于减少采购成本，推动实施JIT采购法和准时生产。生产系统的设计更是应以精细思想（lean thinking）为指导，努力实现从精细的制造模式到精细的供应链这一目标。

3.集优原则（互补性原则）

供应链的各个节点的选择应遵循强—强联合的原则，达到实现资源外用的目的，每个企业只集中精力致力于各自核心的业务过程，就像一个独立的制造单元（独立制造岛），这些所谓单元化企业具有自我组织、自我优化、面向目标、动态运行和充满活力的特点，能够实现供应链业务的快速重组。

4.协调性原则

供应链业绩好坏取决于供应链合作伙伴关系是否和谐，因此，建立战略伙伴关系的合作企业关系模型是实现供应链最佳效能的保证。席酉民教授认为和谐是描述系统是否形成了充分发挥系统成员和子系统的能动性、创造性及系统与环境的总体协调性。只有和谐而协调的系统才能发挥最佳的效能。

5.动态性（不确定性）原则

不确定性在供应链中随处可见，许多学者在研究供应链运作效率时都提到不确定性问题。由于不确定性的存在，导致需求信息的扭曲。因此，要预见各种不确定因素对供应链运作的影响，减少信息传递过程中的信息延迟和失真。降低安全库存总是和服务水平的提高相矛盾。增加透明性，减少不必要的中间环节，提高预测的精度和时效性对降低不确定性的影响都是极为重要的。

6.创新性原则

创新设计是系统设计的重要原则，没有创新性思维，就不可能有创新的管理模式，因此在供应链的设计过程中，创新性是很重要的一个原则。要产生一个创新的系统，就要敢于打破各种陈旧的思维框框，用新的角度、新的视野审视原有的管理模式和体系，进行大胆地创新设计。进行创新设计，就要注意以下四点：一是创新必须在企业总体目标和战略的指导下进行，并与战略目标保持一致；二是要从市场需求的角度出发，综合运用企业的能力和优势；三是发挥企业各类人员的创造性，集思广益，并与其他企业共同协作，发挥供应链整体优势；四是建立科学的供应链和项目评价体系及组织管理系统，进行技术经济分析和可行性论证。

7.战略性原则

供应链的建模应有战略性观点，通过战略的观点考虑减少不确定影响。从供应链的战略管理的角度考虑，我们认为供应链建模的战略性原则还体现在供应链发展的长远规划和预见性，供应链的系统结构发展应和企业的战略规划保持一致，并在企业战略指导下进行。

（二）具体原则

从微观管理的角度，在实际应用中，应注意供应链设计的一些具体原则。

1.总成本最小原则

总成本最小原则是指成本管理中供应链管理的重要内容。供应链管理中常出现成本悖反问题，即各种活动的成本的变化模式常常表现出相互冲突的特征。解决冲突的办法是平衡各项成本使其达到整体最优，供应链管理就是要进行总成本分析，判断哪些因素具有相关性，从而使总成本最小。

2.多样化原则

多样化原则是指供应链设计的一条基本原则就是要对不同的产品，提供不同的客户，提供不同的服务水平。要求企业将适当的商品在恰当的时间、恰当的地点传递给恰当的客户。一般的企业分拨多种产品。因此，要面对各种产品的不同的客户要求，不同产品特征，不同的销售水平，也就是意味着企业要在同一产品系列内采用多种分拨战略，比如在库存管理中，就要区分出销售速度不一的产品，销售最快的产品应放在位于最前列的基层仓库，依次摆放产品。

3.推迟原则

推迟原则就是分拨过程中运输的时间和最终产品的加工时间应推迟到收到客户订单之后。这一原则避免了企业根据预测在需求没有实际产生的时候运输产品（时间推迟）以及根据对最终产品形式的预测生产不同形式的产品（形式推迟）。

4.合并原则

合并原则就是指在战略规划中，将运输小批量合并成大批量具有明显的经济效益。但是同时要平衡由于运输时间延长而可能造成的客户服务水平下降与订单合并的成本节约之间的利害关系。通常当运量较小时，合并的概念对制定战略最有用。

5.标准化原则

标准化原则的提出解决了满足市场多样化产品需求与降低供应链成本的问题。如生产中的标准化可以通过可替换的零配件、模块化的产品和给同样的产品贴加不同的品牌标签而实现。这样可以有效地控制供应链渠道中必须处理的零部件，供给品和原材料的种类。服装制造商不必去存储众多客户需要的确切号码的服装，而是通过改动标准尺寸的产品来满足消费者的要求。

三、设计步骤

第一步是分析市场竞争环境。即要"知彼"。目的在于找到针对哪些产品市场开发供应链才有效，分析市场特征的过程要向卖主、用户和竞争者进行调查，提出诸如"用户想要什么？""他们在市场中的分量有多大？"之类的问题，以确认用户的需求和因卖主、用户、竞争者产生的压力。这一步骤的输出是每一产品的按重要性排列的市场特征。同时对于市场的不确定性要有分析和评价。

第二步是总结、分析企业现状。即要"知己"。主要分析企业供需管理的现状（如果企业已经有供应链管理，则分析供应链的现状），这一个步骤的目的不在于评价供应链设计策略的重要性和合适性，而是着重于研究供应链开发的方向，分析、找到、总结企业存在的问题及影响供应链设计的阻力等因素。

第三步针对存在的问题提出供应链设计项目，分析其必要性。要了解产品，围绕着供应链"可靠性"和"经济性"两大核心要求，提出供应链设计的目标，这些目标首先包括提高服务水平和降低库存投资的目标之间的平衡，以及降低成本、保障质量、提高效率、提高客户满意度等目标。

第四步是根据基于产品的供应链设计策略提出供应链设计的目标。主要目标在于获得高用户服务水平和低库存投资、低单位成本两个目标之间的平衡（这两个目标往往有冲突），同时还应包括以下目标：①进入新市场；②开发新产品；③开发新分销渠道；④改善售后服务水平；⑤提高用户满意程度；⑥降低成本；⑦通过降低库存提高工作效率等。

第五步是分析供应链的组成，提出组成供应链的基本框架。

供应链中的成员组成分析主要包括制造工厂、设备、工艺和供应商、制造商、分销商、零售商及用户的选择及其定位，以及确定选择与评价的标准。

分析供应链节点的组成，提出组成供应链的基本框架；供应链组成包括产品设计公司、制造工厂、材料商、外发厂（如表面处理）、物流伙伴以及确定选择和评价的标准包括质量、价格、准时交货、柔性、提前期（L/T）和批量（MOQ）、服务、管理水平等指标。

第六步是分析和评价供应链设计的技术可能性（DFM）。这不仅仅是某种策略或改善技术的推荐清单，而且也是开发和实现供应链管理的第一步，它在可行性分析的基础上，结合本企业的实际情况为开发供应链提出技术选择建议和支持。这也是一个决策的过程，如果认为方案可行，就可进行下面的设计；如果不可行，就要重新设计。结合企业本身和供应链联盟内（如设计公司，外发厂）资源的情况进行可行性分析，并提出建议和支持，如果不可行，则需要重新设计供应链，调整节点企业或建议客户更新产品设计。

第七步是设计供应链。主要解决以下问题：

（1）供应链的成员组成（供应商、设备、工厂、分销中心的选择与定位、计划与控制）。

（2）原材料的来源问题（包括供应商、流量、价格、运输等问题）。

（3）生产设计（需求预测、生产什么产品、生产能力、供应给哪些分销中心、价格、生产计划、生产作业计划和跟踪控制、库存管理等问题）。

（4）分销任务与能力设计（产品服务于哪些市场、运输、价格等问题）。

（5）信息管理系统设计。

（6）物流管理系统设计等。

在供应链设计中，要应用到许多工具和技术，包括归纳法、集体解决问题、流程图、模拟和设计软件等。3PL的选择与定位，计划与控制；确定产品和服务的计划，运送，分配和定价等，设计过程中需要各节点企业的参与交流，以便于以后的有效实施。

第八步是检验供应链。供应链设计完成以后，应通过一定的方法、技术进行测试检验或试运行，如不行，返回第四步重新设计；如果没有什么问题，就可实施供应链管理了。

第九步是实施供应链。供应链实施过程中需要核心企业的协调，控制和信息系统的支持，使整个供应链成为一个整体，从工业设计到批量生产、物流等全方位的供应链控制，协调。

四、根据产品设计供应链

产品有不同的特点，供应链有不同的功能，只有两者相匹配，才能起到事半功倍的效果。企业应当根据产品的不同设计不同的供应链。

（一）两种不同类型的产品

不同类型的产品对供应链设计有不同的要求，高边际利润、不稳定需求的革新性产品的供应链设计就不同于低边际利润、有稳定需求的功能性产品。

功能性产品需求具有稳定性、可预测性。这类产品的寿命周期较长，但它们的边际利润较低。经不起高成本供应链折腾。功能性产品一般用于满足用户的基本要求，如生活用品（柴、米、油、盐）、男式套装、家电、粮食等，其特点是变化很少；功能性产品的供应链设计应尽量减少链中物理功能的成本。

革新性产品的需求一般难以预测，寿命周期较短，但利润空间高。这类产品是按订单制造，如计算机、流行音乐、时装等。生产这种产品的企业没接到订单之前不知道干什么，接到订单就要快速制造。革新性产品供应链设计应少关注成本而更多地关注向客户提供所需属性的产品，重视客户需求并对此作出快速反应，因此特别强调速度和灵活性。

（二）两种不同功能的供应链

供应链从功能上可划分为两种：有效性供应链（efficient supply chain）和反应性供应链（responsive supply chain）。有效性供应链主要体现供应链的物理功能，即以最低的成本将原材料转化成零部件、半成品、产品；反应性供应链主要体现供应链的市场中介功能，即把产品分配到满足用户需求的市场，对未预知的需求作出快速反应等。

（三）供应链设计应当与产品特点相匹配

产品分为两种类型，功能性产品具有用户已接受的功能，能够根据历史数据对未来或季节性需求作出较准确的预测，产品比较容易被模仿，其边际利润低。与功能性产品相匹配的供应链应当尽可能地降低链中的物理成本，扩大市场占有率。因此，对于功能性产品，应采取有效性供应链。

革新性产品追求创新，不惜一切努力来满足用户差异化需求。这类产品往往具有某些独特的、能投部分用户所好的功能，由于创新而不易被模仿，因而其边际利润高，在产品供货中强调速度、灵活性和质量，甚至主动采取措施，宁可增加成本大量投资以缩短提前期。对创新功能产品的需求是很难作出准确预测的，因此，追求降低成本的有效性供应链对此是不适应的，这时只有反应性供应链才能抓住产品创新机会，以速度、灵活性和质量获取高边际利润。

当然，产品与供应链之间是否匹配并非绝对的，匹配与不匹配也会随着情况的变化而发生变化。理论上很容易得出有效性供应链匹配功能性产品、反应性供应链匹配革新性产品的判断，但在实践中，由于市场行情、用户需求、企业经营状况等因素的影响，匹配和不匹配也是相对的。一方面原本相匹配的产品和供应链可能变成不相匹配的。例如，对于革新性产品采取反应性供应链，这时二者是匹配的，随着时间的推移，革新性产品的创新功能也会被模仿，一旦革新性产品变成功能性产品，如果仍选用反应性供应链，原来匹配的情形就会相应变成不匹配的情形。另一方面，原本不匹配的产品和供应链随着情况的变化也可能变成匹配的。比如说，企业进行产品开发时，由于市场信息不及时，不知对手已推出相同的产品而将自己刚刚开发出的功能性产品误认为是革新性产品，并错误地使用反应性供应链，这时就会产生不匹配的情况。如果企业在原有产品的基础上开发出新的功能，这类功能性产品在一段时间内对某些用户可能表现出革新性的特征，企业选用反应性供应链，这时不匹配的情况就会变成匹配。相反，如果在产品表现出革新性特征时，企业没有认清形势，错误地选用了有效性供应链，就会造成新的不匹配。所以随着诸多因素的变化，匹配与不匹配也会随时发生变化，关键在于企业能否及时做出调整。

五、供应链的战略选择

（一）推动和拉动供应链的含义

有效性供应链和反应性供应链的划分是从供应链本身功能来讲的。按照供应链的驱动方式来划分，可将供应链划分为推动式供应链和拉动式供应链。

1.推动式供应链

推动式供应链是以制造商为核心企业，根据产品的生产和库存情况，有计划地把商品推销给客户，其驱动力源于供应链上游制造商的生产。在这种运作方式下，供应链上各节点比较松散，追求降低物理功能成本，属卖方市场下供应链的一种表现。由于不了解客户需求变化，这种运作方式的库存成本高，对市场变化反应迟钝。

2.拉动式供应链

拉动式供应链是以客户为中心，比较关注客户需求的变化，并根据客户需求组织生产。在这种运作方式下，供应链各节点集成度较高，有时为了满足客户差异化需求，不惜追加供应链成本，属买方市场下供应链的一种表现。这种运作方式对供应链整体素质要求较高，从发展趋势来看，拉动方式是供应链运作方式发展的主流。

（二）推动与拉动供应链战略的特点

现实生活中完全采取推动战略或者完全采取拉动战略的并不多见。这是因为单纯的推动或拉动战略虽然各有优点，但也存在缺陷。

1.推动式供应链的特点及缺陷

在一个推动式供应链中，生产和分销的决策都是根据长期预测的结果作出的。准确地说，制造商是利用从零售商处获得的订单进行需求预测。事实上企业从零售商和仓库那里获取订单的变动性要比顾客实际需求的变动大得多，这就是通常所说的牛鞭效应，这种现象会使企业的计划和管理工作变得很困难。例如，制造商不清楚应当如何确定它的生产能力，如果根据最大需求确定，就意味着大多数时间里制造商必须承担高昂的资源闲置成本；如果根据平均需求确定生产能力，在需求高峰时期需要寻找昂贵的补充资源。同样，对运输能力的确定也面临这样的问题：是以最高需求还是以平均需求为准呢?因此在一个推动式供应链中，经常会发现由于紧急的生产转换引起的运输成本增加、库存水平变高或生产成本上升等情况。

推动式供应链对市场变化作出反应需要较长的时间，可能会导致一系列不良反应。比如在需求高峰时期，难以满足顾客需求，导致服务水平下降；当某些产品需求消失时，会使供应链产生大量的过时库存，甚至出现产品过时等现象。

2.拉动式供应链的特点以及需要具备的条件

在拉动式供应链中，生产和分销是由需求驱动的，这样生产和分销就能与真正的顾客需求而不是预测需求相协调。在一个真正的拉动式供应链中，企业不需要持有太多库存，只需要对订单作出反应。

拉动式供应链有以下优点：①通过更好地预测零售商订单的到达情况，可以缩短提前期。②由于提前期缩短，零售商的库存可以相应减少。③由于提前期缩短，系统的变动性减小，尤其是制造商面临的变动性变小了。④由于变动性减小，制造商的库存水平将降低。⑤在一个拉动型的供应链中，系统的库存水平有了很大的下降，从而提高了资源利用率。当然拉动供应链也有缺陷。最突出的表现是由于拉动系统不可能提前较长一段时间做计划，因而生产和运输的规模优势也难以体现。

拉动式供应链虽然具有许多优势，但要获得成功并非易事，需要具备相关条件：其一，必须有快速的信息传递机制，能够将顾客的需求信息（如销售点数据）及时传递给不同的供应链参与企业。其二，能够通过各种途径缩短提前期。如果提前期不太可能随着需求信息缩短时，拉动式系统是很难实现的。

（三）推动与拉动供应链战略的选择

对一个特定的产品而言，应当采用什么样的供应链战略呢?企业是应该采用推动式还是拉动战略，前面主要从市场需求变化的角度出发，考虑的是供应链如何处理需求不确定的运作问题。在实际的供应链管理过程中，不仅要考虑来自需求端的不确定性问题，还要考虑来自企业自身生产和分销规模经济的重要性。

在其他条件相同的情况下，需求不确定性越高，就越应当采用根据实际需求管理供应链的模式，即拉动战略；相反，需求不确定性越低，就越应该采用根据长期预测管理供应链的模式，即推动战略。

同样，在其他条件相同的情况下，规模效益对降低成本起着重要的作用，如果组合需求的价值越高，就越应当采用推动战略，根据长期需求预测管理供应链；如果规模经济不那么重要，组合需求也不能降低成本，就应当采用拉动战略。

六、供应链的组合选择

在推—拉组合战略中，供应链的某些层次，如最初的几层以推动的形式经营，其余的层次采用拉动式战略。推动式与拉动式的接口处被称为推—拉边界。

虽然一个产品（计算机）需求具有较高的不确定性，规模效益也不十分突出，理论上应当采取拉动战略，但实际上计算机厂商并不完全采取拉动战略。以戴尔为例，戴尔计算机的组装，完全是根据最终顾客定单进行的，此时它执行的是典型的拉动战略。但戴尔计算机的零部件是按预测进行生产和分销决策的。此时它执行的却是推动战略。也就是说，供应链的推动部分是在装配之前，而供应链的拉动部分则从装配之后开始，并按实际的顾客需求进行，是一种前推后拉的混合供应链战略，推—拉边界就是装配的起始点。

推—拉组合战略的另一种形式是采取前拉后推的供应链组合战略。那些需求不确定性高，但生产和运输过程中规模效益十分明显的产品和行业。家具行业是这种情况的最典型例子。事实上，一般家具生产商提供的产品在材料上差不多，但在家具外形、颜色、构造等方面的差异却很大，因此，它的需求不确定性相当高。一方面，由于家具产品的体积大，所以运输成本也非常高。此时就有必要对生产、分销策略进行区分。从生产角度看，由于需求不确定性高，企业不可能根据长期的需求预测进行生产计划，所以生产要采用拉动式战略。另一方面，这类产品体积大，运输成本高，所以，分销策略又必须充分考虑规模经济的特性，通过大规模运输来降低运输成本。事实上许多家具厂商正是采取这种战略。就是说家具制造商是在接到顾客订单后才开始生产，当产品生产完成后，将此类产品与其他所有需要运输到本地区的产品一起送到零售商的商店里，进而送到顾客手中。因此，家具厂商的供应链战略是这样的：采用拉动式战略按照实际需求进行生产，采用推动式战略根据固定的时间表进行运输，是一种前拉后推的组合供应链战略。

综上所述，企业在设计供应链时不仅要考虑产品特点、市场需求，而且要考虑企业自身生产和分销规模经济的重要性，只有综合考虑，才能选择适合企业的推、拉战略或者是推—拉组合的供应链战略。

## 第四节 电子商务环境下的供应链管理

一、电子商务模式对供应链管理的重大意义

（一）电子商务模式加强了供应链的协调性和稳定性

电子商务有效地连接了供应链上的各个企业，通过科学地规划使供应链上的各个企业形成一个战略联盟，供应链管理向"一体化"方向发展，实现了供应链上各个企业的信息和资源的有效集成。供应链上的各个企业不但需要着力培养自身的核心竞争力，而且需要与其他企业协调配合，建立协同战略联盟，全面提升整个供应链的竞争力。在传统交易模式下，信息采取单向逐级传递的方式，交易信息容易引起供应链的波动；在电子商务模式下，整个供应链共享交易信息，供应链的协调性和稳定性得到巩固，供应链上的各个企业结成了一个有机整体。

（二）电子商务模式消除了供应链上不必要的中间环节

在电子商务模式下，生产企业和供应企业组成的虚拟联合体共同组织产品的生产，最大限度地满足了消费者对所需产品提出的个性化需求。在电子商务模式下，生产企业可以不经分销商，直接进行原材料和产品的预定和销售。信息流在供应链上的各个企业之间进行同步传输，消除了许多的中间企业，节约了预定、销售、仓储和物流等费用，提高了信息传递的及时性。在电子商务模式下，供应链中的企业可在开放的互联网上与消费者进行直接的沟通，信息传递的效率得到了极大的提高。

（三）电子商务模式下供应链管理的运行效率得到提高

在电子商务模式下，供应链管理致力于对相关企业产品和交易行为进行数字化和系统化的管理，同时对供应链上的各个企业进行合理优化。这样的高效管理使生产企业和消费者都会从中受益，产生了新的业务增长点，更好地协调了供求关系，实现了消费者需求信息的高效传递。在电子商务平台下，供应链上的各个企业共享客户需求信息、协作生产，实现利润最大化。基于电子商务的供应链管理，采用信息技术简化业务流程，将有效地提高交易效率，降低产品成本，缩短生产企业响应市场变化的时间，减少社会产品的存量，使消费者获得更好的产品和服务。

二、电子商务模式下改善供应链管理的策略

（一）深化供应链企业间的信任关系，促使各个企业实现共赢

传统的供应链管理，要求各个企业公开交易信息，实现资源共享；而在激烈的市场竞争中，企业之间往往难以形成信任关系，造成货款拖欠、恶意压价等不良现象，这一现实严重地阻碍了供应链的统一管理。在电子商务模式下，供应链管理目标是寻求提高客户满意程度和降低总物流成本之间的平衡，有效地发挥了供应链的集体力量，达到供应链整体效益的最大化。在电子商务模式下，信息技术帮助企业摆脱传统组织结构的束缚，通过互联网将顾客、销售商、生产商、供应商和雇员紧密地联系起来，不断调整供应链企业之间的关系，进一步整合整个价值链，使供求双方在恰当的时机得到所需要的市场信息，促使供应链中各个企业实现共赢。

（二）转变供应链管理方式，实现"横向一体化"的供应链管理

所谓"纵向一体化"，就是企业需要承担供应链的各个环节上的任务，即生产企业需要负责原材料的采购、产品的生产以及制成品的销售等任务。随着信息技术的不断发展，消费者的需求呈现个性化的趋势，"纵向一体化"管理导致企业管理机构庞杂，各个管理机构难以适应变化的市场需求，致使供应链运作效率低下。所谓"横向一体化"，就是企业集中精力提高自身的核心竞争力和信息利用效率，利用企业外部资源快速响应市场需求。企业应努力朝"横向一体化"的管理方式转变，利用信息技术改造自身业务流

程，协调供应链中信息流、资金流和物流的流动，与供应商和消费者建立战略伙伴联盟。

（三）加强企业信息化建设，实现供应链管理信息化

企业供应链管理的一个重要内容就是建立适合供应链运作的信息系统交易平台，运用现代信息技术使整个供应链的信息流变得高效和迅速。如果缺乏一个统一的信息系统交易平台，供应链企业之间就不能步调一致，无法对市场信息进行实时跟踪，市场信息不能及时共享和传递，容易出现产品积压、资金周转失调等不良现象。因此，加强企业信息化建设，加快电子商务在供应链管理中的应用，在企业内部应用内部网，在企业之间搭建外部网络，使供应链上的企业连接为统一的整体，共享供应链上的信息，成为电子商务模式下供应链管理的当务之急。供应链信息管理平台集信息交换技术和计算机网络技术为一体，实现了企业各个部门之间和不同企业之间的信息共享，为供应链管理提供了有力的支持。为适应现代社会经济发展的需要，利用先进的网络和信息技术，对供应链管理进行改造，保证信息流在供应链中的通畅，是现代企业发展电子商务的必要条件。基于电子商务的供应链管理将成为企业适应市场竞争的一种有效途径。基于电子商务模式的供应链管理将供应链中的各个企业通过互联网有效地连接起来，企业管理水平得到了很大的提高，使供求双方及时地搜集和传递市场信息，减少了商业贸易的中间环节。随着信息时代的发展，基于电子商务模式的供应链管理必将成为提高企业管理效率，推动国民经济增长，摆脱金融危机的重要因素。

（四）缓解牛鞭效应，提高供应链管理效率

1.引入供应商管理库存思想

供应商管理库存是一种战略贸易伙伴之间的合作性策略，它以系统的、集成的管理思想进行库存管理，使供应链系统能够同步化进行。供应商管理库存的思想打破了传统的各自为政的库存管理模式，大大地改善了整个流程，减少了不必要的系统成本、库存和固定资产，制造商不再依赖零售商的

订货而组织生产和供货，从而降低了整个供应链的库存。

2.激励机制和目标保持一致

管理者可以通过使激励机制和目标保持一致来实现供应链的协调，使供应链内的每个参与者的行为都以供应链总利润最大化为目标。将销售人员的激励依据由购入量变为售出量。如果能够减少那些诱导销售人员将产品推销给零售商的激励机制，那么我们就可以降低牛鞭效应。

（五）整合内部供应链，提高企业竞争优势

1.技术整合

（1）标准化。企业需要对整个供应链在技术方面进行统一的规范，包括信息表示标准化、信息自动采集标准化、信息自动交换标准化等方面。

（2）网络化。在企业的内部整合过程中，网络化主要指通过企业内部往来实现企业内部的信息交换和共享。

（3）智能化。即是通过信息化和自动化技术使供应链的管理达到一个较高的层次。智能化应用的技术有专家系统、预测系统、库存水平系统、配送中心管理决策系统、客户服务咨询和信息反馈系统等。

2.资源整合

在战略思维的层面上，资源整合是系统论的思维方式。通过组织和协调，把企业内部彼此分离的职能整合成一个为客户服务的系统，取得1+1＞2的效果。

（1）信息资源整合。信息资源整合是我国企业信息化过程中亟待解决的问题之一。企业以往的指标任务式管理并没有把各基层部门当作市场环境下相对独立的实体，这直接导致了企业把信息技术仅仅当成辅助人们完成工作的一种手段，而并非企业发展的战略资源。

（2）人力资源整合。人力资源整合侧重于在个体能力达到一定水平的基础上，对员工队伍整体的改善与开发，从而提高总体作战能力，这是我国企业面对竞争与挑战所急需的。

（3）财务资源整合。从宏观上讲，企业要建立一个有效的财务系统，需要以信息资源的整合为基础，以严谨的财务制度为保证，公正合理地制定财务指标，根据企业的管理模式量身定做适合自己企业的财务资源整合方案。

（六）加强企业核心能力建设

电子商务环境下的企业供应链管理有效地保证了企业间的有效合作和相互支持支撑。使整条供应链的生产、销售、物流等各个方面保持通畅和快捷的反应能力。构建企业的战略价值流，价值流的概念覆盖了很多的方面，不仅仅是指企业的内部，还包括企业的外部，企业的价值流将企业的每一个步骤都涵盖进去，只有精心的构建价值流，才能有效地提高价值流的增值性。在企业的发展的过程中，始终保持企业处于供应链上，并专注于企业的核心建设，同时还可以将其他业务实行外包，减少企业的成本，提高企业的核心竞争力，一个企业的核心竞争力对企业的发展和市场开拓有十分重要的作用。

# 本章小结

本章第一节介绍了供应链的概念，指出了供应链的四个流程，明确了供应链管理概念、意义、特点。

供应链是指商品到达消费者手中之前各相关者的连接或业务的衔接，是围绕核心企业，通过对信息流、物流、资金流的控制，从采购原材料开始，制成中间产品以及最终产品，最后由销售网络把产品送到消费者手中的将供应商、制造商、分销商、零售商，直到最终用户连成一个整体的功能网链结构。供应链一般包括物资流通、商业流通、信息流通、资金流通四个流程。四个流程有各自不同的功能以及不同的流通方向。

供应链管理，指使供应链运作达到最优化，以最少的成本，令供应链从采购开始，到满足最终客户的所有过程。有效的供应链管理可以帮助实现四项目标：缩短现金周转时间；降低企业面临的风险；实现盈利增长；提供可预测收入。供应链管理的意义有：提升客户的最大满意度，降低公司的成本，企业整体"流程品质"最优化。供应链管理的特点有：供应链管理把所有节点企业看作一个整体，实现全过程的战略管理；供应链管理是一种集成化的管理模式；供应链管理提出了全新的库存观念；供应链管理以最终客户为中心。

第二节介绍了供应链管理的方法、关键、流程。

快速反应，是指物流企业面对多品种、小批量的买方市场，不是储备了"产品"，而是准备了各种"要素"，在用户提出要求时，能以最快速度抽取"要素"，及时"组装"，提供所需服务或产品。有效客户反应，是1992年从美国的食品杂货业发展起来的一种供应链管理策略。供应链管理的关键有：①以顾客为中心，以市场需求的拉动为原动力。②强调企业应专注于核心业务，建立核心竞争力，在供应链上明确定位，将非核心业务外包。③各企业紧密合作，共担风险，共享利益。④对工作流程、实物流程、信息流程和资金流程进行设计、执行、修正和不断改进。⑤利用信息系统优化供应链的运作。⑥缩短产品完成时间，使生产尽量贴近实时需求。⑦减少采购、库存、运输等环节的成本。供应链管理的流程有：交付、退货、执行。交付包括订单管理、仓储/执行、定制化/延迟、交付设施、运输、电子商务交付、管理客户/客户伙伴关系、售后技术支持、客户数据管理。退货包括收货和仓储、运输、修理和翻新、沟通、管理客户预期。执行包括战略和领导、竞争力标杆、产品/服务创新、产品/服务数据管理、流程存在和控制、测量、技术、商务管理、质量、安全、行业标准。

第三节介绍了供应链设计的基本思想、原则、步骤，特别指出了供应链的设计要根据产品的特点来进行。然后阐述了供应链的战略选择和组合选择。

物流系统设计也称通道设计（channel designing），是供应链系统设计中最主要的工作之一。构建和设计一个供应链，一方面要考虑供应链的运行环境（地区、政治、文化、经济等因素），同时还应考虑未来环境的变化对实施供应链的影响。从企业的角度来看，供应链的设计是一个企业的改造问题，供应链所涉及的内容任何企业或多或少都在进行。供应链设计既是从管理新思维的角度去改造企业，也是先进制造模式的客观要求和推动的结果。

从宏观角度来把握供应链的设计应遵循以下七条原则：自顶向下和自底向上相结合的设计原则，简洁性原则，集优原则（互补性原则），协调性原则，动态性（不确定性）原则，创新性原则，战略性原则。从微观管理的角度，在实际应用中，应注意供应链设计的具体原则：总成本最小原则，多样化原则，推迟原则，合并原则，标准化原则。

供应链设计有以下步骤：第一步是分析市场竞争环境；第二步是总结、分析企业现状；第三步针对存在的问题提出供应链设计项目，分析其必要性；第四步是根据基于产品的供应链设计策略提出供应链设计的目标；第五步是分析供应链的组成，提出组成供应链的基本框；第六步是分析和评价供应链设计的技术可能性（DFM）；第七步是设计供应链；第八步是检验供应链；第九步是实施供应链。

产品有不同的特点，供应链有不同的功能，只有两者相匹配，才能起到事半功倍的效果。企业应当根据产品的不同设计不同的供应链。

按照供应链的驱动方式来划分，可将供应链划分为推动式供应链和拉动式供应链。推动式供应链是以制造商为核心企业，根据产品的生产和库存情况，有计划地把商品推销给客户，其驱动力源于供应链上游制造商的生产。拉动式供应链是以客户为中心，比较关注客户需求的变化，并根据客户需求组织生产。在其他条件相同的情况下，需求不确定性越高，就越应当采用根据实际需求管理供应链的模式，即拉动式供应链战略；相反，需求不确定性越低，就越应该采用根据长期预测管理供应链的模式，即推动式供应链战略。企业在设计供应链时不仅要考虑产品特点、市场需求，而且要考虑企业自身生产和分销规模经济的重要性，只有综合考虑，才能选择适合企业的推、拉战略或者是推—拉组合的供应链战略。

第四节首先介绍了电子商务模式对供应链管理的重大意义，然后指出了电子商务模式下改善供应链管理的策略。

电子商务模式对供应链管理的重大意义表现在：电子商务模式加强了供应链的协调性和稳定性，电子商务模式消除了供应链上不必要的中间环节，电子商务模式下供应链管理的运行效率得到提高。

电子商务模式下改善供应链管理的策略有：深化供应链企业间的信任关系，促使各个企业实现共赢；转变供应链管理方式，实现"横向一体化"的供应链管理；加强企业信息化建设，实现供应链管理信息化；缓解牛鞭效应，提高供应链管理效率；整合内部供应链，提高企业竞争优势；加强企业核心能力的建设。

# 参考文献

[1] 格兰特.物流管理[M].北京：中国人民大学出版社,2016.

[2] 黄中鼎.现代物流管理学[M].上海：上海财经大学出版社,2016.

[3] 王宇. 基于供应链系统下的企业物流管理分析[J]. 商场现代化, 2016
（20）:31-32.

[4] 陈思芸,郭进利. 供应链管理环境下的物流管理及其战略分析[J]. 物流工程
与管理, 2016, 38（1）:86-87.

[5] 李静. 基于SQL的物流管理系统的设计与实现[J]. 电子设计工程, 2016, 24
（12）:54-56.

[6] 郑颖. 现代信息技术在物流管理中的应用[J]. 现代经济信息,2016（5）.

[7] 朱岩. 国际贸易新方式:跨境电子商务的最新研究[J]. 现代经济信息,2016
（22）.

[8] 梁淑慧,荣聚岭,周永圣. 电子商务物流发展现状与对策研究[J]. 中国市场,
2015（12）:164-168.

[9] 王健聪. 我国电子商务物流模式创新路径研究[J]. 理论探讨, 2015
（4）:96-99.

[10] 汪小京,刘志学,徐娟. 基于系统动力学的第三方物流管理库存模型[J]. 系
统管理学报, 2016（2）:317-325.

[11] 杨俊峰. 物流管理专业质量监控与保障机制研究[J]. 物流技术, 2016, 35
（7）:176-180.

[12] 李巍. 传统物流管理向现代供应链管理模式转变的思考[J]. 物流工程与管

理, 2016, 38（7）:40-41.

[13] 刘磊. 电子商务环境下的物流管理与创新路径解析[J]. 商情, 2016（18）.

[14] 杨洁辉, 韩庆兰, 水会莉. 企业环境管理、创新管理、供应链管理三维融合—供应链可持续创新系统构建及应用[J]. 科技进步与对策, 2015（8）:18-23.

[15] 张先敏. 供应链及供应链管理概念重构[J]. 财会通讯, 2015（15）:116-123.